交通技工院校汽车运输类专业新课改教材

汽车底盘结构与拆装
（第2版）

（汽车维修、汽车商务专业用）

王　健　主　编
李娜洁　副主编
郭俊雄　主　审

人民交通出版社股份有限公司
北京

内 容 提 要

本书是交通技工院校汽车运输类专业新课改教材之一,主要介绍了汽车底盘拆装工具的使用,底盘总体结构的认识,离合器、手动变速器、自动变速器、万向传动装置、驱动桥、悬架、车轮和轮胎、转向系统、液压制动系统、气压制动系统以及防抱死制动系统的结构与拆装。

本书是技工院校、中等职业学校的汽车维修、汽车商务专业的专业核心课程教材,也可作为汽车维修技术培训用书和相关技术人员的参考用书。

图书在版编目(CIP)数据

汽车底盘结构与拆装/王健主编. —2 版. —北京:
人民交通出版社股份有限公司,2021.3
ISBN 978-7-114-17013-3

Ⅰ.①汽… Ⅱ.①王… Ⅲ.①汽车—底盘—结构—教材②汽车—底盘—装配(机械)—教材 Ⅳ.①U463.1

中国版本图书馆 CIP 数据核字(2021)第 018360 号

QICHE DIPAN JIEGOU YU CHAIZHUANG

书　　名:	汽车底盘结构与拆装(第 2 版)
著 作 者:	王　健
责任编辑:	郭　跃
责任校对:	刘　芹
责任印制:	张　凯
出版发行:	人民交通出版社股份有限公司
地　　址:	(100011)北京市朝阳区安定门外外馆斜街 3 号
网　　址:	http://www.ccpcl.com.cn
销售电话:	(010)59757973
总 经 销:	人民交通出版社股份有限公司发行部
经　　销:	各地新华书店
印　　刷:	北京市密东印刷有限公司
开　　本:	787×1092　1/16
印　　张:	15.25
字　　数:	352 千
版　　次:	2013 年 5 月　第 1 版 2021 年 3 月　第 2 版
印　　次:	2021 年 3 月　第 2 版　第 1 次印刷　累计第 5 次印刷
书　　号:	ISBN 978-7-114-17013-3
定　　价:	40.00 元

(有印刷、装订质量问题的图书由本公司负责调换)

交通职业教育教学指导委员会
汽车(技工)专业指导委员会

主 任 委 员：李福来

副主任委员：金伟强　戴　威

委　　　员：王少鹏　王作发　关菲明　孙文平

　　　　　　张吉国　李桂花　束龙友　杨　敏

　　　　　　杨建良　杨桂玲　胡大伟　雷志仁

秘　　　书：张则雷

第2版前言

为适应社会经济发展和汽车运用与维修专业技能型人才培养的需求，交通职业教育教学指导委员会汽车(技工)专业指导委员会陆续组织编写了汽车维修、汽车营销、汽车检测等专业技工、高级技工及技师教材，受到广大职业院校师生的欢迎。随着职业教育教学改革的不断深入，职业学校对课程结构、课程内容及教学模式提出了更高、更新的要求。《国家职业教育改革实施方案》提出"引导行业企业深度参与技术技能人才培养培训，促进职业院校加强专业建设、深化课程改革、增强实训内容、提高师资水平，全面提升教育教学质量"。为此，人民交通出版社股份有限公司根据职业教育改革相关文件精神，组织全国交通类技工、高级技工及技师类院校再版修订了本套教材。

此次再版修订的教材总结了交通技工类院校多年来的汽车专业教学经验，将职业岗位所需要的知识、技能和职业素养融入汽车专业教学中，体现了职业教育的特色。本版教材改进如下：

1. 教材编入了汽车行业的最新知识、新技术、新工艺，更新现有标准规范，同时注意新设备、新材料和新方法的介绍，删除上一版中陈旧内容，替换老旧车型。
2. 对上一版中错漏之处进行了修订。
3. 新版教材中配有二维码，以动画、视频"助教助学"，"数纸一体"提升教学质量。

本书由贵阳市交通技工学校王健担任主编，李娜洁担任副主编。项目一、项目二由孟蕾编写，项目三、项目四、项目五、项目八、项目九由李娜洁编写，项目六、项目七、项目十三由侯勇编写，项目十、项目十一由程砚石修订，项目十二由汤达编写。

限于编者经历和水平，教材内容难以覆盖全国各地中等职业学校的实际情况，希望各学校在选用和推广本系列教材的同时，注重总结教学经验，及时提出修改意见和建议，以便再版修订时改正。

编　者
2020年11月

第1版前言

教育部关于全面推进素质教育深化中等职业教育教学改革的意见中提出"中等职业教育要全面贯彻党的教育方针,转变教育思想,树立以全面素质为基础、以能力为本位的新观念,培养与社会主义现代化建设要求相适应,德智体美劳全面发展,具有综合职业能力,在生产、服务、技术和管理第一线工作的高素质劳动者和中初级专门人才"。根据这一精神,交通职业教育教学指导委员会在专业调研和人才需求分析的基础上,通过与从事汽车运输行业一线行业专家共同分析论证,对汽车运输类专业所涵盖的岗位(群)进行了职业能力和工作任务分析,通过典型工作任务分析→行动领域归纳→学习领域转换等步骤和方法,形成了汽车运输类专业课程体系,于2011年3月,编辑出版了《交通运输类主干专业教学标准与课程标准》(适用于技工教育)。为更好地执行这两个标准,为全国交通运输类技工院校提供适应新的教学要求的教材,交通职业教育教学指导委员会汽车(技工)专业指导委员会于2011年5月启动了汽车运输类主干专业系列规划教材的编写。

本系列教材为交通职业教育教学指导委员会汽车(技工)专业指导委员会规划教材,涵盖了汽车运输类的汽车维修、汽车钣金与涂装、汽车装饰与美容、汽车商务等四个专业26门专业基础课和专业核心课程,供全国交通运输类技工院校汽车专业教学使用。

本系列教材体现了以职业能力为本位,以能力应用为核心,以"必需、够用"为原则;紧密联系生产、教学实际;加强教学针对性,与相应的职业资格标准相互衔接。教材内容适应汽车运输行业对技能型人才的培养要求,具有以下特点:

1. 教材采用项目、课题的形式编写,以汽车维修企业、汽车4S店实际工作项目为依据设计,通过项目描述、项目要求、学习内容、学习任务(情境)描述、学习目标、资料收集、实训操作、评价与反馈、学习拓展等模块,构建知识和技能模块。

2. 教材体现职业教育的特点,注重知识的前沿性和全面性,内容的实用性和实践性,能力形成的渐进性和系统性。

3. 教材反映了汽车工业的新知识、新技术、新工艺和新标准,同时注意新设备、新材料和新方法的介绍,其工艺过程尽可能与当前生产情景一致。

4. 教材体现了汽车专业中级工应知应会的知识技能要求,突出了技能训练和学习能力的培养,符合专业培养目标和职业能力的基本要求,取材合理,难易程度适中,切合中技学生的实际水平。

5. 教材文字简洁,通俗易懂,以图代文,图文并茂,形象直观,形式生动,容易培养学员的学习兴趣,有利于提高学习效果。

本书是根据交通职业教育教学指导委员会交通运输类主干专业教学标准与课程标准

"汽车底盘结构与拆装"课程标准进行编写的。它是交通技工院校、中等职业学校的汽车维修、汽车商务专业核心课程教材。主要介绍了汽车底盘拆装工具的使用,底盘总体结构的认识,离合器、手动变速器、自动变速器、分动器、万向传动装置、驱动桥、悬架、车轮和轮胎、转向系统、液压制动系统、气压制动系统以及防抱死制动系统的结构与拆装。

本书由贵阳市交通技工学校王健担任主编,山西交通技师学校院郭俊雄担任主审。项目一、项目二、项目三、项目六、项目七、项目九由王健编写,项目四、项目五由河南省交通高级技工学校罗宗夏编写,项目八、项目十和项目十一由浙江交通技师学院周一戈编写,项目十二、项目十三和项目十四由山东交通技师学院郭忠菊编写。本书在编写过程中,得到了部分汽车修理厂家和汽车 4S 店的支持,在此表示感谢。

由于编者经历和水平有限,教材内容难以覆盖全国各地的实际情况,希望各地教学单位在积极选用和推广本教材的同时,总结经验及时提出修改意见和建议,以便再版时进行修订改正。

交通职业教育教学指导委员会
汽车(技工)专业指导委员会
2013 年 2 月

目　　录

项目一　底盘拆装工具的使用 ································· 1
 课题一　汽车底盘拆装理论知识准备 ························· 1
 课题二　举升机和千斤顶的使用 ····························· 3

项目二　汽车底盘总体结构 ··································· 6
 课题一　汽车底盘理论知识 ································· 6
 课题二　拆装前的准备工作 ································ 10

项目三　离合器的结构与拆装 ································ 16
 课题一　离合器的作用和结构 ······························ 16
 课题二　离合器的拆装 ···································· 20

项目四　手动变速器的结构与拆装 ···························· 28
 课题一　手动变速器的结构和工作原理 ······················ 28
 课题二　手动变速器的拆装 ································ 34

项目五　自动变速器的结构与拆装 ···························· 42
 课题一　自动变速器的结构和工作原理 ······················ 42
 课题二　自动变速器的拆装 ································ 69

项目六　四轮驱动系统 ······································ 80
 课题一　四轮驱动系统作用及分类 ·························· 80
 课题二　大众4motion四轮驱动系统Haldex离合器的拆装 ······· 86

项目七　万向传动装置的结构与拆装 ·························· 99
 课题一　万向传动装置的结构与工作原理 ···················· 99
 课题二　万向传动装置的拆装 ····························· 105

项目八　驱动桥的结构与拆装 ······························· 111
 课题一　驱动桥总成的作用和结构 ························· 111

课题二　驱动桥的拆装 ·· 117

项目九　悬架、减振装置的结构与拆装 ·· 124
　　课题一　悬架的结构与工作原理 ·· 124
　　课题二　悬架的拆装 ·· 133

项目十　车轮和轮胎的结构与拆装 ·· 142
　　课题一　车轮和轮胎的结构 ·· 142
　　课题二　车轮和轮胎的拆装 ·· 151

项目十一　转向系统的结构与拆装 ·· 156
　　课题一　转向系统的结构 ·· 156
　　课题二　转向系统的拆装 ·· 169

项目十二　液压制动系统的结构与拆装 ·· 175
　　课题一　液压制动系统的作用和结构 ····································· 175
　　课题二　液压制动系统的拆装 ·· 197

项目十三　防抱死制动系统的结构与拆装 ·· 209
　　课题一　防抱死制动系统的作用和结构 ·································· 209
　　课题二　防抱死制动系统的拆装 ·· 229

参考文献 ··· 235

项目一　底盘拆装工具的使用

 学习目标

完成本项目学习后,你应能:
1. 说出汽车底盘拆装常用工具;
2. 正确地使用工具。

 建议课时

4课时。

 汽车底盘拆装理论知识准备

一、使用工具注意事项

(1)拆装总成、零件、部件连接螺栓及各种轴、轴承、齿轮等时,应使用合适工具,不允许用錾子剔打或电弧焊、气焊切割,也不允许用活动扳手代替锤子敲打。若必须用锤子击打时,应垫以软金属冲棒或衬板,以防损伤零件或基体。

(2)拆装零件时,避免损伤零件工作表面;能够使用拉压工具分解和装配的零件,应使用拉压工具进行操作,不得硬砸或乱敲击。

二、总成或零件的分解

(1)解体各总成、零部件时,对于偶合件、旋转件和不能互换的零件,均应在拆散之前检查有无装配记号。若没有,应做标记(如对汽车的轮胎与轮辋安装位置做标记),以防装错而破坏了原配合或平衡状态。常言道:修理匠,怎么拆,怎么装,不怕缺件时间长,就怕忘记怎样装。

(2)有安装方向要求的零部件,应注意其方向或做标记,以防装反。如活塞、汽缸垫、连杆等。

三、零件的清洗

(1) 清洗滚动轴承时,清洗液的温度不应过高。
(2) 下列零件不能用碱性溶液清洗:
① 橡胶件、油封、非金属摩擦片等。
② 各种胶木齿轮和塑料零件、铝合金、锌合金等件。零件经化学溶液清洗后,应用净水反复冲洗,以洗净表面化学溶液。总成、零件清洗后,应用干净拭布擦净或用压缩空气吹干。
(3) 零件清洗后,应防止碰伤精加工表面,不急于装配的零件应涂上保护层,以防锈蚀。
(4) 油管、气管的内部应彻底清洗干净,以确保管路畅通。安装管接头时,不允许缠绕棉纱等物,以防堵塞管道。

四、螺栓(母)的紧固

(1) 有紧固力矩要求的螺栓,应按修理或使用说明书规定的力矩或拧紧操作要求拧紧。
(2) 装复螺栓、螺母时,按需要加装与螺栓直径一致的垫圈。
(3) 装复螺栓的长度应适当,不能露出过长或拧入部分过短,应将螺孔内的油、水、杂物清理干净后,再拧上螺栓。
(4) 技术要求较高部位的螺栓、螺母,应仔细检查其螺纹状况及自锁能力,不能任意用其他螺栓(母)代替。
(5) 用数个螺栓连接的接合面,在装配时,应按规定的先后次序,分数次且用不同的力矩拧紧;无特殊要求,一般应交叉对称且均匀地拧紧,不要先将某个螺栓(母)一次拧紧,以防零件变形或接合不紧。
(6) 锁止可靠。用锁销来锁止的螺栓,应确保锁销直径与锁孔内径配合适当,将锁销的一片扣在螺母的方平面上,不能弯扣在螺栓端头上。若用铁丝锁紧时,应按方向将锁线拉紧并锁好。镀铜或自锁的螺栓、螺母,不能多次反复使用,以防锁止失效。

五、连接件的拆卸

(1) 拆卸螺纹连接件时,应注意螺纹的旋向。对于多螺栓连接件,还应注意其拆卸顺序。双头螺柱可在螺杆上拧紧两螺母,然后用扳手拆卸。对于生锈螺栓,可采用反复进退法、锤子敲击法、煤油浸泡法或喷灯加热法等进行拆卸。拆卸螺纹连接时,不能随便增加接力杆,以防螺栓被拧断。出现断头螺栓时,若其断头高出基体,可将高出端锉成方形或焊上一个螺母将其拧出;若断头在机体内,可在螺栓端部钻一个小于螺栓直径的孔,然后敲入一方冲或攻反扣螺纹后用丝锥或反扣螺栓将断头螺栓拧出。
(2) 过盈配合件的拆卸,应尽量采用拉拔器等专用工具拆卸。无专用工具时,可垫软金属或木块进行敲击拆卸。不允许用锤子直接敲击零件表面,以防零件被敲坏。
(3) 铆接件一般在修理中不拆,若出现铆钉松动或需要更换铆接零件,可将铆钉钻掉或錾去。

六、油封、衬垫的安装

(1) 注意转轴与油封孔的同轴度。衬垫的材料和厚度均要符合要求,以防松旷或密封不良。另外，油封的选择要符合要求。

（2）密封衬垫厚度要适当。安装完毕之后，既能完成封油作用，又不能使相关零件出现松旷或衬垫产生变形。

课题二 举升机和千斤顶的使用

一、作业前的准备

液压举升机和液压千斤顶各一台，相关挂图或图册若干，维修手册等。目前，市场上销售的举升机主要有三大类型，即双柱式举升机（图1-1）、四柱式举升机（图1-2）、无柱式举升机（图1-3）。双柱式举升机按传动方式又分为机械式举升机和液压式举升机。千斤顶分为液压式千斤顶和机械式千斤顶。

图1-1 双柱式举升机

图1-2 四柱式举升机

图1-3 无柱式举升机

二、举升机的使用

在维修或拆装教学过程中要注意安全，规范操作。举升机安全操作规程如下：
（1）使用前应清除举升机附近妨碍作业的器具及杂物，并检查操作手柄是否正常。
（2）操作机构灵敏有效，液压系统不允许有爬行现象。
（3）支车时，四个支角应在同一平面上，调整支角胶垫高度，使其接触车辆底盘支撑部位。
（4）支车时，车辆不可支得过高；支起后，四个托架要锁紧。
（5）待举升车辆驶入后，应将举升机支撑块调整移动对正该车型规定的举升点。

（6）举升时人员应离开车辆，举升到需要高度时，必须插入保险锁销，并确保安全可靠后才可开始到车底作业。

（7）除维护及小修项目外，其他烦琐笨重作业，不得在举升机上操作修理。

（8）举升机不得频繁起落。

（9）支车时举升要稳，降落要慢。

（10）有人作业时，严禁升降举升机。

（11）发现操作机构不灵，电动机不同步，托架不平或液压部分漏油，应及时报修，不得带病操作。

（12）作业完毕，应清除杂物，打扫举升机周围以保持场地整洁。

（13）定期（半年）排除举升机油缸积水，并检查油量，油量不足应及时加注相同牌号的液压油。同时，应润滑举升机传动齿轮及链条。

三、千斤顶的使用

在使用千斤顶过程中，要注意安全操作规程，掌握液压式千斤顶（图1-4）和机械式千斤顶使用要领（图1-5）。

图1-4　液压式千斤顶

图1-5　机械式千斤顶

（1）使用前必须检查各部件是否正常。

（2）使用时应严格遵守主要参数中的规定，切忌超高、超载及偏载，否则，当起重高度或起重吨位超过规定时，油缸顶部会发生严重漏油。

（3）如手动泵体的油量不足时，需先向泵中加入符合规定的液压油后才能工作。

（4）电动泵的使用方法，应参照电动泵使用说明书。

（5）重物重心要选择适中，合理选择千斤顶的着力点，底面要垫平，同时要考虑到地面软硬条件，是否要衬垫坚韧的木材，放置是否平稳，以免负重下陷或倾斜。

（6）千斤顶将重物顶升后，应及时用支撑物将重物支撑牢固，禁止将千斤顶作为支撑物使用（自锁式千斤顶除外）。如需长时间支撑重物，应选用自锁式千斤顶。

（7）如需几台千斤顶同时起重时，除应正确安放千斤顶外，还应使用多顶分流阀，且每台千斤顶的负荷应均衡，注意保持起升速度同步。另外，还必须考虑因质量不匀，地面可能下陷的情况，防止被举重物产生倾斜而发生危险。

（8）使用时先将手动泵的快速接头与顶对接，然后选好位置，将油泵上的放油螺钉拧紧，即可工作。欲使活塞杆下降,将手动油泵手轮按逆时针方向微微拧松,油缸卸荷,活塞杆即逐渐下降。注意,下降速度过快将产生危险。

(9)起重完毕,即可快速取出,但不可用连接的软管来拉动千斤顶。

(10)使用时,千万不要超过额定行程及负荷或偏载,以免损坏千斤顶。

(11)使用过程中,应避免千斤顶剧烈振动。

(12)不适宜在有酸碱、腐蚀性气体的工作场所使用。

(13)用户要根据使用情况定期检查和维护。

四、学习拓展

(1)查阅常见小剪式平板举升机用户手册,比较液压式举升机和机械式举升机结构的区别。

(2)查阅有关资料,比较液压式千斤顶和机械式千斤顶结构的区别。

五、评价与反馈

1. 自我评价与反馈

(1)你对本项目的学习是否满意?

评价情况:_____

(2)你能使用液压举升机独立完成丰田卡罗拉(1.6L)轿车的举升任务吗?

评价情况:_____

(3)你是否知道怎样使用机械式千斤顶举升轿车?

评价情况:_____

签名:_____   _____年___月___日

2. 小组评价与反馈

(1)你们小组在接到任务之后是否讨论过举升机使用注意事项?

评价情况:_____

(2)你们小组在接到任务之后是否讨论过千斤顶使用注意事项?

评价情况:_____

(3)你们小组是否讨论过底盘拆装过程中的操作注意事项?

评价情况:_____

参与评价的同学签名:_____   _____年___月___日

3. 教师评价及答复

_____

_____

_____

教师签名:_____   _____年___月___日

项目二　汽车底盘总体结构

 学习目标

完成本项目学习后,你应能:
1. 叙述汽车底盘的作用、组成及汽车的行驶原理;
2. 叙述汽车底盘各主要系统的作用、组成和安装位置;
3. 掌握汽车底盘的布置形式及各种形式的优缺点。

 建议课时

4课时。

　汽车底盘理论知识

一、汽车底盘的基本组成

汽车底盘由传动系统、行驶系统、转向系统和制动系统组成,其作用为接受发动机提供的动力,使汽车运动并保证汽车能够按照驾驶人的操纵而正常行驶。图2-1和图2-2为常见载货汽车和轿车的底盘结构图。

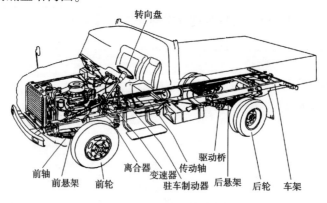

图2-1　载货汽车底盘结构

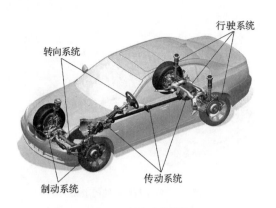

图 2-2 轿车底盘结构

1. 传动系统

汽车传动系统是指从发动机到驱动车轮之间所有动力传递装置,其作用是将发动机的动力传递给驱动车轮。不同的汽车,其底盘的组成略有不同。载货汽车及部分轿车,其底盘一般是由离合器、手动变速器、万向传动装置(万向节和传动轴)、驱动桥(主减速器、差速器、半轴、桥壳)等组成,如图 2-3 所示。目前,越来越多的轿车采用自动变速器装置,其底盘包括自动变速器、万向传动装置、驱动桥等,即用自动变速器取代了离合器和手动变速器。越野汽车(包括 SUV 及运动型多功能车)还应包括分动器。

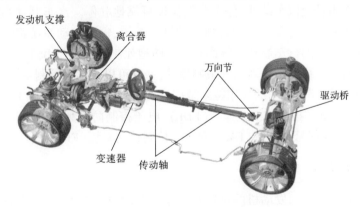

图 2-3 汽车传动系统的组成

传动系统各组成部件具有以下的作用:

(1)离合器:保证换挡平顺,必要时中断动力传动。

(2)变速器:变速、变矩、变向,中断动力传动。

(3)万向传动装置:实现有夹角和相对位置经常发生变化的两轴之间的动力传递。

(4)主减速器:将动力传递给差速器,并实现减速增矩、改变传动方向的目的。

(5)差速器:将动力传递给半轴,并能使同一驱动桥的左右半轴以不同的角速度旋转。

(6)半轴:将差速器的动力传递给驱动车轮。

2. 行驶系统

汽车行驶系统一般由车架、悬架、车桥和车轮等组成,如图 2-4 所示。车轮通过轴承安装在车桥两边,车桥通过悬架与车架(或车身)连接,车架(或车身)是整车的装配基体。

图 2-4 汽车行驶系统的组成

汽车行驶系统主要具有以下功用:
(1)支撑汽车的重量并承受、传递路面作用在车轮上的各种力。
(2)接受传动系统传递来的转矩并将其转化为汽车行驶的牵引力。
(3)缓和冲击,减少振动,保证汽车平顺行驶。

3. 转向系统

转向系统的作用是保证汽车能够按照驾驶人选定的方向行驶。转向系统主要由转向操纵机构、转向器、转向传动机构等组成。现在的汽车普遍采用动力转向装置。

4. 制动系统

制动系统的作用是使汽车减速、停车并能保证可靠地驻停。汽车制动系统一般包括行车制动系统和驻车制动系统等两套相互独立的制动系统,每套制动系统都包括制动器和制动传动机构。现在汽车的行车制动系统都装配有防抱死制动系统(ABS)。

转向系统和制动系统都是由驾驶人来操控的,一般可以合称为控制系统。

现代汽车中,电子控制技术的应用越来越广泛,如在底盘中普遍采用了电子控制自动变速器(EAT 或 ECT)、电子控制防滑差速器(EDL)、电子控制防抱死制动系统、电子制动力分配系统(EBD)、电子控制悬架系统(EMS)和电子控制转向系统(EPS)等。

二、汽车底盘的总体布置

汽车底盘的总体布置与发动机的位置及汽车的驱动方式有关,一般有发动机前置后轮驱动、发动机前置前轮驱动、发动机后置后轮驱动、发动机前置全轮驱动等四种布置形式。

1. 发动机前置后轮驱动

发动机前置后轮驱动简称前置后驱,英文简称 FR。如图 2-5 所示,发动机布置在汽车前部,动力经过离合器、变速器、万向传动装置、后驱动桥,最后传递到后驱动车轮,使汽车行驶。

这是一种传统的布置形式,应用广泛,适用于除越野车以外的各类型汽车。大多数的载货汽车、部分轿车和部分客车采用这种形式。

2. 发动机前置前轮驱动

发动机前置前轮驱动简称前置前驱,英文简称 FF。发动机布置在汽车前部,动力经过离合器、变速器、前驱动桥,最后传递到前驱动车轮。这种布置形式省去了变速器与驱动桥之间的万向传动装置,使结构简单紧凑,整车质量变小,且车辆高速行驶时操纵稳定性好。

大多数轿车采用这种布置形式,但这种布置形式,爬坡性能较差。豪华轿车一般不采用这种布置形式,而是采用传统的发动机前置后轮驱动布置形式。

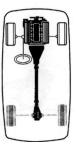

图 2-5　发动机前置后轮驱动

发动机前置前轮驱动如图 2-6 所示,根据发动机布置的方向可以分为发动机前横置前轮驱动和发动机前纵置前轮驱动。

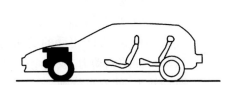
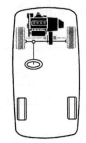

图 2-6　发动机前置前轮驱动

3. 发动机后置后轮驱动

发动机后置后轮驱动简称后置后驱,英文简称 RR。如图 2-7 所示,发动机布置在汽车后部,动力经过离合器、变速器、角传动装置、万向传动装置、后驱动桥,最后传递到后驱动车轮,使汽车行驶。这种布置形式便于车身内部的布置,有效减小了室内发动机的噪声,一般用于大型客车。

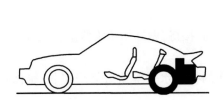
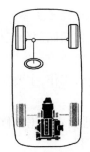

图 2-7　发动机后置后轮驱动

4. 发动机前置全轮驱动

发动机前置全轮驱动简称全轮驱动,英文简称 AWD。如图 2-8 所示,发动机布置在汽车前部,动力经过离合器、变速器、分动器、万向传动装置分别到达前后驱动桥,最后传递到前后驱动车轮,使汽车行驶。由于所有的车轮都是驱动车轮,有效提高了汽车的越野通过性能,所以这是越野汽车通常采取的布置形式。

图 2-8　发动机前置全轮驱动

三、汽车行驶的基本原理

欲使汽车行驶,必须对汽车施加一个驱动力,以克服各种阻力,驱动力产生的原理如图 2-9 所示。发动机经由传动系统在驱动车轮上施加了一个驱动力矩,力图使驱动车轮旋转。在 T_t 的作用下,驱动车轮将对地面施加一个与汽车行驶方向相反的圆周力 F_0。根据作用与反作用原理,地面也将对驱动车轮施加一个与 F_0 大小相等、方向相反的反作用力 F_t,F_t 就是使汽车行驶的驱动力,或称牵引力。驱动力作用在驱动轮上,使汽车行驶。

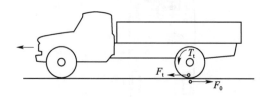

图 2-9　汽车行驶的基本原理示意图

课题二　拆装前的准备工作

一、汽车维修流程

1. 汽车维修部门的团队合作

汽车维修部门包括四部分工作人员:业务接待、调度/维修经理、维修班组长/维修技师、维修工。

业务接待在前台工作,主要负责预约、接待,做好初步维修准备工作后,将后续工作转交调度/维修经理。

调度/维修经理负责根据维修工作的技术水平等给维修班组长/维修技师下派任务,并监督每项工作的进程。

维修班组长/维修技师负责组织维修工进行维修,并检查每项工作的质量。

维修工负责进行维修工作,并在维修班组长/维修技师的指导下进行必要的维修工作。

以上四部分人员必须彼此明确各自的工作内容和职责,并能互相协作、及时沟通,从而为客户提供最优质的服务,使客户满意。

2. 汽车维修基本流程

汽车维修基本流程如图 2-10 所示。

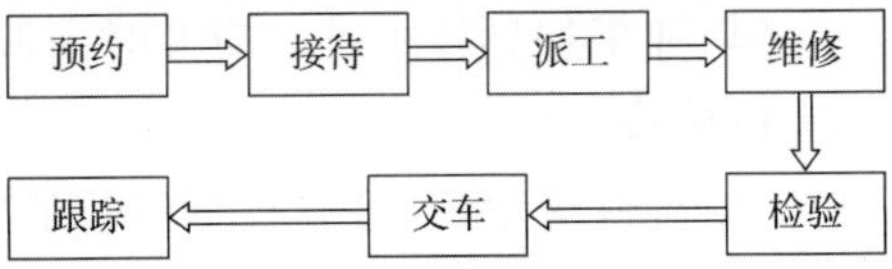

1)预约

预约工作由业务接待完成,主要包括以下内容:

(1)询问客户及车辆基础信息(核对老客户数据、登记新客户数据)。

图2-10 汽车维修基本流程

(2)询问车辆行驶里程。

(3)询问上次维修时间及是否属于重复维修。

(4)确认客户的需求、车辆故障问题。

(5)确认所服务顾问的姓名。

(6)确认接车时间。

(7)暂定交车时间。

(8)提供价格信息。

(9)告知客户相关资料(随车文件、防盗器密码、防盗螺栓钥匙、维修记录等)。

(10)通知有关人员做准备。

(11)提前一天检查各方工作的准备情况(技师、备件、专用工具、技术资料)。

(12)根据维修项目的难易程度合理安排人员。

(13)制订好技术方案(对于重复维修、疑难问题)。

(14)如果是外出服务预约,还要做相应的其他准备。

2)接待

接待工作由业务接待和调度/维修经理共同完成。业务接待主要负责以下工作:

(1)出迎问候客户、引导客户停车。

(2)引导客户前往接待前台。

(3)记录客户陈述。

(4)明确客户需要,定期维护(PM)、一般修理(CR)、钣金/喷漆(B/P)及其他。

(5)确认来意,记录客户要求的方法。

(6)陪同客户前往停车场,当着客户的面安装CS件(座椅套、转向盘套、地板垫)。

(7)检查车辆外观(损伤痕迹、凹陷等)一定要在客户的陪同下进行,并加以确认。

(8)检查车内有无贵重物品,如有贵重物品应提醒客户自行保管。

调度/维修经理主要负责以下工作:

(1)问诊,询问故障现象,故障再现确认,推测故障原因。

(2)对维修费用进行估算。

(3)明确预计完成时间。

3)派工

依照对客户承诺的时间安排与分配维修工作,分配工作包括记录与跟踪每一个维修工单。分配维修工时,要考虑三个主要标准:时间、人员和设备。

4)维修

(1)维修班组长/维修技师接收、检查维修单,接收用于维修的零件。

(2)挑选合适的维修工,向其发出工作指令,并将维修单交给维修工。

(3)在预计的时间内完成工作后,通知调度/维修经理确认维修工作结束。

(4)如果遇到技术难题应及时向调度/维修经理寻求技术支持。

5)检验

(1)维修班组长/维修技师进行最后的验车,确认完成维修任务。

(2)向调度/维修经理确认工作完成。

(3)调度/维修经理向业务接待确认工作完成。

6)交车

(1)维修班组长/维修技师检查车辆是否清洁,检查是否取下座椅套、地板垫、转向盘套、翼子板布、前罩等。

(2)业务接待电话通知客户,确认车辆准备交付。

(3)带领客户完成车辆维修结算,并为所有费用开出发票,提供详细的发票说明。

(4)最后将车辆交付客户。

7)跟踪

(1)三日内与客户联系,确认汽车维修后车况是否良好。

(2)记录电话内容,如果需要,报告调度/维修经理,并安排回场事宜。

二、汽车维修人员的工作原则

汽车维修人员工作的核心目标和原则是给客户提供最佳的售后服务。最佳的售后服务是高效、可靠、专业的服务,要做到服务最佳,汽车维修人员必须坚持以下工作原则。

1. 安全生产

在汽车维修过程中,要特别重视安全问题,不仅包括个人的安全,还包括他人的安全、设备的安全、车辆的安全等。

1)人身安全

(1)眼睛的保护。在汽车维修企业中,眼睛经常会暴露在各种危险的环境中,如飞来的物体、腐蚀性的化学飞溅、有毒的气体或烟雾等,这些伤害基本都是可以防护的。

护目镜和安全面具是最为常见的劳动保护装备(图2-11、图2-12)。护目镜可以防护外界对眼睛的伤害,如飞来物体或飞溅的液体。在下列情况中,应考虑佩戴护目镜:进行金属切削加工、用錾子或冲击铲、使用压缩空气、使用清洗剂等。安全面具不仅能够保护眼睛,还能保护整个面部。如果进行电弧焊或气焊,要使用带有有色镜片的护目镜或深色镜片的特殊面罩,以防止有害光线或过强的光线伤害眼睛。

图2-11 护目镜

图2-12 安全面具

(2)听觉的保护。汽车维修厂是个噪声很大的场所,各种设备如冲击扳手、空气压缩机、砂轮机、发动机等都会产生很大噪声。短时的高噪声会造成暂时性听力丧失,但持续的较低噪声污染则危害更大。

常见的听力保护装备有耳罩或耳塞。噪声极高时可同时佩戴。一般在钣金车间需佩戴耳罩或耳塞。

(3)手的保护。手是容易受伤的部位之一,保护手要从两方面着手:一是不要把手伸到危险区域,如发动机前部转动的传动带区域、发动机排气管道附近等;二是必要时戴上防护用橡胶手套。不同的场合需要不同的防护手套,如做金属加工需要劳保安全手套,接触化学品需要使用橡胶手套。是否需要佩戴手套取决工作的类型,工作在有旋转机械的地方就不能戴手套,如使用砂轮机、台钻等设备时,以免手套卷入旋转的机械,导致手部的伤害。

(4)衣服、头发及饰物。宽松的衣服、长袖子、领带等都容易卷进旋转的机器中。所以,在维修厂内,一定要穿合体的工作服,最好是连体的工作服、外套、工装裤也可以。如果戴领带,要将其塞到衬衫里。

衣兜里不要装有工具、零部件等,特别是带有尖锐结构的物品,否则容易伤到自身或车辆。

工作时不要戴手表或其他饰物,特别是金属饰物,因为这些物品在进行电气维修时可能导电而烧伤皮肤,或导致电路短路而损坏电子元件或设备。

在工厂内要穿劳保鞋。劳保鞋的鞋底可以防油、防滑,且保护脚面不被落下的重物砸伤。

长发很容易被卷入运转的机器中,所以长发一定要扎起来,并戴上帽子。

常见的个人安全防护用品如图2-13所示。

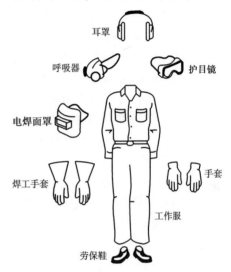

图2-13 常见的个人安全防护用品

2)工具和设备的安全

手动工具看起来是安全的,但使用不当也会导致事故的发生,如用一字螺丝刀代替撬棍,导致旋具崩裂、损坏、飞溅物打伤自己或他人;扳手从油腻的手中滑落,掉到旋转的零件上,再飞出来伤人等。

另外,使用带锐边的工具时,锐边不要对着自己或工作的同事。传递工具时,要将手柄朝向对方。

所有的电气设备都要使用三相插座,地线要安全接地。破损的电缆或有装配松动的情况,应及时进行维修或更换。所有的旋转设备都应有安全罩,以减少发生零件飞出伤人的事故。

在进行电子系统维修时,应断开电路的电源。方法是断开蓄电池的负极搭铁线。这不仅保证了人身安全,还能防止对电器的损坏。

许多维修工序涉及要将汽车举升离开地面。在升起车辆前,应确保汽车已被正确支撑,并应使用安全锁锁止,以免汽车落下。用千斤顶支起车辆时,应确保千斤顶支撑在汽车底盘大梁部分或较结实的部分。

工具和设备都要定期检查和维护。

使用压缩空气时,应非常小心。不要将压缩空气对着自己或别人,不要对着地面或设备、车辆乱吹。压缩空气会撕裂鼓膜,造成失聪;损伤肺部或伤及皮肤;被压缩空气吹起的尘土或金属颗粒会造成眼睛等的损伤。

3) 车辆安全

客户的车辆一定不能出现非生产性的私自使用情况,否则,有可能给个人和企业带来不良的影响。另外,不能乱动客户车内的物品;如果维修需要对车辆的某些设置进行改变,要在交车前恢复原有设置,如座椅的位置、转向盘的位置、收音机的设置等。

2. 整洁、有序地工作

整洁、有序体现在三个方面:一是员工穿戴整洁;二是爱护车辆,保持车辆整洁;三是工作场所整洁有序。

(1) 穿戴整洁。员工要穿干净的工作服、干净的劳保鞋;戴干净的帽子;头发利落整洁;另外,不能戴手表、戒指等首饰,应戴无扣腰带,口袋内要有干净的抹布。

(2) 爱护车辆。维修车辆前,要将座椅套、转向盘套、地板垫、翼子板布和前罩装好,要小心驾驶客户的车辆。在客户车内不能吸烟,不要使用客户的音响设备或车内电话,不要在车内放置工具、零件等非客户用品。

(3) 工作场所整洁有序。在工作时,要保持工作场所的地面、工作台、工具箱、仪器设备等整洁有序,不用的物品及时拿走。工作场所的整洁有序是高效工作的前提。

3. 高效、可靠的工作

高效的工作需要做好必要的准备工作,如要事先确认库存有所需要的零部件,根据维修单工作,避免出错,对工作做好规划,在一个工位要完成尽量多的工作等。

要遵循维修手册的要求,并正确使用工具、设备和仪器才能保证可靠的工作。

4. 按时完成工作

一定要按时完成维修工作。如果提前完成工作,要再检查一次是否已完成所有的工作,并告知调度/维修经理;如果不能按时完成,也告知调度/维修经理。如果发现车辆还存在不包括在维修单内的维修工作,也要向调度/维修经理请示,并由业务接待及时与客户沟通。

5. 后续工作

维修工作完成后,一定要重视后续工作,如确保车辆清洁,将座椅、转向盘和反光镜恢复到刚接车时的位置,将更换的零件按客户的要求放到指定的位置,完成维修单的填写工作等。

三、日常安全守则

(1) 工具不使用时,应保持干净并放到正确的位置。

(2) 各种设备和工具要及时检查和维护。

(3) 手上应避免油污,以免工具滑脱。

(4) 发动机已起动的车辆,应保证驻车制动正常。

(5) 不要在车间内乱转。

(6) 在车间内起动发动机时要保持通风良好。

(7) 在车间内穿戴、着装要合适,并佩戴必要的装备,如手套、护目镜、耳塞等。

(8) 不要将压缩空气对着人或设备吹。

(9) 尖锐的工具不要放到口袋里,以免扎伤自己或划伤车辆。

(10) 常用通道上不要放工具、设备、车辆等。

(11)工具的使用方法正确。
(12)手、衣服、工具应远离旋转设备或部件。
(13)驾车进出车间时要格外小心。
(14)在极度疲劳或情绪消沉时不要工作,这种情况会降低注意力,且有可能导致自身或他人的伤害。
(15)如果不知道车间设备如何使用,应先向专业人员请教,以得到正确、安全的使用方法。
(16)用举升机或千斤顶升起车辆时,一定要按正确的规程操作。
(17)应准确知道车间灭火器、医疗急救包、洗眼处的位置。

四、学习拓展

查阅雪佛兰沃兰多 2019 款汽车维修资料,观察其底盘结构,试回答雪佛兰沃兰多 2019 款汽车底盘与雪佛兰科鲁兹 2013 款汽车底盘的主要区别和相同之处。

五、评价与反馈

1. 自我评价与反馈

(1)你对本项目的学习是否满意?

评价情况:_____

(2)你是否知道雪佛兰沃兰多 2019 款汽车底盘系统的基本组成?

评价情况:_____

(3)你会正确使用汽车维修过程中涉及的工具和设备吗?

评价情况:_____

签名:_____   ____年____月____日

2. 小组评价与反馈

(1)你们小组是否讨论过汽车维修的基本流程?

评价情况:_____

(2)你们小组在工具、设备的使用上是否有明确的分工?相互配合得好吗?

评价情况:_____

(3)你们小组在工具、设备的使用的过程中操作是否规范?

评价情况:_____

参与评价的同学签名:_____   ____年____月____日

3. 教师评价及答复

_____
_____
_____

教师签名:_____   ____年____月____日

项目三　离合器的结构与拆装

学习目标

完成本项目学习后,你应能:
1. 叙述离合器的功用、结构和工作原理;
2. 正确地使用工具和设备;
3. 拆卸离合器操纵机构和分解离合器总成。

建议课时

4 课时。

 离合器的作用和结构

一、离合器的作用

离合器安装在发动机与变速器之间,其主要作用如下:
(1)使发动机与传动系统逐渐接合,保证汽车平稳起步。
(2)暂时切断发动机的动力传递,保证变速器换挡平顺。
(3)限制所传递的转矩,防止传动系统过载。

二、离合器的结构

离合器的基本结构如图 3-1 所示。离合器主要由主动部分、从动部分、压紧机构和操纵机构四部分组成。

1. 主动部分

主动部分由飞轮、离合器盖和压盘等组成。主动部分的飞轮与发动机的曲轴相连,离合器盖用螺栓固定在飞轮的后端面上,压盘通过传动钢片与离合器盖相连,可轴向移动。只要发动机的曲轴转动,飞轮便带动离合器盖及压盘一起转动。

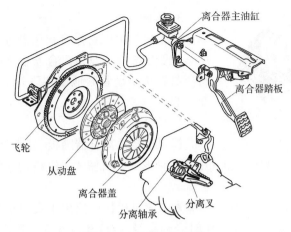

图 3-1 离合器的基本结构

2. 从动部分

从动部分由从动盘和输出轴等组成。

离合器的从动盘带有双面摩擦片,离合器正常接合时分别与飞轮和压盘接通;通过花键套装在变速器的输入轴上,输入轴通过轴承支承在曲轴后端中心孔内。其结构如图 3-2 所示。

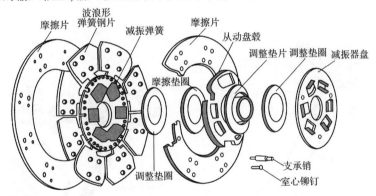

图 3-2 离合器从动盘分解图

在大多数汽车上,为了避免因发动机转矩不断地变化发生共振而产生瞬时的冲击,在从动盘上装设有扭转减振器。扭转减振器主要是由布置在从动盘上的若干根螺旋弹簧组成,如图 3-3 所示。

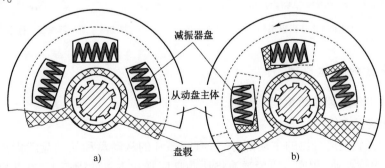

图 3-3 扭转减振器
a) 不工作时;b) 工作时

3. 压紧机构

压紧机构由压紧弹簧和压盘等组成，如图 3-4 所示。压紧弹簧安装在压盘与离合器盖之间，沿圆周均匀分布，将压盘和从动盘紧紧地压在飞轮上，三者通过铆钉连接在一起。

4. 操纵机构

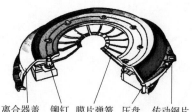

离合器盖　铆钉　膜片弹簧　压盘　传动钢片

图 3-4　离合器压紧机构

操纵机构由离合器踏板、分离杠杆、分离套筒和分离轴承等组成，有机械式、液压式和气压式三种形式。机械式操纵机构通常有杠杆式和绳索式两种形式。

绳索式操纵机构如图 3-5 所示。绳索式操纵机构广泛用于乘用车和微型货车上。这种传动装置由于拉索磨损较大，其工作时受到车身、拉杆和拉索变形等影响，会导致行程损失过大。但其结构简单，制造成本低。

液压式操纵机构如图 3-6 所示。一般由离合器踏板、主缸、储液罐、工作缸、分离叉、分离轴承和管路系统组成。当驾驶人踩下离合器踏板时，踏板受到作用力，在主缸中产生液压力，压力通过液压油管被传送到工作缸。此压力用于推动分离叉，从而使离合器分离。

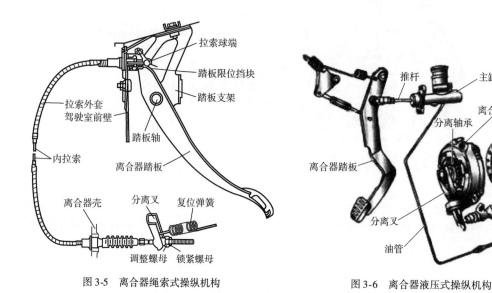

图 3-5　离合器绳索式操纵机构　　　　图 3-6　离合器液压式操纵机构

三、离合器的工作原理

离合器的工作原理如图 3-7 所示。

1. 动力传递过程

发动机的飞轮是离合器的主动部分，带有摩擦片的从动盘和从动盘毂借滑动花键与从动轴（变速器的输入轴）相连。压紧弹簧将从动盘压紧在飞轮的端面上，发动机的转矩靠飞轮与从动盘接触面间的摩擦作用传递到从动盘毂上，从而传递到从动轴输出。

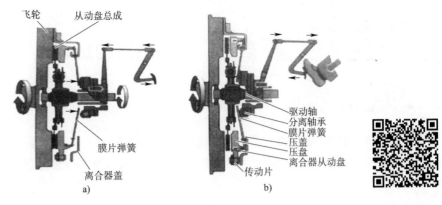

图 3-7 离合器的工作原理

2. 动力切断过程

离合器的主、从动部分在压紧弹簧的作用下,常处于接合状态,以传递转矩。需要切断动力时,只要踩下离合器踏板,分离叉将作用力传递到分离轴承,使分离轴承往前移动,推动分离杠杆,克服压紧弹簧的压紧力,从而使主、从动部分处于分离状态,切断动力传递。

四、离合器踏板的自由行程

由离合器的工作原理可知,当从动盘摩擦片磨损变薄后,为了保证离合器处于接合状态,传递发动机转矩,则压盘必须向前移动,此时,膜片弹簧(或分离杠杆)外端和压盘一起向前移,其内端向后移,如果膜片弹簧(或分离杠杆)与分离轴承之间没有间隙,由于机械式操纵机构的干涉作用,压盘最终无法前移,即导致离合器不能接合,出现打滑现象。为此,在离合器膜片弹簧(或分离杠杆)内端与分离轴承之间预留一定的间隙,一般为几毫米,这个间隙称为离合器的自由间隙,如图 3-8 所示。

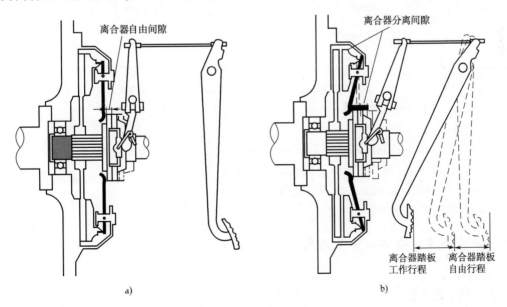

图 3-8 离合器踏板自由行程

课题二　离合器的拆装

一、作业前的准备

通用科鲁兹轿车底盘、离合器拆装作业台、压力机各一台,常用工具、量具各一套,科鲁兹专用工具一套,相关挂图或图册若干,维修手册等。离合器的拆装过程以通用科鲁兹轿车离合器为例。

二、离合器主缸储液罐软管更换

1. 拆卸

注意:切勿断开发动机冷却液软管。

(1)拆下散热器缓冲罐卡夹2,如图3-9所示。

(2)拆下散热器缓冲罐1。

(3)将散热器缓冲罐1放置一边。

注意:断开储液罐软管之前,从储液罐中排出离合器/制动器油液。

(4)将离合器主缸储液罐软管1从储液罐和主缸上拆下,如图3-10所示。

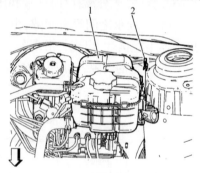

图3-9　散热器缓冲罐
1-散热器缓冲罐;2-卡夹

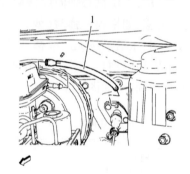

图3-10　离合器主缸储液罐软管拆卸
1-储液罐软管

2. 安装

(1)将离合器主缸储液罐软管1安装至储液罐和主缸上,如图3-11所示。

(2)加注离合器/制动器油液至储液罐最高液位。

(3)安装散热器缓冲罐1,如图3-12所示。

(4)安装散热器缓冲罐卡夹2。

三、离合器执行器缸前管的更换

1. 拆卸

(1)拆下蓄电池托架。

(2)拆下散热器缓冲罐卡夹2,如图3-13所示。

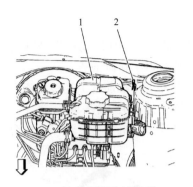

图 3-11　储液罐软管的安装
1-储液罐软管

图 3-12　散热器缓冲罐安装
1-缓冲罐;2-卡夹

（3）拆下散热器储液罐 1 并放在一边。
（4）将接液盘置于下面。
（5）将离合器工作缸前管 2 从 2 个固定件上断开。
（6）打开固定件卡夹 1，如图 3-14 所示。

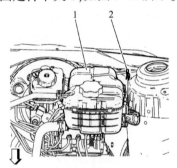

图 3-13　散热器缓冲罐拆卸
1-储液罐;2-卡夹

图 3-14　离合器工作缸前管拆卸
1-卡夹;2-离合器执行器缸前管

（7）将离合器工作缸前管从离合器工作缸管弯头上断开。
（8）拆下 2 个制动压力调节阀托架螺栓 1，如图 3-15 所示。
（9）打开固定件卡夹（箭头处）。
（10）将离合器工作缸前管 1 从离合器主缸上断开，如图 3-16 所示。

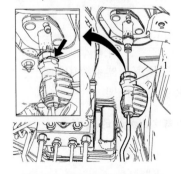

图 3-15　制动压力调节阀托架
1-螺栓

图 3-16　离合器工作缸前管拆卸
1-离合器工作缸前管

注意：拆卸离合器工作缸前管举升制动压力调节阀托架时一定要小心。

2. 安装

注意：安装离合器工作缸前管举升制动压力调节阀托架时一定要小心。

(1) 安装离合器工作缸前管。

(2) 将离合器工作缸前管1连接至离合器主缸，如图3-17所示。

(3) 关闭固定件卡夹(箭头处)。

(4) 将离合器工作缸前管2连接至离合器工作缸管弯头，如图3-18所示。

 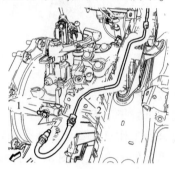

图3-17　离合器工作缸前管与主缸连接
1-离合器执行器缸前管

图3-18　离合器工作缸前管与弯头连接
1-卡夹；2-离合器工作缸前管

(5) 关闭固定件卡夹1。

(6) 将离合器工作缸前管插入2个固定件上。

(7) 安装2个制动压力调节阀托架螺栓1，并将其紧固至20N·m，如图3-19所示。

(8) 安装散热器缓冲罐1。

(9) 安装散热器缓冲罐卡夹2，如图3-20所示。

 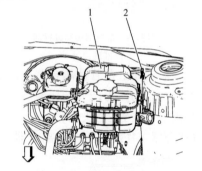

图3-19　制动压力调节阀托架安装
1-螺栓

图3-20　散热器缓冲罐安装
1-缓冲罐；2-卡夹

(10) 排出液压离合器系统中的空气。

(11) 安装蓄电池托架。

四、离合器从动盘的更换

1. 拆卸

(1) 拆下变速器。

(2) 将EN-652固定工具1安装至发动机缸体，如图3-21所示。

(3) 将与DT-6263-1支架配合使用的DT-6263拆卸工具/安装工具1连接至发动机缸体。

(4)将4个螺栓(箭头处)安装至发动机缸体,但不要紧固,如图3-22所示。

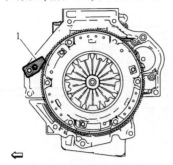
图3-21 发动机缸体上安装工具
1-固定工具

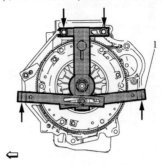
图3-22 安装工具和螺栓至发动机缸体
1-拆卸/安装工具

(5)将所需离合器对中导管5连接至DT-6263-30冲子4。

(6)紧固DT-6263拆卸工具/安装工具,如图3-23所示。

①通过DT-6263拆卸工具/安装工具将与离合器对中导管配合使用的DT-6263-30中心冲子2插入离合器压盘和曲轴中心(箭头处)。

②紧固滚花轮1。

③紧固螺栓3。

④紧固将DT-6263-30拆卸工具/安装工具安装至发动机缸体的4个螺栓。

(7)使用DT-6263拆卸工具/安装工具预载离合器弹簧,如图3-24所示。

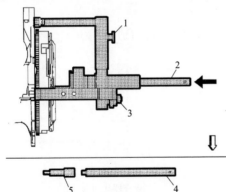
图3-23 安装离合器对中导管
1-滚花轮;2-冲子;3-螺栓;4-冲子;5-导管

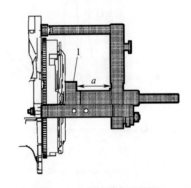
图3-24 测量离合器弹簧
1-螺杆

①转动螺杆1直至其靠近离合器压盘的弹簧片。

②测量距离 a。

注意:不要过度旋转,留出离合器压盘自由运动的空间即可。

③顺时针转动螺杆直至延长大约8mm的距离。

④检查离合器压盘是否自由运动。

注意:确认装配螺栓时是否涂抹螺纹锁止胶。

(8)拆下并报废6个离合器压盘螺栓1,如图3-25所示。

(9)松开DT-6263拆卸工具/安装工具2,如图3-26所示。

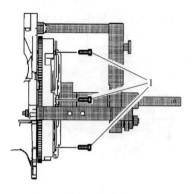
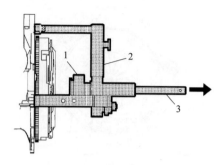

图3-25 拆下离合器压盘螺栓
1—螺杆

图3-26 拆下离合器对中导管
1—螺杆;2—拆卸/安装工具;3—冲子

①逆时针转动 DT-6263 拆卸工具/安装工具的螺杆1直至停止。
②拆下与离合器对中导管(箭头处)配合使用的 DT-6263-30 中心冲子3。
(10)拆下离合器压盘1和离合器从动盘2,如图3-27所示。

注意:离合器压盘和从动盘被异物(油、清洁剂等)污染,必须更换。检查毂侧面的离合器从动盘是否损坏或有灰尘,必要时进行更换。不应使用高压清洁剂或零件清洗机清洁离合器压盘和从动盘。

(11)必要时,检查离合器压盘和从动盘1并更换,如图3-28所示。

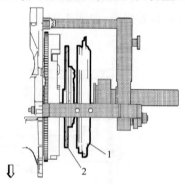

图3-27 离合器压盘和从动盘
1—离合器压盘;2—离合器从动盘

图3-28 更换离合器压盘和从动盘
1—离合器从动盘

检查内容:过度磨损;摩擦面燃烧;摩擦面上有油;花键毂损坏;弹簧损坏。
(12)检查离合器衬片铆钉上的衬片是否凸起。
(13)将离合器压盘滑至变速器输入轴并检查其是否易于移动。

2. 安装

(1)将衬套1安装至曲轴。衬套固定在曲轴上,如图3-29所示。
(2)磨切6个离合器压盘螺栓螺纹。

注意:安装离合器从动盘时必须使盘上的德国文 Getriebeseite(意思是齿轮箱)朝向变速器。

(3)安装离合器从动盘3和离合器压盘2。使用与离合器对中导管配合使用的 DT-6263-30中心冲子1对中离合器从动盘,如图3-30所示。

项目三 离合器的结构与拆装

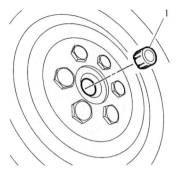
图 3-29　安装衬套到曲轴
1-衬套

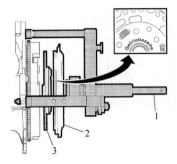
图 3-30　安装从动盘和压盘
1-冲子；2-离合器压盘；3-离合器从动盘

（4）使用 DT-6263 拆卸工具/安装工具 2 预载离合器弹簧。顺时针转动螺杆 1 直至飞轮和压盘对齐（箭头处），如图 3-31 所示。

注意：此时，装配离合器压盘螺栓时要涂抹螺纹锁止胶（维修时可能提供未密封的螺栓）。如果紧固件未密封，则安装新的离合器压盘螺栓。不能重复使用旧的螺栓。

（5）安装 6 个离合器压盘螺栓 1，如图 3-32 所示。

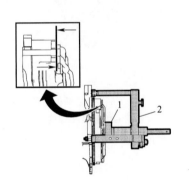
图 3-31　安装离合器弹簧
1-螺杆；2-拆卸/安装工具

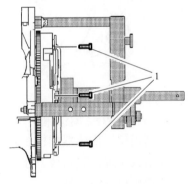
图 3-32　安装离合器压盘螺栓
1-螺栓

（6）紧固离合器压盘螺栓。
（7）从发动机缸体上拆下 DT-6263 拆卸工具/安装工具 2，如图 3-33 所示。
① 逆时针转动 DT-6263 拆卸工具/安装工具的螺杆 1 直至停止。
② 拆下与离合器对中导管（箭头处）配合使用的 DT-6263-30 中心冲子 3。
③ 拆下将 DT-6263 拆卸工具/安装至发动机缸体的 4 个螺栓。
（8）从发动机缸体上拆下 EN-652 固定工具，如图 3-34 所示。
（9）安装变速器。

五、离合器踏板位置传感器的更换

1.拆卸

（1）断开离合器踏板位置传感器线束连接器。
（2）拆下离合器踏板位置传感器螺栓 2，如图 3-35 所示。

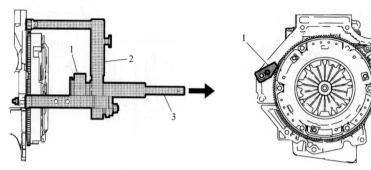

图3-33 安装离合器对中导管
1-螺杆;2-拆卸/安装工具;3-冲子

图3-34 拆下安装工具
1-固定工具

(3)拆下离合器踏板位置传感器1。

2.安装

(1)安装离合器踏板位置传感器1,如图3-36所示。

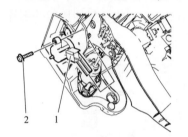 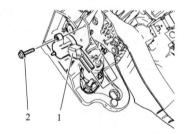

图3-35 拆下离合器踏板位置传感器螺栓
1-离合器踏板位置传感器;2-螺栓

图3-36 安装离合器踏板位置传感器
1-传感器;2-螺栓

(2)安装离合器踏板位置传感器螺栓2并将其紧固至2N·m。

(3)连接离合器踏板位置传感器线束连接器。

(4)读入离合器踏板位置传感器。

六、学习拓展

(1)查阅长安逸动轿车维修手册,比较长安逸动轿车离合器的结构和通用科鲁兹轿车离合器的结构有何区别?

(2)根据通用科鲁兹轿车离合器拆装步骤,制订长安逸动轿车离合器拆装计划。

七、评价与反馈

1.自我评价与反馈

(1)你对本项目的学习是否满意?

评价情况:

(2)你能独立完成通用科鲁兹轿车离合器的拆卸与装配吗?

评价情况:

(3)你是否知道通用科鲁兹轿车离合器的基本组成?

评价情况:

(4)你会正确使用离合器拆装过程中涉及的工具吗?
评价情况:_____

　　　　　　　　签名:_____　　_____年___月___日

2.小组评价与反馈
(1)你们小组在接到任务之后是否讨论过通用科鲁兹轿车离合器的拆装计划?
评价情况:_____
(2)你们小组在拆装通用科鲁兹轿车离合器的过程中是否有明确的分工?相互配合得好吗?
评价情况:_____
(3)你们小组在拆装通用科鲁兹轿车离合器的过程中操作是否规范?
评价情况:_____

参与评价的同学签名:_____　　_____年___月___日

3.教师评价及答复
_____
_____
_____

　　　　　　　　教师签名:_____　　_____年___月___日

项目四 手动变速器的结构与拆装

 学习目标

完成本项目学习后,你应能:
1. 叙述手动变速器的作用、结构和工作原理;
2. 叙述手动变速器传动机构的动力传递路线;
3. 叙述同步器的工作原理;
4. 就车拆卸和安装手动变速器总成;
5. 分解、装配手动变速器总成。

 建议课时

12 课时。

 手动变速器的结构和工作原理

一、手动变速器的作用

(1) 变速、变矩,在较大范围内改变汽车的行驶速度和驱动转矩。

(2) 倒车,利用倒挡实现汽车倒向行驶。

(3) 中断动力传递,利用空挡中断动力传递,以便于发动机起动和怠速运转,在发动机不熄火的情况下使汽车滑行或暂时停车。

二、手动变速器的工作原理

手动变速器是利用不同齿数的齿轮啮合传动来改变转速和转矩的。齿轮传动的基本原理如图 4-1 所示。一对齿数不同的齿轮啮合传动时可以变速,而且两齿轮的转速与齿轮的齿数成反比。主动齿轮的转速与从动齿轮的转速之比称为传动比,用 i 表示。

当小齿轮为主动齿轮,大齿轮为从动齿轮时,$i>1$,称为减速传动;当大齿轮为主动齿轮,小齿轮为从动齿轮时;$i<1$,称为增速传动。

项目四 手动变速器的结构与拆装

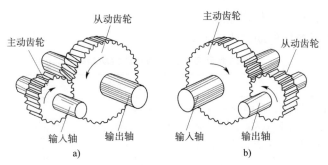

图 4-1 齿轮传动的基本原理
a)减速传动；b)增速传动

三、手动变速器的结构

手动变速器包括变速传动机构和操纵机构两大部分。

变速传动机构是变速器的主体，按工作轴的数量（不包括倒挡轴）可分为三轴式变速器和两轴式变速器。

（一）三轴式手动变速器的结构

1. 传动机构

1）变速传动机构的组成

三轴式变速传动机构主要由至发动机的输入轴、中间轴、至差速器的输出轴和各齿轮组成。

如图 4-2 所示，设有输入轴 1、输入轴 7、中间轴 12。输入轴上装有一个齿轮 2，称为输入常啮合齿轮，输入轴通过花键与离合器的从动盘连接（即为离合器的从动轴）。输出轴上装有多个（因为该种变速器都有一个直接挡，是不经过任何齿轮传动的）挡位的从动轮，如 3、4、5、6 齿轮，与万向传动中的万向节凸缘盘花键连接。中间轴上装有与输入轴常啮合的齿轮 16 和其他一部分挡位中间轴齿轮，如 9、10、13、14 齿轮，一般安装在变速器的底部两端，用轴承支承在变速器壳体上。在动力传动的过程中，输入轴上的常啮合齿轮与中间轴上的常啮合齿轮啮合，动力由输入轴传递到输出轴，中间轴上的挡位齿轮再与输出轴上的挡位齿轮相啮合，动力由中间轴传递到输出轴，在这一传递过程中经过了两对外啮合齿轮，即：三轴式变速器前进挡输入输出的转向最终是相同的，常用于发动机前置后驱的汽车中。

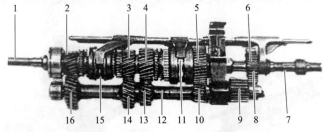

图 4-2 五菱之光三轴式变速传动机构

1-输入轴；2-输入轴常啮合齿轮；3-3 挡输出齿轮；4-2 挡输出齿轮；5-1 挡输出齿轮；6-倒挡输出齿轮；7-输出轴；8-倒挡惰轮；9-中间轴 1 挡齿轮；10-中间轴 1 挡齿轮；11-1、2 挡同步器；12-中间轴；13-中间轴 2 挡齿轮；14-中间轴 3 挡齿轮；15-3、4 挡同步器；16-中间轴常啮合齿轮

2）变速传动机构的动力传递路线

五菱之光变速器各挡传动路线见表4-1。

四挡五菱之光变速器各挡传动路线　　　表4-1

挡　　位	动力传递路线
1挡	当1、2挡同步器向1挡齿轮方向推时挂入1挡 动力传递路线：输入轴1→输入轴常啮合齿轮2→中间轴常啮合齿轮16→中间轴12→中间轴1挡齿轮10→输出轴7→1挡齿轮5→1、2挡同步器11→输出轴7输出
2挡	当1、2挡同步器向2挡齿轮方向推时挂入2挡 输入轴1→输入轴常啮合齿轮2→中间轴常啮合齿轮16→中间轴12→中间轴2挡齿轮13→输出轴2挡齿轮4→1、2挡同步器11→输出轴7输出
3挡	当3、4挡同步器向3挡齿轮方向推时挂入3挡 输入轴1→输入轴常啮合齿轮2→中间轴常啮合齿轮16→中间轴12→中间轴3挡齿轮14→输出轴3挡齿轮3→3、4挡同步器15→输出轴7输出
4挡	当3、4挡同步器向4挡齿轮方向推时挂入4挡（为直接挡） 输入轴1→输入轴常啮合齿轮2→3、4挡同步器15→输出轴7输出
倒挡	当倒挡惰轮向中间轴倒挡齿轮方向推时挂入倒挡 输入轴1→输入轴常啮合齿轮2→中间轴常啮合齿轮16→中间轴12→中间轴倒挡齿轮9→倒挡惰轮8→输出轴倒挡齿轮6→输出轴7输出

2. 操纵机构

变速操纵机构能使变速器挂上或摘下某一挡，从而改变变速器的挡位，为了保证变速器的可靠工作，变速操纵机构应满足以下要求：

(1) 保证变速器不自行挂挡或自行脱挡（自锁）。

(2) 防止同时挂上两个挡位而使变速器卡死或损坏（互锁）。

(3) 防止误挂倒挡（倒挡锁）。

按变速器的换挡杆与变速器的相互位置，换挡操作机构分为直接操作方式和远距离操作式两种。

① 直接操作式。

该种操作机构用于变速器的位置在驾驶座附近，换挡杆从驾驶室地板伸出，驾驶人可直接操作。一般由换挡杆、拨块、拨叉、拨叉轴以及安全装置等组成，多集中装于变速器盖或侧盖上，如图4-3所示。

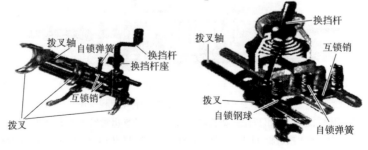

图4-3　直接操作式操作机构

②远距离操作式。

发动机前置前驱及后置后驱动的车辆,由于变速器距离换挡杆较远,通常在换挡杆与拨叉之间增加若干传动杆,组成远距离操作机构,主要由支撑杆、接合器、外换挡杆、倒挡保险挡块和换挡杆等组成。远距离操作机构又分为杆式操作机构和拉索式操作机构,如图4-4所示。

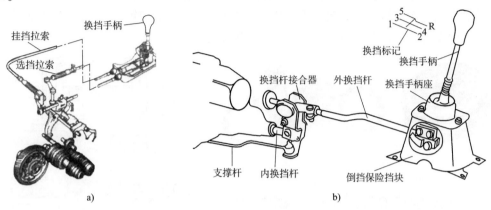

图4-4 远距离操作式变速器换挡机构

3. 同步器

同步器是改善汽车机械式变速器换挡性能的主要零部件;对减轻驾驶人的劳动强度,使操纵轻便,提高齿轮及传动系统的平均使用寿命,提高汽车行驶安全性和舒适性,并对改善汽车起步时的加速性和经济性起着极其重要的作用。

目前,手动变速器换挡方式有滑动齿轮、接合套和同步器三种。以下重点介绍同步器的相关知识。

1) 同步器的功用

一方面使接合套与待啮合的齿圈迅速同步以缩短换挡时间,实现顺利换挡;另一方面同步器强行挂挡,使接合套等在空挡时保持在中间位置,同时又不妨碍整个接合和分离过程。

2) 同步器的结构

目前,广泛采用的是惯性摩擦式同步器,惯性摩擦式同步器又分为锁环式和锁销式。

(1) 锁环式同步器。

这是目前大多数车辆所采用的同步器,结构如图4-5所示。主要由花键毂、接合套、同步环(也称锁环)、滑块、卡簧等组成。同步环、齿圈及花键毂上具有相同的花键齿。两个同步环和齿圈上的花键齿在对着接合套的一端都有倒角(称锁止角)且接合套齿端的倒角相同。同步环具有与齿圈上的锥形摩擦面锥度相同的内锥面,并有细牙螺旋槽,以便于两锥面接触后起到破坏油膜、增加锥面间摩擦的作用。三个滑块分别嵌合在花键毂的三个轴向槽中。

(2) 锁销式同步器。

锁销式同步器的结构如图4-6所示,主要由摩擦锥盘、摩擦锥环、锁销、接合套和定位销等组成。两个有内锥面的摩擦盘分别固定在带有外花键齿圈的斜齿上,并随齿轮一起旋转。与摩擦盘相配合的两个外锥面的摩擦锥环,通过三个锁销和三个定位销与接合套连接。锁销与定位销在同一圆周上相互均匀地分布。锁销的两端固定在摩擦锥环的孔中,其中部直径小于两端。只有在锁销与接合套孔对中时,接合套方能沿锁销轴向移动,即挂挡。锁销中部和接合套上相应的销孔的两端有角度相同的倒角,即锁止角。三个定位销可对接合套进行空挡定位,并可将接合套上的推力传给摩擦锥环,其定位和传力是靠定位槽与接合套中的钢球和定位弹簧,接合套可沿定位销轴向移动,但不能相对转动。定位销的两端伸入到摩擦锥环相应的浅槽中,但与摩擦锥环并不固定,有一定的间隙,因此,两摩擦锥环及三个锁销相对于接合套及三个定位销可转过一个角度。一个接合套、三个锁销、三个定位销和两个摩擦环构成一个整体,通过接合套的内花键齿套在齿毂上。

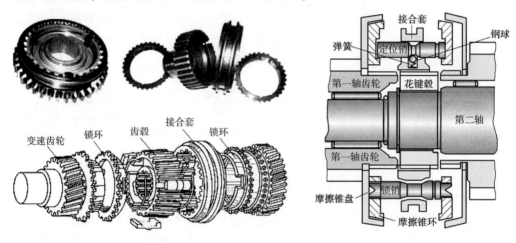

图 4-5 锁环式同步器　　　　图 4-6 锁销式同步器结构

3) 同步器的工作原理

同步器挂挡一共分为以下四步完成,如图 4-7 所示。

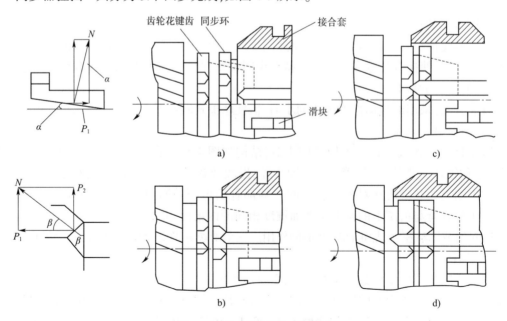

图 4-7 惯性式同步器的工作原理
a) 空挡;b) 挂挡;c) 锁止;d) 同步挂挡

(1) 空挡。

如图4-7a)所示,空挡位置各零部件处于自由状态,接合套在中间位置,通过花键毂连接在轴上,与轴一起转动。而齿轮和齿轮上的花键齿圈与轴之间空套在轴上,同步套环在齿轮的锥面上,此时同步环没有受到任何力,与齿轮的锥面间不产生摩擦,都均处于自由状态,动力不通过该齿轮的挡位输出,即处于空挡位置。

(2) 挂挡。

如图4-7b)所示,拨叉推动接合套,接合套带动滑块推动两锥面相靠,使滑块推动同步环压向齿轮,齿轮的锥面和同步环的内锥面之间产生摩擦力矩。此时,接合套的短齿倒角压在同步环短齿倒角上。

(3) 锁止。

如图4-7c)所示,拨叉作用在接合套上的力,使接合套穿过同步环短齿与齿轮花键齿圈倒角接触,在没有同步前,由于转速差的原因,使得接合套在花键与齿轮的花键相顶,无论驾驶人用多大的力,接合套都无法与齿轮的花键啮合。

(4) 同步挂挡。

如图4-7d)所示,驾驶人继续施加在接合套上的力 N 使摩擦力矩继续产生,接合套与齿轮实现同步转动,倒角面上产生轴向力 P_1 和切向力 P_2,轴向分力 P_1 推动接合套继续前移,切向分力 P_2 使同步环等回转一个角度,挡位齿轮花键与接合套之间的花键对齐,便于接合套的花键顺利与挡位齿轮花键啮合,完成换挡。

(二) 两轴式手动变速器的结构

1. 变速传动机构的组成

两轴式变速器按发动机与车身的相对位置分为横置和纵置两种。其中,横置式传动方向与驱动轮的转向一致(即:前后转),输出轴与下一传动连接的还是圆柱齿轮,如图4-8所示;纵置式传动方向与驱动轮的方向不一致(即:左右转),于是需设置锥齿轮传动来改变其传动方向,如图4-9所示。

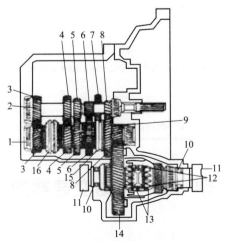

图4-8 发动机横置式两轴变速器

1-输出轴;2-输入轴;3-4挡齿轮;4-3挡齿轮;5-2挡齿轮;6-倒挡齿轮;7-倒挡惰轮;8-1挡齿轮;9-主减速器主动齿轮;10-减速器油封;11-等速万向节轴;12-等速器行星齿轮;13-等速器半轴齿轮;14-主减速器从动齿轮;15-1、2挡同步器;16-3、4挡同步器

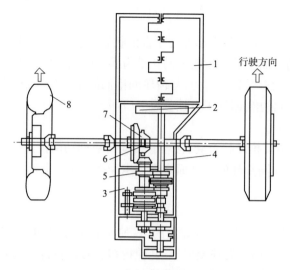

图 4-9 发动机纵置式两轴变速器

1-发动机总成;2-离合器总成;3-变速器总成;4-变速器输入轴;5-变速器输出轴;6、7-主变速器、差速器总成;8-驱动轮

2．变速传动路线

四挡长安轿车、五菱之光变速器各挡传动路线见表4-2。

四挡长安轿车、五菱之光变速器各挡传动路线　　　表4-2

挡　　位	动力传递路线
1挡	当1、2挡同步器向1挡齿轮方向推时挂入1挡 动力传递路线:输入轴→输入轴1挡齿轮→1、2挡同步器→输出轴主减速器主动齿轮输出
2挡	当1、2挡同步器向2挡齿轮方向推时挂入2挡 动力传递路线:输入轴→输入轴2挡齿轮→输出轴2挡齿轮→1、2挡同步器→输入轴主减速器主动齿轮输出
3挡	当3、4挡同步器向3挡齿轮方向推时挂入3挡 动力传递路线:输入轴→输入轴3挡齿轮→输入轴3挡齿轮→3、4挡同步器→输入轴主减速器主动齿轮输出
4挡	当3、4挡同步器向4挡齿轮方向推时挂入4挡 动力传递路线:输入轴→输入轴4挡齿轮→输出轴4挡齿轮→3、4挡同步器→输出轴主减速器主动齿轮输出
倒挡	当倒挡惰轮向倒挡齿轮方向推时挂入倒挡 输入轴→输入轴倒挡齿轮→倒挡惰轮→输入轴倒挡齿轮→输入轴主减速器主动齿轮输出

课题二　手动变速器的拆装

一、作业前准备

以通用科鲁兹手动变速器为例进行拆装,其他汽车手动变速器的就车拆装可参照进行。

工具、设备和材料的准备：

科鲁兹轿车、发动机吊架、组合工具、扭力扳手、工具车、零件架、检测设备、维修手册、抹布等。

二、变速器更换

1. 拆卸

（1）拆下蓄电池托架。

（2）从换挡杆和选、换挡拉索托架上断开选、换挡拉索1，如图4-10所示。

注意：断开离合器工作缸前管之前，将离合器/制动器油从储液罐中排出。

（3）拆下离合器工作缸前管固定件1。将离合器工作缸前管弯头断开，如图4-11所示。

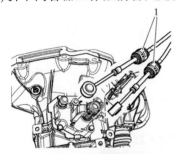

图4-10 断开选、换挡拉索

1-选、换挡拉索

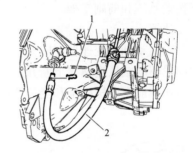

图4-11 拆下离合器工作缸前管固定件

1-离合器工作缸前管固定件；2-离合器工作缸前管

（4）从车速表从动齿轮2上断开电器连接器1，如图4-12所示。

（5）将电器连接器1从倒车灯开关上断开。

（6）拆下线束托架螺栓2，如图4-13所示。

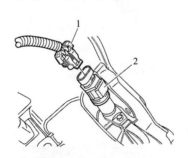

图4-12 断开电器连接器

1-电器连接器；2-车速表从动齿轮

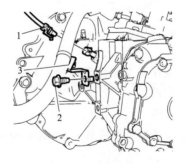

图4-13 拆下线束托架螺栓

1-电器连接器；2-螺栓；3-线束托架

（7）从变速器上拆下线束托架3。

（8）拆下变速器螺栓1，如图4-14所示。

（9）安装EN-47694支撑夹具。

（10）举升和顶起车辆。

（11）根据SPX所述步骤装配CH-49290支撑工具1，如图4-15所示。

（12）使用千斤顶支撑CH-904底座架。

（13）安装CH-904底座架上的CH-49290支撑工具。

图4-14 拆下变速器螺栓
1-螺栓

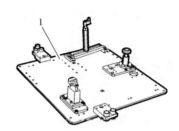

图4-15 支撑底座架
1-支撑工具

(14)根据SPX安装手册所述步骤安装CH-49290支撑工具1,如图4-16所示。

(15)拆下传动系统和前副车架。

(16)排空变速器。

(17)将左前轮驱动轴从变速器上断开。

(18)将右前轮驱动轴从变速器上断开。

(19)拆下变速器前支座螺栓1和变速器前支座2,如图4-17所示。

图4-16 安装支撑工具
1-支撑工具

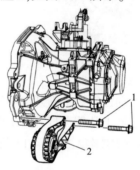

图4-17 拆下变速器前支座螺栓和变速器前支座
1-螺栓;2-变速器前支座

(20)拆下变速器支座托架螺栓1和变速器后支座托架,如图4-18所示。

(21)拆下起动机。

(22)降下车辆。

(23)拆下变速器支座螺栓1,如图4-19所示。

图4-18 拆下变速器支座托架螺栓和变速器后支座托架
1-螺栓

图4-19 拆下变速器支座螺栓
1-变速器支座螺栓

(24)用 EN-47649 支撑夹具降下发动机和变速器。

(25)举升车辆。

(26)将 DT-47648 固定工具置于 CH-904 车架上并预安装支架。

(27)将 DT-47648-2 离合器壳体支架 4 预安装至底板上的位置 3，如图 4-20 所示。

(28)将 DT-47648-4 变速器壳体支架 2 预安装至底板上的位置 4。

(29)将 DT-47648-5 左支架 1 预安装至底板。

(30)将 DT-47648-5 右支架 3 预安装至底板。

注意：在放置到位之前，拧松所有连接旋转臂和支架的螺栓，以尽可能地远离底板。用芯轴调节变矩器壳体和变速器壳体支架，直到它们尽可能低。

(31)将 DT-47648 固定工具连接至变速器，如图 4-21 所示。

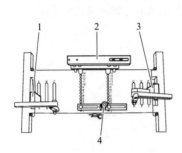

图 4-20　安装离合器壳体支架
1～4-支架

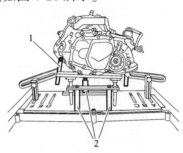

图 4-21　连接固定工具和变速器
1、2-固定工具

(32)将 DT-47648 固定工具对准变速器下方。

(33)将旋转臂连接至变速器，如图 4-22 所示。

注意：对准旋转臂，使其产生的扭转力矩可能小。

(34)从变速器开始直至底板，紧固旋转臂连接螺栓。

(35)通过芯轴将离合器壳体和变速器壳体支架置于变速器上。

(36)紧固支架的螺栓连接。

(37)拆下变速器螺栓 1、2、3，如图 4-23 所示。

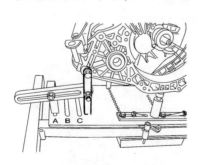

图 4-22　变速器连接旋转臂

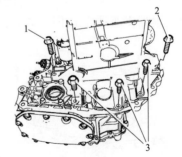

图 4-23　拆下变速器螺栓
1～3-螺栓

(38)将变速器从发动机上分离。

(39)用变速器千斤顶和 DT-47648 固定工具降下变速器直到足够拆下变速器。

2. 安装

（1）使用干净不起毛的布清除离合器毂和输入轴上的碎屑和污染物。

注意： 如果变速器输入轴上润滑脂涂抹过多或使用牌号错误的润滑脂，会导致部件损坏、离合器滑动或其他故障。必须使用牌号正确的润滑脂。应在变速器输入轴上涂抹一薄层润滑脂，切勿过量涂抹。

（2）用一个干净的平刷1将一薄层润滑脂涂抹到输入轴上，直到输入轴的金属表面有光泽为止。无论尺寸多大，都不允许润滑脂有明显的成块现象。应按照图4-24所示箭头方向涂抹。

注意： 确保变速器和输入轴的含铅表层无润滑脂。将变速器装配到发动机上前，应清洁变速器输入轴的含铅表面。如果表面不清洁，可能会导致离合器滑动或发生其他故障。

（3）使用新的不起毛的布1清洁整个输入轴含铅表层，如图4-25所示。

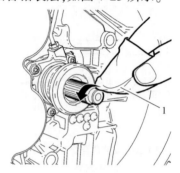

图4-24　在输入轴涂抹润滑脂　　　　图4-25　清洁输入轴
　　　1-平刷　　　　　　　　　　　　　　1-布

（4）用变速器千斤顶和DT-47648固定工具举升变速器并将变速器放置于发动机上。

（5）安装变速器螺栓1、2并紧固至75N·m。

安装变速器螺栓3并紧固至45N·m，如图4-26所示。

（6）用DT-47648固定工具拆下变速器千斤顶。

（7）降下车辆。

（8）用EN-47649支撑夹具举升发动机和变速器。

（9）安装变速器支座螺栓1，但不紧固，如图4-27所示。

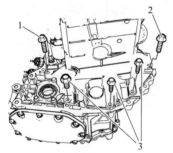
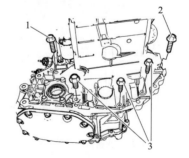

图4-26　安装变速器螺栓　　　　图4-27　安装变速器支座螺栓
　　　1～3-螺栓　　　　　　　　　　　　　1～3-螺栓

（10）举升车辆。

(11) 安装起动机。
(12) 安装变速器后支座托架并紧固螺栓 1 至 100N·m，如图 4-28 所示。
(13) 安装变速器前支座 2 并紧固螺栓 1 至 100N·m，如图 4-29 所示。

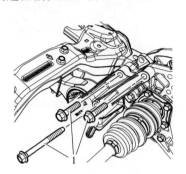

图 4-28　安装后支座托架
1-螺栓

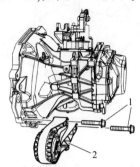

图 4-29　安装前支座
1-螺栓；2-变速器前支座

(14) 将右前轮驱动轴连接至变速器。
(15) 将左前轮驱动轴连接至变速器。
(16) 安装传动系统和前副车架。
(17) 降下车辆。
(18) 拆下 EN-47649 支撑夹具。
(19) 将变速器支座螺栓 1 紧固至 62N·m，如图 4-30 所示。
(20) 举升车辆。
(21) 使用 CH-904 底座架和千斤顶降下 CH-49290 支撑工具 1，如图 4-31 所示。

图 4-30　紧固变速器支座螺栓
1-螺栓

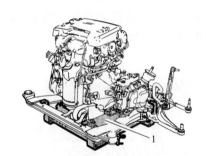

图 4-31　降下支撑工具
1-支撑工具

(22) 从 CH-904 底座架上拆下 CH-49290 支撑工具。
(23) 根据 SPX 安装手册所述步骤拆解 CH-49290 支撑工具 1，如图 4-32 所示。
(24) 安装变速器螺栓 1 并紧固至 75N·m，如图 4-33 所示。
(25) 将电器连接器 1 连接至倒车灯开关，如图 4-34 所示。
(26) 将线束托架 3 安装至变速器。
(27) 安装线束托架螺栓 2。
(28) 将电器连接器 1 连接至车速表从动齿轮 2，如图 4-35 所示。

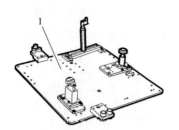

图 4-32 拆解支撑工具
1-支撑工具

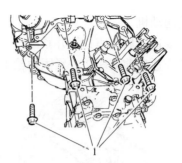

图 4-33 安装并紧固变速器螺栓
1-螺栓

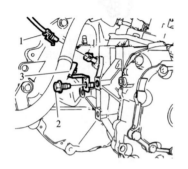

图 4-34 连接电器连接器至变速器
1-电器连接器;2-螺栓;3-线束托架

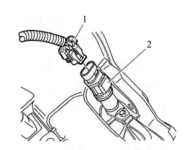

图 4-35 连接车速表从动齿轮
1-电器连接器;2-车速表从动齿轮

注意:离合器工作缸前管必须可靠接合。

(29)将离合器工作缸前管弯头。

(30)锁止离合器工作缸前管固定件1,如图4-36所示。

(31)将选、换挡拉索1安装至换挡杆和选、换挡拉索托架,如图4-37所示。

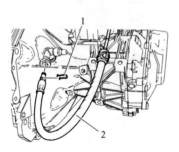

图 4-36 锁止离合器执行器缸前管固定件
1-离合器执行器缸前管固定件;2-离合器执行器缸前管

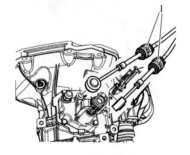

图 4-37 安装换挡拉索
1-选、换挡拉索

(32)调整选换挡杆拉线。

(33)排除离合器液压系统中的空气。

(34)加注并检查变速器油。

(35)安装蓄电池托架。

(36)路试车辆。

三、学习拓展

查阅其他汽车的维修手册,比较其手动变速器结构和通用科鲁兹手动变速器结构的区别。

四、评价与反馈

1. 自我评价与反馈

(1)你对本项目的学习是否满意?

评价情况:_____

(2)你是否知道三轴式手动变速器的基本结构?

评价情况:_____

(3)你能独立完成科鲁兹汽车手动变速器的分解和装配吗?

评价情况:_____

(4)你会正确使用手动变速器拆装过程中涉及的工具吗?

评价情况:_____

签名:_____　　　_____年____月____日

2. 小组评价与反馈

(1)你们小组在接到任务后是否讨论过手动变速器的拆装计划?

评价情况:_____

(2)你们小组在拆装手动变速器的过程中是否有明确的分工?相互配合得怎样?

评价情况:_____

(3)你们小组在拆装手动变速器的过程中操作是否规范?

评价情况:_____

参与评价的同学签名:_____　　_____年____月____日

3. 教师评价及答复

_____

_____

_____

教师签名:_____　　　_____年____月____日

项目五　自动变速器的结构与拆装

 学习目标

完成本项目学习后,你应能:
1. 叙述自动变速器的类型、特点;
2. 叙述电控自动变速器的控制原理;
3. 叙述液力变矩器的作用;
4. 叙述齿轮变速机构的作用原理;
5. 叙述传感器、控制器、执行器的作用;
6. 叙述液压控制系统的作用、原理;
7. 叙述冷却、滤油装置的结构与原理;
8. 就车拆卸和安装自动变速器总成;
9. 分解、装配自动变速器总成。

 建议课时

24 课时。

 课题一　自动变速器的结构和工作原理

一、自动变速器的类型、特点

1. 自动变速器的类型

目前,自动变速器可以分为许多种类,常见的有:
(1)液力自动变速器(Automatic Transmission,AT)。
(2)电控机械式自动变速器(Automated Mechanical Transmission,AMT)。
(3)无级变速器(Continuously Variable Transmission,CVT)。
(4)双离合器自动变速器(Dual Clutch Transmission,DCT),也称为直接换挡变速器(Direct Shift Gearbox,DSG)。

2. 自动变速器的特点

(1) 自动变速,连续变矩,换挡时动力不中断。
(2) 随着电子控制技术的快速发展,自动变速器车辆的燃油经济性明显改善。
(3) 操作简便,减轻驾驶人的劳动强度,提高行驶安全性。
(4) 降低发动机排放污染。
(5) 换挡平滑,无冲击、无振动,噪声小,动载荷小,零件寿命长。
(6) 自动变速器结构复杂,零部件较多,造价高,维修困难。

二、电控自动变速器的组成与工作原理

1. 电控自动变速器的组成

电控自动变速器由液力变矩器、齿轮变速机构(齿轮变速器)、液压控制系统、电子控制系统和冷却、滤油装置等五部分组成。

2. 电控自动变速器的工作原理

在电控自动变速器中,换挡依据的最主要信号是发动机负荷和汽车车速。发动机负荷信号来自节气门位置传感器;车速信号来自车速传感器。传感器把采集到的发动机负荷和车速信号转换成电信号送给电控单元(ECU),ECU接收电信号后,经过分析、计算、判断,并与存储在内部的程序加以比较,给执行换挡的电磁阀(执行器)发出通、断指令,实现升挡或降挡,如图5-1所示。

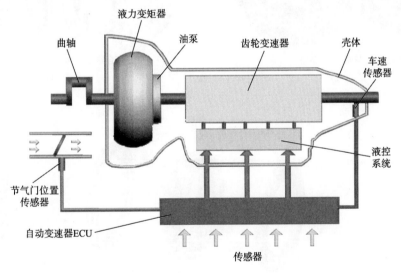

图5-1 自动变速器的工作原理

三、液力变矩器

1. 液力变矩器的作用

(1) 自动分离或接合,具有离合器的作用。
(2) 具有自动无级变速、变矩的作用。
(3) 缓和发动机与传动系统之间的冲击,具有过载保护作用。

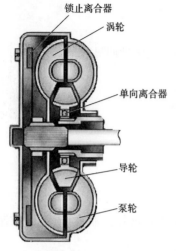

图 5-2 综合式液力变矩器

(4) 具有飞轮的作用。
(5) 驱动自动变速器液压系统的油泵。

2. 液力变矩器的结构

目前,自动变速器普遍采用综合式液力变矩器,如图 5-2 所示。它由泵轮、涡轮、导轮、壳体、单向离合器、锁止离合器等组成,如图 5-3 所示。

当车速较高时,随着涡轮转速与泵轮转速接近,液力变矩器不再增大转矩,传动效率下降。此时,变矩器通过电磁阀引入液压油将锁止离合器与壳体直接相连,使涡轮与泵轮刚性连接,实现机械传动,提高传递的效率。

锁止离合器工作条件:自动变速器油(ATF)温度不低于 60℃,车速不低于 40km/h,挡位不低于三挡,制动踏板释放。

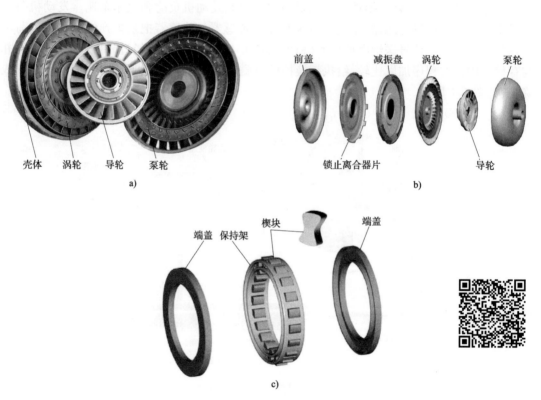

图 5-3 液力变矩器的组成
a) 泵轮、涡轮、导轮;b) 锁止离合器;c) 单向离合器

四、齿轮变速机构

自动变速器的齿轮变速机构有普通齿轮变速机构和行星齿轮变速机构之分。目前的自动变速器绝大多数采用行星齿轮变速机构,它由行星齿轮机构和换挡执行机构组成。

(一)行星齿轮机构

1. 简单行星齿轮机构

1)简单行星齿轮机构的组成

简单(单排)行星齿轮机构(也称为行星排)由一个太阳轮、一个齿圈、一个行星架和若干个行星齿轮组成,如图5-4所示。太阳轮(S)、齿圈(R)和行星架(C)是行星齿轮机构的基本元件。行星架的齿数在理论上等于太阳轮齿数与齿圈齿数之和。

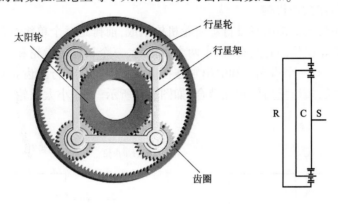

图5-4　单排行星齿轮机构

2)简单行星齿轮机构的工作情况

行星齿轮机构的传动取决于太阳轮、行星架和齿圈的运动状态。行星齿轮机构实现传动的条件是:

(1)将三者中的任意两个接合在一起,作为输入或输出。

(2)将三者中的任意一个固定,另外两个分别作为输入和输出。

(3)如果三个均为自由转动,则行星齿轮机构不能传动,相当于空挡。

简单行星齿轮机构的工作情况见表5-1。

简单行星齿轮机构的工作情况　　　表5-1

固定件	主动件	从动件	传动比	转向	变速	挡位
齿圈R	太阳轮S	行星架C	$i = 1 + z_r/z_s$	同向	减速	降速挡
齿圈R	行星架C	太阳轮S	$i = z_s/z_c$	同向	超速	超速挡
太阳轮S	齿圈R	行星架C	$i = 1 + z_s/z_r$	同向	减速	降速挡
太阳轮S	行星架C	齿圈R	$i = z_r/z_c$	同向	超速	超速挡
行星架C	太阳轮S	齿圈R	$i = -z_r/z_s$	反向	减速	倒挡
行星架C	齿圈R	太阳轮S	$i = -z_s/z_r$	反向	超速	倒挡
任意两元件连接			$i = 1$	同向	等速	直接挡
三元件均自由转动			不传递动力			空挡

2. 组合行星齿轮机构

目前,自动变速器的行星齿轮变速机构都由两排或三排以上行星齿轮机构组合而成。

根据行星齿轮机构的组合特点可分为辛普森式行星齿轮机构和拉威娜式行星齿轮机构。

1) 辛普森式行星齿轮机构

辛普森式行星齿轮机构由两个完全相同的行星排组成,前后两个行星排的太阳轮连为一体(称为共用太阳轮或太阳轮组件),前行星排的行星架与后行星排的齿圈相连(称为前行星架后齿圈组件),并和输出轴连接,前行星排的齿圈和太阳轮组件通常作为自动变速器的输入部件,如图5-5所示。

2) 拉威娜式行星齿轮机构

拉威娜式行星齿轮机构由双排行星齿轮机构组成,前排是一个单级行星齿轮机构,后排是一个双级行星齿轮机构。它具有大、小两个太阳轮,三个长行星齿轮和三个短行星齿轮并共用一个行星架,仅有一个齿圈并和输出轴连接。大太阳轮与长行星齿轮啮合,小太阳轮与短行星齿轮啮合,长、短行星齿轮相互啮合,如图5-6所示。大、小太阳轮及行星架都可作为动力输入元件。

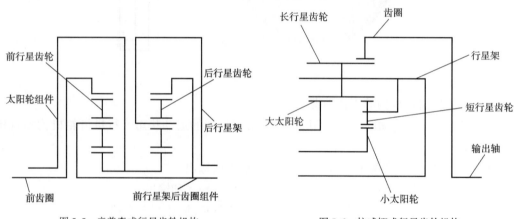

图5-5　辛普森式行星齿轮机构　　　图5-6　拉威娜式行星齿轮机构

(二) 换挡执行机构

使传动比和旋转方向产生变化的元件称为换挡执行元件(也称为换挡执行机构),它们分别是离合器、制动器、单向离合器。其中,前两种元件需要液压控制,而单向离合器是机械结构,固定旋转件只取决于旋转方向。

1. 离合器

(1) 离合器的作用。将行星齿轮机构中的某两个运动部件连接起来,实现运动方式和挡位的变换。自动变速器中采用湿式多片离合器。

(2) 离合器的结构。它由四部分组成,主动部分为离合器鼓、钢片;从动部分为离合器毂、摩擦片;压紧机构为油缸、活塞;分离机构为复位弹簧,如图5-7所示。摩擦片的内缘有内花键,与离合器毂的外花键相配合,而钢片的外缘有外花键,与离合器鼓的内花键相配合。

(3) 离合器的工作原理。离合器接合时,控制油压通过输入轴中心孔进入离合器鼓内腔,推动活塞克服复位弹簧的弹力,将钢片和摩擦片压紧,产生摩擦力,动力从输入轴经过离合器传到输出轴,如图5-8a)所示。

离合器分离时,控制油压通过原来的管路排出,由于复位弹簧的作用,活塞回到初始位置,摩擦片和钢片分离,动力中断,如图5-8b)所示。

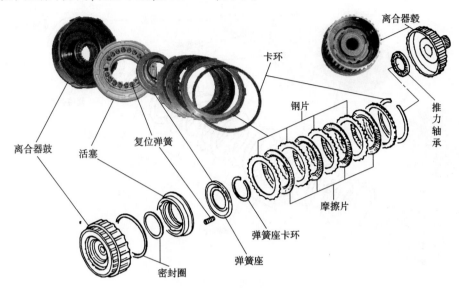

图5-7 湿式多片离合器

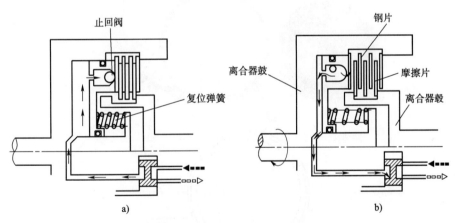

图5-8 湿式多片离合器工作原理
a)离合器接合;b)离合器分离

2. 制动器

(1)制动器的作用。将行星齿轮机构中的某个元件固定(即和自动变速器壳体连接)。自动变速器中采用的制动器有湿式多片制动器和带式制动器。

(2)制动器的结构。湿式多片制动器与湿式多片离合器相似,如图5-9所示。带式制动器的结构如图5-10所示。它由制动鼓、制动带、液压缸等组成。制动鼓与行星齿轮机构的某一元件相连接。制动带围在制动鼓的外圆上,它的一端用锁销固定在自动变速器壳体上,另一端与液压缸的活塞推杆相接触。液压缸固定在自动变速器壳体上。

(3)带式制动器的工作原理。当液压缸通入压力油时,油压推动活塞移动,推杆随之向外伸出,将制动带压紧在制动鼓上,制动鼓被固定。

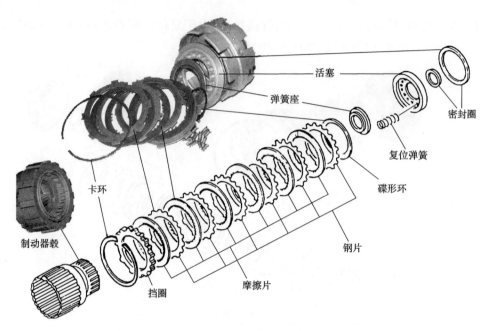

图 5-9　湿式多片制动器

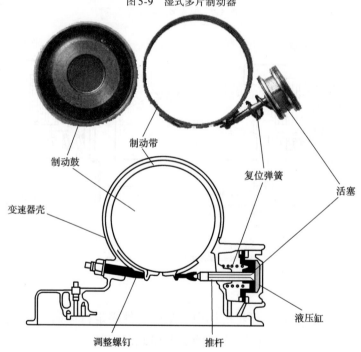

图 5-10　带式制动器

3. 单向离合器

(1) 单向离合器的分类。单向连接或单向固定行星齿轮机构中的某元件在自动变速器中常用的单向离合器有楔块式和滚柱式两种。

(2) 楔块式单向离合器的结构与工作原理如图 5-11 所示。安装时,要注意方向。

(3) 滚柱式单向离合器的结构与工作原理如图 5-12 所示。安装时,要注意方向。

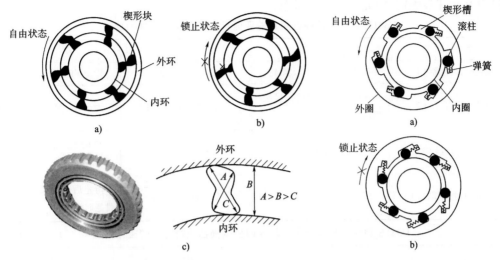

图 5-11 楔块式单向离合器
a)自由状态;b)锁止状态;c)楔块式单向离合器结构

图 5-12 滚柱式单向离合器
a)自由状态;b)锁止状态

(三)行星齿轮变速机构

1. 辛普森式行星齿轮变速机构

丰田卡罗拉 U341E 型自动变速器采用的是辛普森式行星齿轮变速机构。

1)U341E 型自动变速器行星齿轮变速机构的结构

U341E 自动变速器行星齿轮变速机构的结构如图 5-13 所示。各换挡执行元件的功能见表 5-2。各换挡执行元件的工作情况见表 5-3。

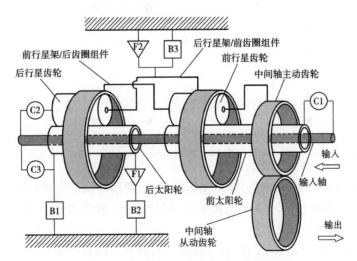

图 5-13 U341E 自动变速器行星齿轮变速机构

2)U341E 型自动变速器行星齿轮变速机构的动力传递路线

(1)1 挡动力传递路线。在"D""3"或"2"位 1 挡时,换挡执行元件 C1、F2 工作,动力传递路线如图 5-14 所示。动力传递发生在前行星排,F2 阻止前齿圈逆时针转动,动力由输入轴→C1→前太阳轮→前行星齿轮→前行星架→中间轴主、从动齿轮→输出。此时,由于后行星排没有元件被固定,因此处于空转状态。

U341E 自动变速器行星齿轮变速机构换挡执行元件的功能 表 5-2

元 件	功 能	元 件	功 能
前进挡离合器 C1	连接输入轴和前太阳轮	2 挡制动器 B2	固定 F1 的外圈
直接挡离合器 C2	连接输入轴和后行星架/前齿圈组件	1 挡和倒挡制动器 B3	固定后行星架/前齿圈组件
倒挡离合器 C3	连接输入轴和后太阳轮	2 挡单向离合器 F1	与 B2 配合,阻止后太阳轮逆时针转动
2 挡和 OD 挡制动器 B1	固定后太阳轮	1 挡单向离合器 F2	阻止后行星架/前齿圈组件逆时针转动

U341E 自动变速器行星齿轮变速机构换挡执行元件的工作情况 表 5-3

变速杆位置	挡位	离合器			制动器			单向离合器	
		C1	C2	C3	B1	B2	B3	F1	F2
P	驻车挡								
R	倒挡			●			●		
N	空挡								
D	1 挡	●							●
	2 挡	●				●		●	
	3 挡	●	●						
	4 挡		●		●				
3	1 挡	●							●
	2 挡	●				●		●	
	3 挡	●	●						
2	1 挡	●							●
	2 挡	●			●	●			
L	1 挡	●					●		●

注:●表示换挡执行元件处于工作状态。

汽车滑行时,前行星架转速高,前太阳轮转速低,使前齿圈被带动加速顺着前行星架(前太阳轮)旋转方向转动。由于 F2 不阻止前齿圈顺时针转动,整个行星齿轮机构不能反向动力传递,无发动机制动。

在 L 位 1 挡时,C1、F2、B3 工作,汽车在滑行时具有发动机制动。

(2)2 挡动力传递路线。在"D"或"3"位 2 挡时,C1、B2 和 F1 工作,动力传递路线如图 5-15 所示。动力传递发生在前后 2 个行星排,B2、F1 共同作用阻止后太阳轮逆时针转动,动力由输入轴→C1→前太阳轮→前行星齿轮→前齿圈→后行星架→后行星齿轮→后齿圈→前行星架→中间轴主、从动齿轮→输出。汽车滑行时,无发动机制动。

在 2 位 2 挡时,C1、B2、F1、B1 工作,汽车滑行时具有发动机制动。

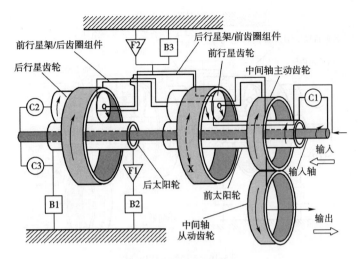

图 5-14　1 挡动力传递路线

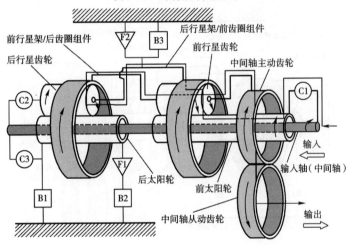

图 5-15　2 挡动力传递路线

(3) 3 挡动力传递路线。在"D"或"3"位 3 挡时，C1、C2 和 B2 工作，动力传递路线如图 5-16 所示。前、后行星排互锁成一体旋转，动力传递路线为：

输入轴 ├─→C1→前太阳轮─────┐
　　　 └─→C2→后行星架→前齿圈─┴─→前行星架轴→中间轴主、从动齿轮→输出轴

汽车滑行时，驱动轮动力可经前行星架传给前太阳轮，3 挡具有发动机制动。

(4) 4 挡动力传递路线。在"D"位 4 挡时，C2、B1 和 B2 工作，动力传递路线如图 5-17 所示。动力传递发生在后行星排，动力传递路线为：输入轴→C2→后行星架→后行星齿轮→后齿圈→中间轴主、从动齿轮→输出轴。此时，由于前行星排没有元件被固定，因此处于空转状态。

汽车滑行时，驱动轮动力可经后齿圈传给后行星架，4 挡具有发动机制动。

(5) 倒挡动力传递路线。变速杆在"R"位时，C3 和 B3 工作，动力传递路线如图 5-18 所示。前行星排处于空转状态，动力传递发生在后行星排，动力传递路线为：输入轴→C3→后太阳轮→后行星齿轮→后齿圈→中间轴主、从动齿轮→输出轴。

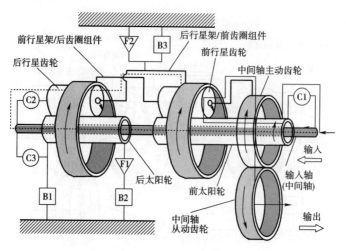

图 5-16　3 挡动力传递路线

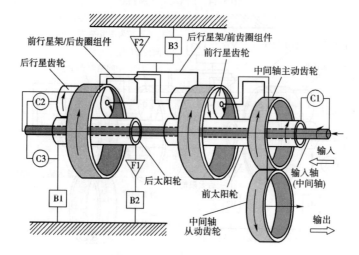

图 5-17　4 挡动力传递路线

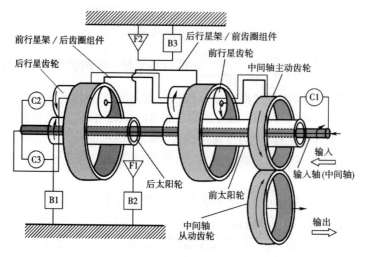

图 5-18　倒挡动力传递路线

汽车滑行时,驱动轮动力可经后太阳轮传给后齿圈,具有发动机制动。

2. 拉威娜式行星齿轮变速机构

1)拉威娜式行星齿轮变速机构的结构

拉威娜式 4 挡行星齿轮变速机构的结构如图 5-19 所示。各换挡执行元件的功能见表 5-4。各换挡执行元件的工作情况见表 5-5。

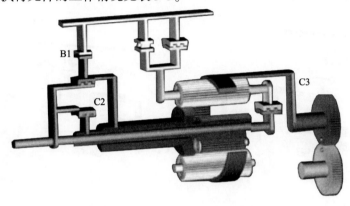

图 5-19 拉威娜式四挡行星齿轮变速机构

拉威娜式 4 挡行星齿轮变速机构换挡执行元件的功能　　表 5-4

元　件	功　能	元　件	功　能
倒挡离合器 C1	连接输入轴和大太阳轮	2 挡和 OD 挡制动器 B1	固定大太阳轮
前进挡离合器 C2	连接输入轴和小太阳轮	1 挡和倒挡制动器 B2	固定行星架
直接挡离合器 C3	连接输入轴和行星架	1 挡单向离合器 F	阻止行星架逆时针转动

拉威娜式 4 挡行星齿轮变速机构换挡执行元件的工作情况　　表 5-5

变速杆位置	挡位	离 合 器			制 动 器		单向离合器
		C1	C2	C3	B1	B2	F
P	驻车挡					●	
R	倒挡	●				●	
N	空挡						
D	1 挡		●				●
	2 挡		●		●		
	3 挡		●	●			
	4 挡			●	●		
3	1 挡		●				●
	2 挡		●		●		
	3 挡		●	●			
2	1 挡		●				●
	2 挡		●		●		
1	1 挡		●			●	

注:●表示换挡执行元件处于工作状态。

2) 拉威娜式 4 挡行星齿轮变速机构的动力传递路线

(1) 1 挡动力传递路线。在"D""3"或"2"位 1 挡时,C2、F 工作,动力传递路线如图 5-20 所示。汽车滑行时无发动机制动。

在 1 位 1 挡时,C2、B2 工作,汽车滑行时具有发动机制动。

(2) 2 挡动力传递路线。在"D""3"或"2"位 2 挡时,C2、B1 工作,动力传递路线如图 5-21 所示。

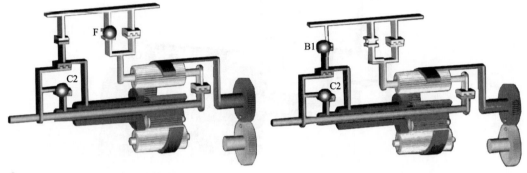

图 5-20　1 挡动力传递路线　　　　　　图 5-21　2 挡动力传递路线

(3) 3 挡动力传递路线。在"D"或"3"位 3 挡时,C1、C2 和 C3 工作,动力传递路线如图 5-22 所示。

(4) 4 挡动力传递路线。在"D"位 4 挡时,C3、B1 工作,动力传递路线如图 5-23 所示。

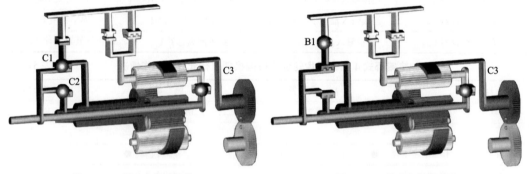

图 5-22　3 挡动力传递路线　　　　　　图 5-23　4 挡动力传递路线

(5) 倒挡动力传递路线。变速杆在"R"位时,C1 和 B2 工作,动力传递路线如图 5-24 所示。

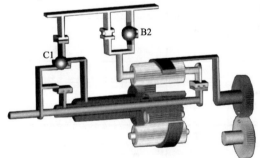

图 5-24　倒挡动力传递路线

五、液压控制系统

1. 液压控制系统的作用

(1) 向油路泵油并调节油路的压力。

(2) 向换挡执行元件提供压力油以控制挡位变化。

(3) 控制液力变矩器的锁止离合器。

(4) 润滑各摩擦表面。

2. 换挡控制原理

将节气门开度信号、车速信号、换挡手柄位置信号等转变成液压信号,利用液压传动原理,由液压控制装置向换挡执行元件输送液压油,使其工作,以得到不同的挡位。

3. 液压控制系统的组成

液压控制系统主要有油泵、主油路调压阀、手控制阀、节气门阀、换挡阀、强制降挡阀、锁止控制阀、蓄压器等。

1) 油泵

(1) 油泵的作用。向液压系统提供一定压力的工作油液。目前,自动变速器中常用的油泵有三种:内啮合齿轮泵、转子泵和叶片泵。

(2) 内啮合齿轮泵的结构与工作原理如图 5-25 所示。

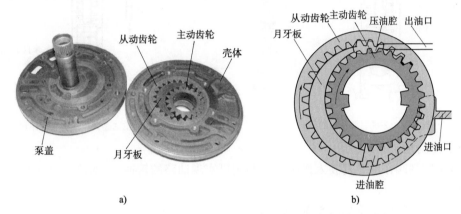

图 5-25 内啮合齿轮泵的结构与工作原理
a) 内啮合齿轮泵的结构;b) 内啮合齿轮泵的工作原理

(3) 转子泵的结构与工作原理如图 5-26 所示。

(4) 叶片泵的结构与工作原理如图 5-27 所示。

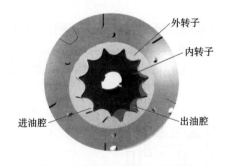 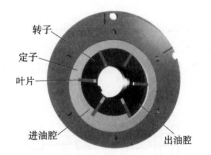

图 5-26 转子泵的结构与工作原理　　　图 5-27 叶片泵的结构与工作原理

2) 主油路调压阀

(1) 主油路调压阀的作用。将油泵输出的油压调节成为主油压,作为整个液压系统中各阀的基础液压。是变速器最基本、最重要的油压。

(2) 主油路调压阀的结构。由阀芯、弹簧、柱塞、柱塞套等组成,如图 5-28 所示。

(3) 主油路调压阀的工作原理,如图 5-29 所示。来自油泵的油压作用到阀芯上,给阀芯一个向下的力,节气门阀输出的油压作用到柱塞上,使阀芯受到一个向上的力,弹簧作用到阀芯上一个向上的弹力,当节气门开度小时,阀芯下移,泄油缝隙增大,系统油压减小;反之,系统油压增大;当挂倒挡时又有一个油压作用到柱塞上,柱塞上移,使阀芯又受到一个向上的力,阀芯上移,系统油压增大。

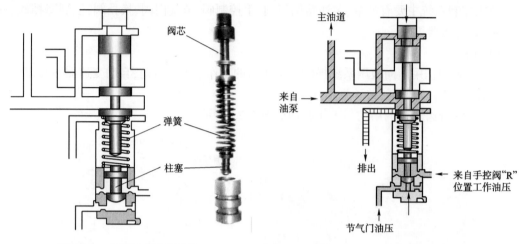

图 5-28　主油路调压阀的结构　　　　　图 5-29　主油路调压阀的工作原理

3)手控制阀

(1)手控制阀作用。驾驶人操纵手控制阀可实现油路的转换,从而改变自动变速器的工作范围。

(2)手控制阀的结构如图 5-30 所示。

图 5-30　手控制阀的结构

(3)手控制阀的工作原理如图 5-31 所示。自动变速器变速杆处于不同挡位时,手控制阀位于相应的位置,控制阀体上不同油路的导通和关闭,来自主油路的变速器油流向不同的工作回路,使自动变速器处于不同的挡位状态。液压系统挡位变换的控制,要在该油路基础上进行。

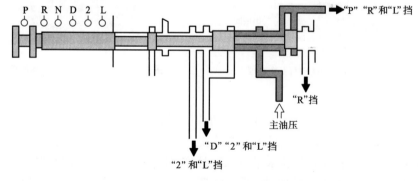

图 5-31　手控制阀的工作原理

4)节气门阀

(1)节气门阀的作用。根据节气门的开度来控制液压油路。它根据负荷(节气门开度)的大小将主油路油压改变为节气门油压用于控制换挡操作。节气门油压与负荷(节气门开度)成正比。节气门阀按操纵方式分为机械式和真空式两种。

(2)机械式节气门阀的结构与工作原理如图5-32所示。它由节气门滑阀、调压弹簧、推杆、凸轮、阀体等组成。凸轮通过拉索与节气门摇臂相连,当节气门开度增大时,推杆右移,调压弹簧的弹力增大,节气门油压增大;当节气门开度减小时,推杆左移,调压弹簧的弹力减小,节气门油压降低。

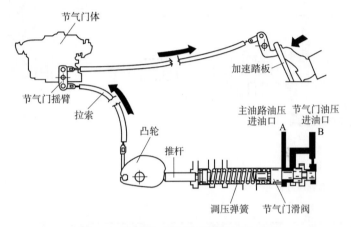

图5-32 机械式节气门阀的结构与工作原理

(3)真空式节气门阀的结构与工作原理如图5-33所示。它由节气门阀、弹簧、波纹筒、膜片、阀体等组成。当节气门开度加大时,进气歧管真空度Δp变小,在弹簧力和波纹筒弹力的作用下,节气门阀右移,节气门油压增大;当节气门关小时,Δp变大,真空吸力使膜片和波纹筒左移,节气门阀随之左移,节气门油压减小。

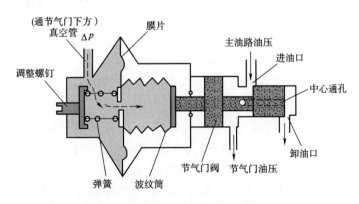

图5-33 真空式节气门阀的结构与工作原理

真空度Δp的大小受发动机进气系统密封性能的影响。

5)换挡阀

(1)换挡阀的作用。根据节气门开度和车速的变化,用于转换通向各换挡执行元件(离合器、制动器)的油路,以实现自动换挡。

(2) 换挡阀的结构与工作原理。换挡阀由滑阀和阀体组成。换挡阀的工作由换挡电磁阀控制,其控制方式有两种:加压控制和泄压控制,即通过开启或关闭换挡阀控制油路泄油孔来控制换挡阀的工作。加压控制方式的工作原理如图 5-34 所示,当电磁阀关闭时,换挡阀左端无油压,在右端弹簧力的作用下换挡阀左移;当电磁阀开启时,压力油作用在换挡阀左端,使换挡阀克服弹簧力右移,从而改变油路,实现挡位变换。

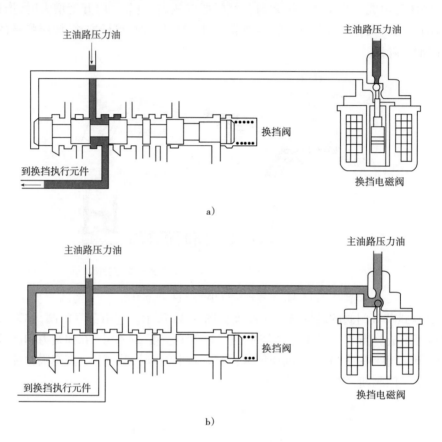

图 5-34 换挡阀的结构与工作原理
a)换挡电磁阀关闭;b)换挡电磁阀开启

6)强制降挡阀

(1)强制降挡阀的作用。当节气门全开或接近全开(开度大于85%)时,强制使自动变速器在原挡位的基础上降低一个挡位,以增大汽车的驱动力,便于加速或超车。

(2)强制降挡阀的结构与工作原理。强制降挡阀是一个油路转换阀,其控制方式有两种:机械式和电磁阀式,如图 5-35 所示。两者都是利用加速踏板来控制一条油路,对换挡阀施加一个附加油压,强制使换挡阀移动,换入低速挡。

7)锁止控制阀

(1)锁止控制阀的作用。改变通往液力变矩器的 ATF 的流向,使液力变矩器内的锁止离合器适时地接合或分离。

(2)锁止控制阀的结构与工作原理如图 5-36 所示。

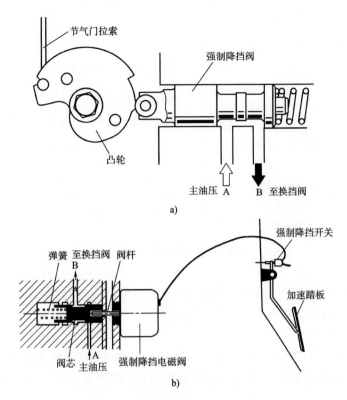

图 5-35 强制降挡阀的结构与工作原理
a) 机械式强制降挡阀；b) 电磁阀式强制降挡阀

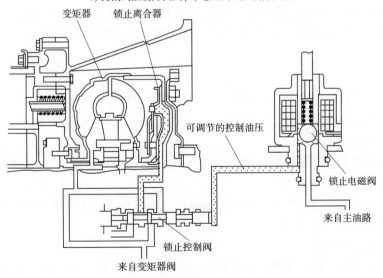

图 5-36 锁止控制阀的结构与工作原理

六、电子控制系统

自动变速器的电子控制系统由传感器（包括控制开关）、ECU、执行器三部分组成，如图 5-37 所示。

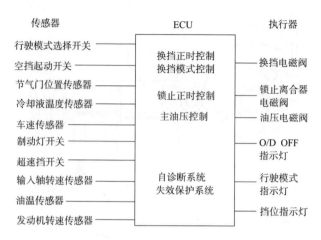

图 5-37 电子控制系统的组成

1. 传感器

传感器用来检测汽车、发动机在不同工况下的各种信息,并将得到的信息转换为ECU能接受的电信号,为ECU工作提供可靠、真实的信息。

1) 节气门位置传感器

安装在发动机节气门体上,用于检测节气门开度的大小,并将数据传送给ECU,ECU根据此信号判断发动机的负荷大小,从而进行换挡、锁止离合器、强制降挡及油压等的控制。

2) 冷却液温度传感器

检测冷却液温度,用于对超速挡、锁止离合器及换挡时间进行控制。若冷却液温度低于设定温度时,ECU控制自动变速器不能升入超速挡,锁止离合器不能锁止,同时延迟换挡时间。

3) 油温传感器

安装在自动变速器油底壳内的阀体上,用来检测ATF的温度,此信号用于修正主油压、选择合适的换挡程序及锁止离合器控制。

4) 车速传感器

用于检测自动变速器输出轴转速,ECU根据此信号计算出车速,控制变速器的换挡和锁止离合器的锁止。

电磁感应式车速传感器由转子和传感头组成。传感头由永久磁铁和电磁线圈组成。其结构与工作原理如图5-38所示。

5) 输入轴转速传感器

安装在自动变速器输入轴附近的壳体上,用来检测输入轴转速。ECU将此信号与发动机转速信号对比,用于油路压力控制和锁止离合器的优化控制。可精确控制换挡过程。

6) 行驶模式选择开关

通常安装在变速杆旁边的挡位面板上,一般有常规模式(NORM)、动力模式(PWR)、经济模式(ECO)等几种。根据开关的不同位置,变速器按照不同的规律进行换挡,如图5-39所示。

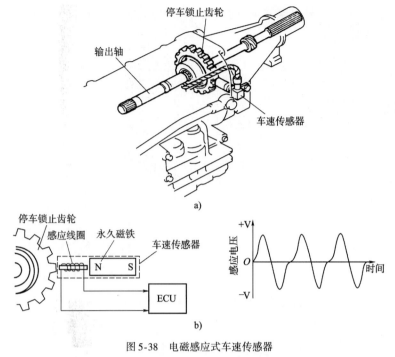

图 5-38 电磁感应式车速传感器
a）安装位置；b）结构与工作原理

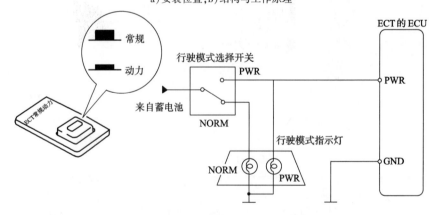

图 5-39 行驶模式选择开关

7）空挡起动开关（挡位开关）

安装在变速器手控制阀摇臂轴上或变速杆的下端，用于给自动变速器 ECU 提供挡位信息，并保证只有变速杆置于 P 位或 N 位时才能起动发动机。当变速杆置于不同的挡位时，仪表板上相应的挡位指示灯会点亮，如图 5-40 所示。

8）超速挡（O/D 挡）开关

安装在变速杆手柄上，用于控制自动变速器是否能换入超速挡。当超速挡开关 ON 时，O/D OFF 指示灯熄灭，变速器可以换入超速挡，如图 5-41 所示。当超速挡开关 OFF 时，O/D OFF 指示灯点亮，变速器不能换入超速挡。超速挡开关只在变速杆置于 D 位时起作用。

9）制动灯开关

安装在制动踏板支架上，如图 5-42 所示。用于检测是否踩下制动踏板，当踩下制动踏板时,制动灯点亮,同时信号电路接通,向 ECU 提供 12V 信号电压。ECU 解除锁止离合器的接合,防止传动系统过载。

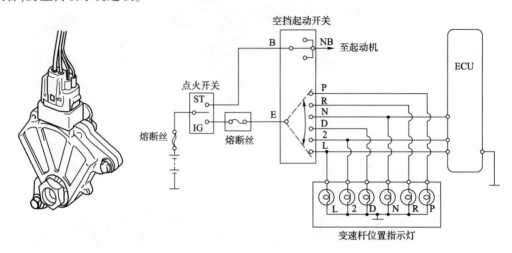

图 5-40　空挡起动开关

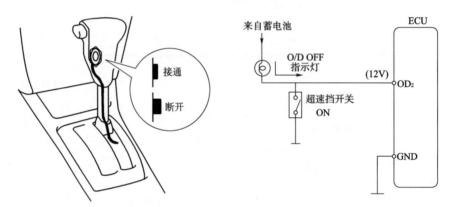

图 5-41　超速挡开关

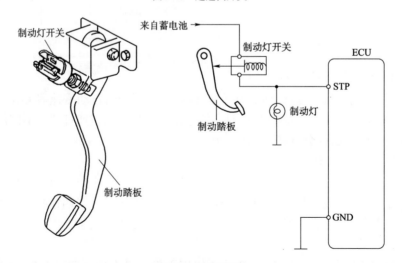

图 5-42　制动灯开关

2. 电子控制单元(ECU)

ECU用来接收、存储、处理和发送信息,完成换挡控制、锁止离合器控制、油压控制、故障自诊断和失效保护等功能。

1) 换挡正时控制

ECU接收各种监测汽车行驶状况和发动机工况的传感器的信号,并与内置的换挡程序比较,选择最佳换挡时刻,精确控制自动变速器的自动换挡。

换挡正时控制的基本依据是节气门开度和车速信号,其他传感器信号作为修正信号,提高控制的精确性和换挡品质。

2) 发动机转矩控制

当ECU根据接收的各种信号,判断自动变速器将要换挡时,向发动机发出指令,暂时延迟点火正时,使发动机输出转矩下降,以防止换挡冲击。

3) 油压控制

节气门油压控制电磁阀产生节气门油压,再通过主调压阀,调节主油压。蓄压器背压控制电磁阀调节各工况下的油压值,有利于离合器、制动器的平稳接合,使换挡平顺。

4) 超速挡控制

当变速杆置于D位且超速挡开关接通(ON)时,自动变速器可正常升入超速挡,但当出现下列情况或操作时,将从超速挡降挡或不能升入超速挡。

(1) 发动机冷却液温度低于60℃时。

(2) 变速杆移入2、L位置时。

(3) 汽车巡航行驶时,若车速低于设定巡航车速4~10km。

(4) 节气门迅速全开时。

5) 变矩器锁止控制

在ECU中存有各种行驶模式下锁止离合器工作情况的程序。根据此程序,ECU通过车速信号和节气门开度信号使锁止电磁阀开或关,锁止控制阀变换作用于变矩器上的液压油路,使锁止离合器接合或脱开。

锁止离合器锁止时,若发生下列任一情况,ECU都将切断锁止电磁阀电路,强制脱开锁止离合器。

(1) 升挡或降挡期间。

(2) 制动开关接通(制动)。

(3) 节气门位置传感器"IDL"触点闭合(节气门全关)。

(4) 冷却液温度低于60℃时。

6) 行驶模式选择控制

在没有行驶模式选择开关的自动变速器上,ECU根据变速杆位置和驾驶人踩下加速踏板速度快慢,自动选择行驶模式,且具有学习功能。

7) 自诊断功能

ECU利用自带的监控程序实时监测电子控制系统的工作情况,如发现故障后以代码的形式储存起来,同时点亮故障指示灯。

8)失效保护功能

ECU具有备用失效保护系统,在电子控制系统发生故障而失效时,使汽车能以最基本的状态行驶。

3.执行器

执行器主要是电磁阀,用来接收ECU输出的指令,完成设定的任务,将电控形式的指令转变为控制目标的机械动作。根据功能可分为换挡电磁阀、锁止离合器电磁阀和油压电磁阀;根据工作原理可分为开关式电磁阀和脉冲式(占空比式)电磁阀。开关式电磁阀主要用于换挡控制和锁止控制;脉冲式电磁阀用于油压控制和锁止控制。

1)开关式电磁阀

开关式电磁阀主要由电磁线圈、弹簧、衔铁和球阀等组成。根据ECU发出的指令信号进行通电或断电,如图5-43所示。根据控制原理可分为常开式和常闭式。

2)脉冲式电磁阀

脉冲式电磁阀主要由线圈、弹簧、衔铁、滑阀和阀体等组成。ECU改变每个脉冲周期内电流的占空比,改变电磁阀的开、闭持续时间,实现对油压的控制,如图5-44所示。

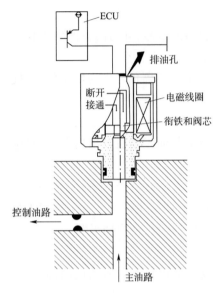

图5-43 开关式电磁阀

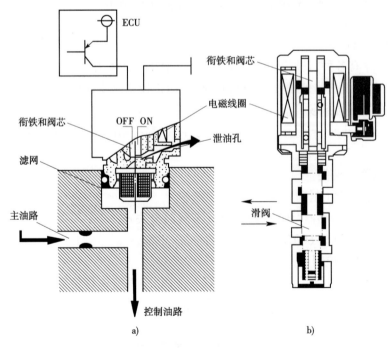

图5-44 脉冲式电磁阀

a)普通型;b)滑阀型

七、冷却装置、滤油装置

1. 冷却装置

为了防止 ATF 在工作过程中温度过高,必须设置油冷却装置,如图 5-45 所示。来自变矩器及变速器的高温油液,经过油冷却器冷却后重返油底壳或作为润滑用油。

2. 滤油装置

自动变速器在工作过程中因摩擦产生的金属屑必须由滤油装置及时过滤掉,以保持 ATF 的清洁。滤油装置主要由安装在阀体上的滤油器和油路中的滤网组成。

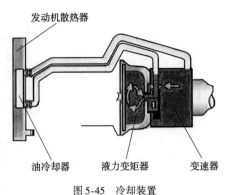

图 5-45 冷却装置

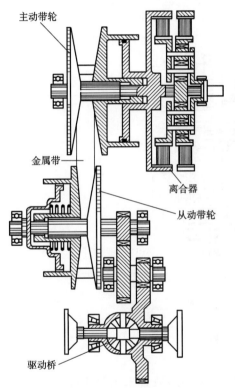

图 5-46 金属带式无级变速器

八、无级变速器(CVT)

无级变速器能根据汽车行驶条件的变化在一定范围内连续改变传动比,使发动机始终处于理想的状况下工作,以满足理想的动力性、经济性和舒适性的配合。目前,已装车使用的 CVT 主要形式有金属带式、金属链条式等。

金属带式 CVT 主要由一根非常坚韧的金属驱动带与一对可做轴向移动、宽度可调的带轮组成,如图 5-46 所示。金属驱动带紧压在半径可变的带轮上,改变带轮的驱动半径即可改变主动带轮、从动带轮的传动比,以适应汽车负荷和行驶速度的变化。

金属链条式 CVT 的结构和工作原理与金属带式 CVT 相似,通过改变 V 形带轮的宽度来改变传动比,只是以金属链条代替了金属驱动带。

1. 无级变速器的结构

奥迪 A6 轿车 01J 金属链条式无级变速器的结构如图 5-47、图 5-48 所示。主要由飞轮减振装置、动力传递装置、传动比调节变换器、液压控制系统和电子控制系统组成。

1)飞轮减振装置

为消除发动机与变速器之间的摩擦损耗,发动机与 CVT 之间用飞轮减振装置代替自动变速器的液力变矩器,以刚性连接代替柔性连接。

飞轮减振装置的结构如图 5-49 所示。它可减缓因发动机与变速器之间动力连接而产生的扭振,并保证发动机低噪声运转。

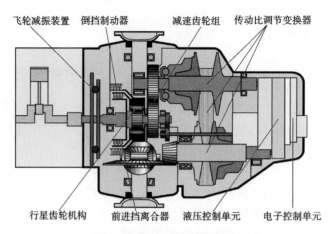

图 5-47　01J 无级变速器的结构

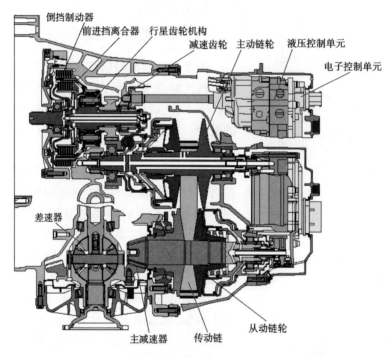

图 5-48　01J 无级变速器的剖视图

图 5-49　飞轮减振装置

2）动力传递装置

奥迪 01J 无级变速器的动力传递装置采用湿式可变压力油冷式前进挡离合器和倒挡制动器及行星齿轮机构，如图 5-50 所示。前进挡离合器和倒挡制动器具有软连接的功能，能满足车辆起步、停车和换挡的需要。行星齿轮机构被制成反向齿轮装置，如图 5-51 所示，其功能是在倒挡时改变变速器输出轴的旋转方向。

3）传动比调节变换器

传动比调节变换器由主动链轮装置、从动链轮装置以及工作于两个锥形链轮组之间的专用传动链组成,如图5-52所示。主动链轮装置由减速齿轮驱动,动力经传动链传递到从动链轮装置,并由此传给主减速器。

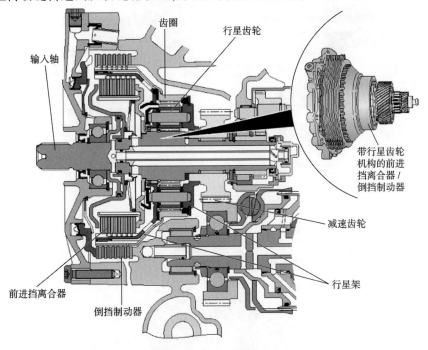

图5-50 动力传递装置

4) 液压控制系统

奥迪01J无级变速器的液压控制系统主要控制离合器的起动、冷却及链轮接触压力和传动比变化等。由供油系统、换挡控制系统、锥面链轮接触压力控制系统、冷却系统、润滑系统、液压控制单元等组成。其中,液压控制单元由手动换挡阀、9个液压阀和3个电磁控制阀组成。液压控制单元和变速器控制单元直接插接在一起,如图5-53所示。

5) 电子控制系统

奥迪01J无级变速器电控系统由变速器控制单元、传感器(包括开关)和执行器(电磁阀)组成。

控制单元J217位于变速器内部,如图5-54所示,并直接固定在液压控制阀体上。3个压力调节电磁阀与控制单元之间直接通过插接头连接,没有任何连线,汽车外部线束直接与控制单元的25针插座相连接。多个传感器集成在控制单元的底座上,因此传感器与控制单元之间不再需要线束和接头,也没有单独的连线。

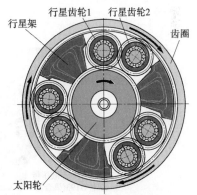

图5-51 行星齿轮机构

控制单元的主要控制功能:动态控制程序(DRP)、强制降挡控制、行驶阻力自适应控制、与巡航系统协调、程序升级、转矩控制、离合器及制动器控制、最佳舒适模式控制、最大动力模式控制、高燃油经济性控制、过载保护、爬坡控制、微量打滑控制、离合器匹配控制、换挡控制、故障自诊断。

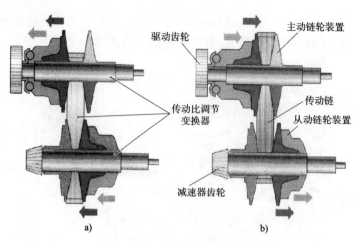

图 5-52 传动比调节变换器
a) 减速传动; b) 增速传动

图 5-53 液压控制单元

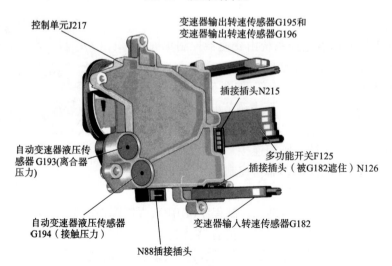

图 5-54 控制单元

2. 无级变速器的动力传递路线

奥迪 A6 轿车 01J 无级变速器的结构简图如图 5-55 所示。

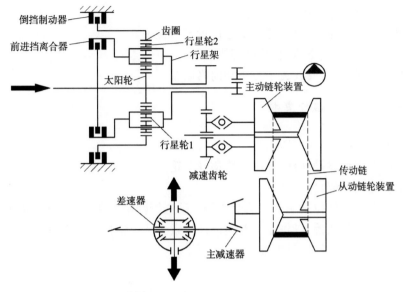

图 5-55　01J 无级变速器的结构简图

1) P 位或 N 位的动力传动路线

变速杆置于 P 位或 N 位时，前进挡离合器和倒挡制动器均不工作，动力不传递。发动机的转矩通过与输入轴相连接的太阳轮传递到行星齿轮机构，车辆未行驶时，作为减速齿轮输入部分的行星架的阻力很大，静止不动，齿圈以发动机转速的一半怠速同向运转。

2) 前进挡的动力传动路线

变速杆置于 D 位时，前进挡离合器接合，太阳轮与行星架连在一起，行星齿轮机构被锁死，并与发动机同向运转，传动比为 1:1。动力传递路线为：输入轴→前进挡离合器→行星齿轮机构→减速齿轮→传动比调节变换器→主减速器→差速器→驱动轮。

3) 倒挡的动力传动路线

变速杆置于 R 位时，倒挡制动器接合，齿圈被固定，太阳轮主动，转矩传递到行星架，由于是双行星齿轮（其中一个为惰轮），所以行星架就与发动机反向运转，汽车向后行驶。动力传递路线为：输入轴→太阳轮→行星轮→行星架→减速齿轮→传动比调节变换器→主减速器→差速器→驱动轮。

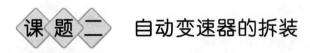　自动变速器的拆装

以通用科鲁兹轿车自动变速器为例进行拆装学习。其他轿车自动变速器的就车拆装可参照进行。

一、作业前准备

科鲁兹轿车一台、发动机吊架、组合工具、扭力扳手、工具车、零件架、检测设备、维修手

册、抹布等。

(1)将工位清理干净,准备好相关器材。

(2)将轿车停放在举升机中央位置。

(3)拉紧驻车制动器操纵杆,并将变速杆置于 P 位。

(4)套上转向盘护套、座椅套,铺设脚垫。

(5)打开发动机舱盖,安放翼子板布和前格栅布。

二、自动变速器换挡杆更换

(一)拆卸程序

(1)拉起驻车制动器操纵杆,并用楔块垫好车轮。

(2)拆下蓄电池托架。

(3)将变速器换挡杆拉索端子 1 从变速器手动选挡杆销上断开,如图 5-56 所示。

(4)向内按压锁紧凸舌,以将变速器换挡杆拉索 2 从拉索托架上拆下。

(5)拆下变速器选挡杆螺母 1,如图 5-57 所示。

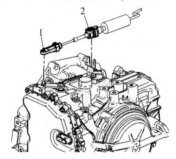

图 5-56 断开换挡杆拉索端子
1-换挡杆拉索端子;2-手动选挡杆销

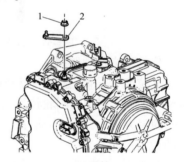

图 5-57 拆下变速器选挡杆
1-螺母;2-换挡杆

(6)拆下变速器选挡杆 2。

(二)安装程序

(1)安装变速器换挡杆 2,如图 5-58 所示。

(2)安装变速器选挡杆螺母 1,并紧固至 20N·m。

(3)将变速器换挡杆拉索销 2 安装至拉索托架,如图 5-59 所示。

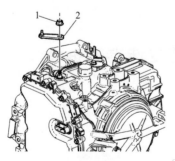

图 5-58 安装变速器换挡杆
1-换挡杆;2-螺母

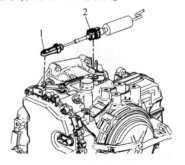

图 5-59 安装换挡杆拉索
1-换挡杆拉索端子;2-换挡杆拉索销

(4)将变速器换挡杆拉索端子1连接至变速器手动选挡杆销。

(5)检查选挡杆拉索的调节。

(6)安装蓄电池托架。

三、变速器更换

1. 拆卸

(1)分离中间转向轴。

(2)拆下蓄电池托架。

(3)拆下变速器换挡杆拉索。

(4)举升和顶起车辆。

(5)拆下油位螺栓1,如图5-60所示。

(6)将ATF排入合适的容器。

(7)安装油位孔塞。

(8)断开变速器控制模块电器连接器1,然后将连接器从变速器上松开,如图5-61所示。

(9)将ATF冷却器进口管从变速器上拆下。

(10)将ATF冷却器出口管从变速器上拆下。

(11)塞住或盖住管和变速器,以防止污染。

(12)拆下3个变速器上部至发动机的螺栓2,如图5-62所示。

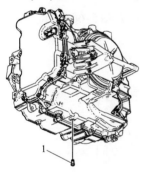
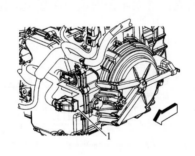
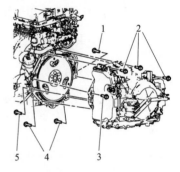

图5-60 拆下油位螺栓　　　图5-61 断开控制模块电器连接器　　　图5-62 拆下变速器上部螺栓
　　1-油位螺栓　　　　　　　　　　　　　　　　　　　　　　　　　　　　　1~5-螺栓

(13)安装EN-47649支撑夹具。

(14)根据SPX安装手册所述步骤装配CH-49290支撑工具1,如图5-63所示。

(15)使用千斤顶支撑CH-904底座架。

(16)支撑CH-904底座架上的CH-49290支撑工具。

(17)根据SPX安装手册所述步骤安装CH-49290支撑工具1,如图5-64所示。

(18)拆下传动系统和前副车架。

(19)将左前轮驱动轴从变速器上断开。

(20)将右前轮驱动轴从变速器上断开。

(21)将发动机后支座托架从变速器上拆下。

(22)将变速器前支座从变速器上拆下。

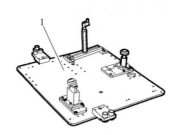

图 5-63 安装支撑底座架
1-支撑工具

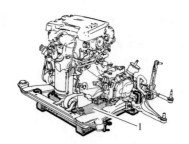

图 5-64 安装支撑工具
1-支撑工具

(23) 拆下起动机。

(24) 标记飞轮与变矩器的相对位置,以便重新装配。

(25) 拆下盖,如图 5-65 所示。

(26) 拆下并报废 3 个变矩器至飞轮的螺栓。

(27) 降下车辆。

(28) 将 3 个发动机左支座螺栓从变速器上拆下。

(29) 用 EN-47649 支撑夹具降下发动机和变速器,以腾出拆卸空间。

(30) 将发动机线束从变速器上断开。

(31) 举升车辆。

(32) 将 DT-47648 固定工具置于 CH-904 底座架上并预安装支架。

(33) 将 DT-47648-2 变矩器壳体支架 4 预安装至底板上的位置 1,如图 5-66 所示。

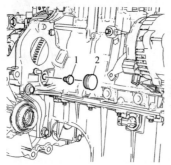

图 5-65 拆下变矩器至飞轮的螺栓
1-螺栓;2-盖

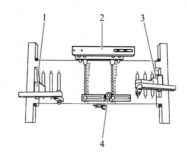

图 5-66 安装变矩器壳体支架
1~4-支架

(34) 将 DT-47648-4 变速器壳体支架 4 预安装至底板上的位置。

(35) 将带后变速器旋转臂的 DT-47648-5 左支架 1 预安装至底板。

(36) 将带前变速器旋转臂的 DT-47648-5 右支架 3 预安装至底板。

注意:在放置到位之前,拧松所有连接旋转臂和支架的螺栓以尽可能地远离底板。用芯轴调节变矩器壳体和变速器壳体支架,直到它们尽可能低。

(37) 将 DT-47648 固定工具连接至变速器。

(38) 将 DT-47648 固定工具对准变速器下方。

(39) 将旋转臂 1、2 连接至变速器。

注意:对准旋转臂使其产生的扭转力矩尽可能小。

(40)从变速器开始直至底板,紧固旋转臂连接螺栓。

(41)通过转起芯轴3将变矩器壳体和变速器壳体支架定位于变速器上,如图5-67所示。

(42)紧固支架的螺栓连接。

(43)拆下变速器螺栓1、3、4、5,如图5-68所示。

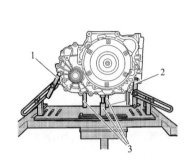

图 5-67 定位变速器壳体
1、2-旋转臂;3-芯轴

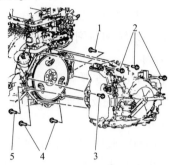

图 5-68 拆下变速器螺栓
1~5-螺栓

注意:分离并拆下变速器的同时,确保变矩器一直牢固就位于变速器输入轴上。

(44)将变速器从发动机上分离。

(45)用变速器千斤顶和DT-47648固定工具降下变速器,直到足够拆下变速器。

2. 安装

(1)如果拆下的变速器需要重新安装,则应再次磨切变矩器的螺纹。

(2)用变速器千斤顶和DT-47648固定工具举升变速器并将变速器放置于发动机上。

(3)安装变速器螺栓1、3、4、5并紧固至58N·m,如图5-69所示。

(4)用DT-47648固定工具拆下变速器千斤顶。

(5)降下车辆。

(6)用EN-47649支撑夹具举升发动机和变速器。

(7)安装变速器支座螺栓,但不紧固。

(8)举升车辆。

注意:维修时可能提供未密封的螺栓。此时,应在螺栓上涂抹螺纹锁止胶。

(9)安装3个新的变矩器至飞轮的螺栓1,并紧固至60N·m,如图5-70所示。

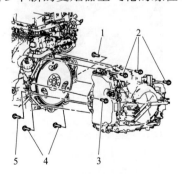

图 5-69 安装变速器螺栓
1~5-螺栓

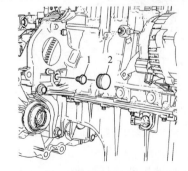

图 5-70 安装变矩器至飞轮的螺栓
1-螺栓;2-盖

（10）安装盖2。

（11）安装起动机。

（12）将变速器后支座托架安装至变速器。

（13）将变速器前支座安装至变速器。

（14）将右前轮驱动轴安装至变速器。

（15）将左前轮驱动轴安装至变速器。

（16）安装传动系统和前副车架。

（17）降下车辆。

（18）拆下EN-47649支撑夹具。

（19）将3个发动机左支座螺栓安装至变速器。

（20）举升车辆。

（21）使用CH-904底座架和千斤顶降下CH-49290支撑工具1，如图5-71所示。

（22）从CH-904底座架上拆下CH-49290支撑工具。

（23）根据GPX安装手册所述步骤拆解CH-49290支撑工具1，如图5-72所示。

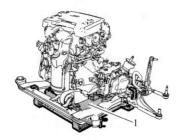

图5-71 降下支撑工具
1-支撑工具

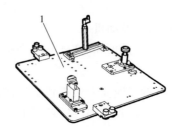

图5-72 拆下支撑工具
1-支撑工具

（24）安装3个变速器上部至发动机的螺栓2，并紧固至58N·m，如图5-73所示。

（25）将ATF冷却器进口管安装至变速器。

（26）连接变速器控制模块电器连接器1，如图5-74所示。

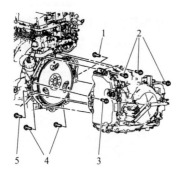

图5-73 安装变速器上部至发动机螺栓
1~5-螺栓

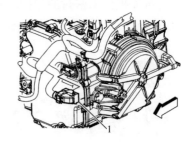

图5-74 连接变速器控制模块电器连接器
1-电器连接器

（27）安装变速器选挡杆拉索。

（28）调整自动变速器换挡杆拉索。

(29) 添加 ATF 至标准油位。

(30) 安装蓄电池托架。

(31) 路试车辆。

四、无级变速器(CVT)的分解与装配

以奥迪 A6 轿车 01J 无级变速器为例进行分解与装配。

(一) 工具、设备和材料的准备

01J 无级变速器、变速器拆装架、专用工具、常用工具、工具车、零件架、维修手册、ATF、通用润滑脂、抹布等。

(二) 作业前的准备

(1) 将工位清理干净,准备好相关器材。

(2) 将无级变速器安装到拆装架上。

(三) 拆装步骤

1. 01J 无级变速器的分解

01J 无级变速器的解剖图如图 5-75 所示。分解图如图 5-76 所示。拆装专用工具如图 5-77 所示。

(1) 拆卸变速器前端盖固定螺栓,如图 5-78 所示。

(2) 用专用工具取出前端盖及前进挡离合器、倒挡制动器、行星齿轮机构总成,放置在支架上,如图 5-79 所示。

(3) 分解前进挡离合器、倒挡制动器、行星齿轮机构,如图 5-80 所示。

图 5-75 01J 无级变速器解剖图

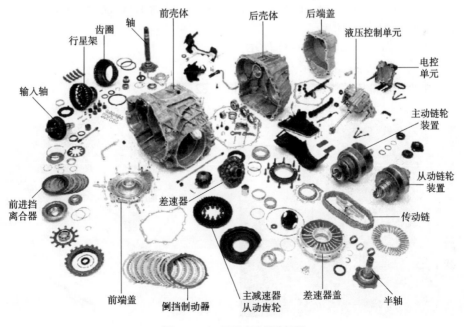

图 5-76 01J 无级变速器分解图

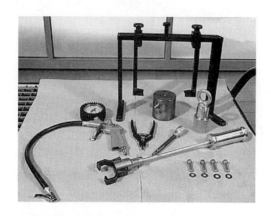

图 5-77　01J 无级变速器拆装工具

图 5-78　拆卸变速器前端盖固定螺栓

图 5-79　取出前端盖及前进挡离合器、倒挡制动器、行星齿轮机构总成

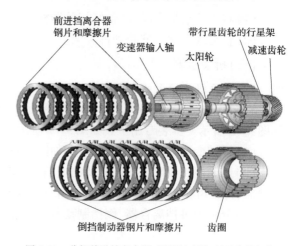

图 5-80　分解前进挡离合器、倒挡制动器、行星齿轮机构

（4）拆下变速器后端盖，如图 5-81 所示。

（5）拆卸变速器电子控制单元。

（6）拆卸变速器液压控制单元和油泵，如图 5-82 所示。

图 5-81　拆卸变速器后端盖

图 5-82　拆卸变速器液压控制单元和油泵

(7) 分解油泵，如图 5-83 所示。

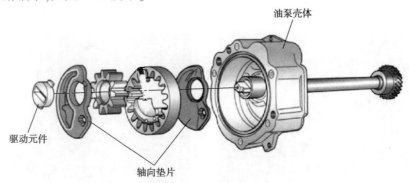

图 5-83　分解油泵

(8) 用 2 把螺丝刀拆卸从动链轮装置后罩，如图 5-84 所示。

(9) 用专用拉具拉出主动链轮装置后齿轮，如图 5-85 所示。

图 5-84　拆卸从动链轮装置后罩　　　　　图 5-85　拉出主动链轮装置后齿轮

(10) 拆卸卡环和垫圈。

(11) 拆下变速器前、后壳体的固定螺栓，用塑料锤敲击后壳体，取下变速器后壳体，如图 5-86 所示。

(12) 拆下传动链的护板，如图 5-87 所示。

图 5-86　拆下变速器后壳体　　　　　图 5-87　拆下传动链护板

(13) 在从动链轮装置后端安装专用工具，通入 450kPa 的压缩空气，使从动链轮张开，从而放松传动链,如图 5-88 所示。

(14)拆下传动链,如图 5-89 所示。

图 5-88 张开从动链轮,放松传动链

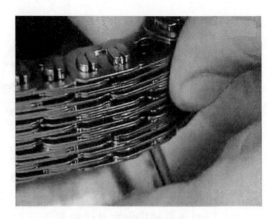

图 5-89 拆下传动链

(15)拆下主动链轮装置,如图 5-90 所示。

(16)拆卸吸气喷射泵,如图 5-91 所示。

图 5-90 拆下主动链轮装置

图 5-91 拆卸吸气喷射泵

(17)拆卸从动链轮装置。

2.01J 无级变速器的装配

01J 无级变速器的装配按照拆卸的相反顺序进行。

注意:安装完新的变速器控制单元后,应进行自适应。

五、学习拓展

(1)查阅其他轿车维修手册,比较其自动变速器结构和科鲁兹轿车自动变速器结构有何区别?

(2)根据奥迪 01J 无级变速器的拆装步骤,制订其他无级变速器的拆装计划。

六、评价与反馈

(1)你对本项目的学习是否满意?

评价情况:_____

(2)你是否了解自动变速器的基本结构?

评价情况:_____

(3)你能独立完成科鲁兹轿车自动变速器的拆装吗?

评价情况:_____

(4)你能独立完成奥迪01J无级变速器的分解和装配吗?

评价情况:_____

(5)你会正确使用自动变速器拆装过程中涉及的工具吗?

评价情况:_____

项目六　四轮驱动系统

 **学习目标**

完成本项目学习后你应能：
1. 概述四轮驱动系统分类；
2. 掌握四轮驱动工作原理；
3. 拆卸和安装 Haldex 离合器总成及部件。

 **建议课时**

8 课时。

 **四轮驱动系统作用及分类**

一、四轮驱动概述

四轮驱动是指能将驱动力同时传递到汽车四个车轮的传动系统，相比于两轮驱动，四轮驱动需要在两轮驱动传动系统的基础上增加一套动力分流装置（常布置在变速器之后）和一套"万向传动装置+最终传动装置+车轮传动装置"；早期的四轮驱动主要应用在非道路车辆上。四轮驱动分类如图6-1所示。

图6-1　四轮驱动分类

1. 四轮驱动系统的主要形式及区别

四轮驱动系统从动力分流情况来看，主要是由 FR 型和 FF 型发展而来，从两轮驱动演变为四轮驱动（图6-2）。另外，目前的新能源汽车和混合动力汽车，前轮和后轮之间并没有动力传递，动力直接来源于各自动力源。

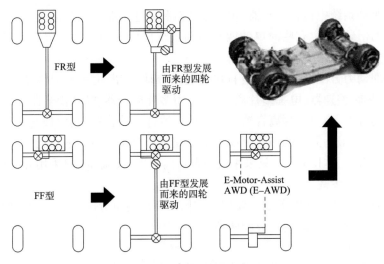

图 6-2　四轮驱动动力分流

(1) 分时四驱。

分时四驱车辆强调的是越野性,在无路的野外地区使用,优势十分明显。分时四驱可以在两驱和四驱之间手动切换动力,输出的转矩基本是以同样的大小传递给前、后轴,早期车型的分时四驱采用结构简单的机械分动器传递动力,当在附着力良好的路面行驶至弯道时,由于前、后轴的转速不同,分时驱动的前、后轴之间没有差速器,故而产生了"弯道制动"现象。所以,虽然分时四驱采用纯机械刚性动力传动,可靠性高,故障少;但缺点是使用不方便,灵活性差,油耗高,无法解决弯道制动等四驱行驶时所产生的问题。分时四驱主要代表的车型有:吉普牧马人、长城哈弗等。

(2) 全时四驱。

全时四驱就是任何时间,车辆都是由四个车轮各自独立推动前行的。全时四驱通过一个柔性连接的中央差速器,再通过前轴和后轴的独立差速器,把驱动力分配到四个轮胎。与纯机械式差速锁所不同的是,全时四驱的差速器可以是黏性耦合式,也可以是多离合式;但相同的是,都可以允许前后轮、左右轮之间有一个转速差。车辆是否是全时四驱完全取决于分动器的构造。作为掌管车辆不同驱动状态的核心部分,可以说分动器在一定程度上决定了整车的性能。全时四驱代表车型是奔驰 G500、奥迪 Q7、路虎揽胜、丰田霸道、大切诺基等。

(3) 适时四驱。

适时四驱又称为实时四驱,是最近几年发展起来的技术,它由控制单元控制两驱与四驱的切换。该系统的显著特点就是,在继承全时四驱和分时四驱的优点同时弥补了它们的不足。它能自行识别驾驶环境,根据驾驶环境的变化控制两驱与四驱两种模式的切换。在颠簸、多坡多弯等附着力低的路面,车辆自动设定为四轮驱动模式;而在城市道路等较平坦的路况上,车辆会自行切换为两轮驱动。适时四驱代表车型有:大众途观、丰田 RAV4、本田 CR-V、现代 ix35、别克昂科雷等。

2. 四轮驱动系统三项功能

四轮驱动系统有别于两轮驱动系统的三项功能:轴间动力分配、轴间差速和轴间差速限制。

有些四轮驱动系统中包含分动器、中央差速器和差速限制器三种装置，而有些四轮驱动系统只有其中两个装置，更有些简单的四轮驱动系统仅用其中一种装置就可实现以上三项功能。

可执行轴间动力分配任务的装置：直接接通式分动器、齿轮或钢带传动式分动器、锥齿轮差速器、行星齿轮差速器、电控多片离合器、液力多片离合器、黏性耦合器。

电控多片离合器、液力多片离合器和黏性耦合器这三种装置，其中任意一种都能实现以上三项功能。因此，最为简单的四轮驱动系统往往选择其中一种装置即可。如众多 SUV 只采用电控多片离合器，本田 CR-V 只采用液力多片离合器，长城 M1 只采用黏性耦合器。

3. 驱动转矩分配方式

不同四轮驱动系统之间的差别主要就是它们的驱动转矩分配方式不同。四轮驱动系统可分为，固定转矩分配与变动转矩分配两类。

1) 固定转矩分配

固定转矩分配是指前、后驱动转矩分配比例是固定不变的，比如一直都是 50∶50 等。一般强调越野性能的汽车采用固定转矩分配方式。采用固定转矩分配方式的车型主要有两种：

(1) 采用锁止式中央差速器的车型，当中央差速器被锁止时，其前、后转矩分配就不会再改变，而且前、后转矩分配比是 50∶50。

(2) 分时四驱汽车在接通四驱模式时，其前、后转矩分配也是固定不变的，并且大多都是 50∶50。

2) 变动转矩分配

汽车在行驶中，可以根据行驶和道路情况，自动地调节前、后驱动轴之间的转矩分配比例，以适应行驶的需要，这种系统就称为变动转矩分配式四轮驱动系统。变动转矩分配式四轮驱动系统更能发挥四个车轮的驱动力，保证车辆一直拥有较高的行驶稳定性和通过性。

变动转矩分配可分为两种：一种是车辆的各传感器收集信息后由各电控单元控制四轮驱动系统进行更合理的转矩分配，这种方式称为主动转矩分配；另一种是只能根据前轮与后轮之间的转速差被动地调节前后转矩分配比，这种方式称为被动转矩分配。

(1) 主动转矩分配。

主动转矩分配相比被动转矩分配而言，它的反应更主动、积极，转矩分配更合理。它不仅可以感知前轮与后轮的转速和转速差，还能感知车速、转向盘角度、制动力、节气门开度、发动机转速，以及汽车前后左右的加速度等，经控制单元综合计算后，指挥电控多片离合器动作，调节前后驱动转矩的分配。

主动转矩分配式四轮驱动系统，与主动安全系统配合后更容易实现智能化，提高车辆的安全性和操控性。现在主流的 SUV 基本都采用主动转矩分配式四轮驱动系统。

(2) 被动转矩分配。

被动转矩分配方式主要是指采用转速感应或转矩感应中央差速装置的四轮驱动系统。

转速感应式四轮驱动系统：主要是指采用黏性耦合器或液力离合器的适时四轮驱动系统。当前、后车轮转速相同时，驱动转矩 100% 地传递给前驱动轴；当前轮开始打滑后，前、后车轮产生转速差,此时黏性耦合器开始工作,并把部分驱动转矩传递给后轮。因此,这种四轮驱动系统反应较慢,传递转矩小,越野性能极低,只适合于经济型或轻型SUV。

转矩感应式四轮驱动系统:从严格意义上讲,如配备托森差速器,依靠转矩感应而开始工作的四轮驱动系统,也属于被动转矩分配式四轮驱动系统。虽然它是纯机械的,其反应速度却非常快,但也是在车轮出现打滑现象之后才开始动作的,而不是依靠电子系统检测行驶信息而主动阻止车轮打滑的。

二、分动器

1. 分动器的作用

分动器俗称分动箱,即分配动力的机器。它的任务就是将发动机输出的驱动转矩分别传递到各驱动轴。它的输入端与变速器输出轴相连,而它的输出端则可以有多个(一般为两个),分别经万向传动装置或链条与各驱动轴连接。

一些分动器还具有减速功能,设有两个挡位,起到副变速器的作用。当选择低挡位时,可以将驱动转矩放大,以提高攀爬和拖动能力。因此,在分时四轮驱动汽车上,在变速杆旁边还有一个或两个分动器操纵杆(钮),用来切换两驱与四驱,以及选择分动器挡位。当选择低速挡位时(4L),此时输出到车轮上的转矩最大,可以在车辆爬坡、过障碍时使用。

2. 分动器形式

①分时四轮驱动系统上使用的直接连接式分动器。

②采用齿轮或链条传动的分动器。

③一些中央差速器甚至差速限制器,因为也能起到分配动力的作用,所以也可以称为"分动器"。

(1) 直接连接式分动器。

分时四轮驱动车型在正常情况下以两轮驱动行驶,当准备通过越野路面时,就要切换成四轮驱动。执行这个切换功能的装置就是直接连接式分动器。它一般就是一个犬牙离合器,当离合器分离时就是两轮驱动,接合后就成了四轮驱动。代表车型:吉普牧马人。

(2) 齿轮或链条传动式分动器。

四轮驱动汽车都是在原来两轮驱动汽车基础上改造而来的,在原来两轮驱动汽车的传动系统上增加一个取力装置,通过齿轮或链条传动,将驱动转矩向另外一个驱动轴传递,从而成为四轮驱动汽车。这个取力装置就是分动器。代表车型:宝马xDrive、奥迪Q7、保时捷卡宴、大众途锐、三菱帕杰罗、奔驰S级等。

(3) 中央差速器式分动器。

一些中央差速器在差速的同时也能起到分配动力的作用,如锥齿轮中央差速器可以将动力按50∶50的固定比例分配给前轴和后轴,而行星齿轮中央差速器则可以按设定的比例将驱动转矩分配给前轴和后轴,如40∶60。

(4) 差速限制器式分动器。

差速限制器在起差速限制作用的同时,也进行驱动转矩的重新分配,因此它也能起到分动器的作用。如电控多片离合器,在完全分离时,就是两轮驱动,前、后轴驱动转矩分配比为

100∶0或0∶100;在接合时,就是四驱,并且可按变化的比例向前轴和后轴分配驱动转矩;而在完全压紧时,相当于完全锁止状态,此时可以按50∶50的比例分配前后驱动转矩。

其实,在这种情况下的差速限制器,不仅能起到差速和差速限制的作用,更能充当分动器的使用。

(5)取力器。

取力器(Power Transfer Unit,PTU;或Power Take Off,PTO),是工程车辆上常用的专业词语。取力器就是从动力输出部位取得动力的装置。它与分动器的最大不同是只"获取"动力,而不是将动力一分为二。在汽车上,往往将横置发动机四轮驱动汽车中传动轴与变速器连接的装置,称为取力器。这种取力器不仅从变速器上取得动力,而且将动力传递方向扭转90°(图6-3)。

而在工程车辆上,取力器往往是从变速器的某个挡位齿轮组上取得动力,然后作为驱动其他设施的动力源。

图6-3 取力器

(6)分动器的发展。

现在大多数四轮驱动系统都将分动器、中央差速器和差速限制器整合成一体,共同完成动力分配、中央差速和差速限制的作用。但现在的四轮驱动汽车中,由于中央差速器可以替代分动器的功能,而一些差速限制器也可以起到分动和差速的作用,因此现代四轮驱动系统中很少有传统四轮驱动系统中的"全套装备",也就是说很少同时拥有分动器、中央差速器和差速限制器。根据车型定位和设计不同,有些四轮驱动汽车型只有以上三种装备中的两种或一种装备。从前,往往将"分动器 + 中央差速器 + 差速限制器"的组合装置称为分动器。但后来随着独立的分动器逐渐被中央差速器所替代,人们便更多地称这个组合装置为中央差速器。

如今,随着中央差速器逐渐被电控多片离合器等差速限制器所替代,"中央差速器"一词也会逐渐消失。现在许多轻型SUV上已没有了传统意义上的分动器和中央差速器。

(7)分动器挡位。

①2H:两驱高速挡,就是把驱动转矩不加放大并100%地直接传到两个后轮。它一般是分时四驱汽车上才有的挡位,当分时四驱汽车在铺装路面上行驶时一般使用这个挡位。

②2L:两驱低速挡,经过大减速比的齿轮将转矩放大、速度降低传到两个后轮上,适合拖挂重物或爬陡坡时用。这个挡位在一般四轮驱动汽车上比较少见。

③4H:四驱高速挡,即高速四轮驱动,在湿滑的路面(冰面、沙地、草地等)上可以使用此挡位。

④4L:四驱低速挡,此时分动器采用低速挡工作,也就是常说的"低速转矩放大挡"。它可以增大驱动转矩,提高汽车的爬行能力。一般在爬陡坡恶劣路况上越野时使用此挡位。

⑤4HLc/4LLc:四驱高速锁止/四驱低速锁止挡,此时可以锁定中央差速器,向前、后轴

按50∶50分配驱动转矩。在容易陷车的地方或陷车脱困时使用此挡位。在正常公路上禁止使用此挡位,否则会有行车危险。

在一些分时四驱汽车上,如吉普牧马人和路虎卫士的分动器,只有2H、4H和4L可选,但这里的4H和4L等同于全时四驱汽车的4HLc和4LLc模式。

注:以上①~⑤中相关数字与字母含义:
2 = 2VD = 两轮驱动;4 = 4WD = 四轮驱动;H = High = 高速;L = Low = 低速;c = Lock = 锁止。

三、瑞典瀚德公司 Haldex 四轮驱动系统简介

Haldex作为瑞典瀚德公司开发的四轮驱动系统,从1998年至今已经发展到第五代,装备的车型也很广泛,涉及多个汽车品牌。

第一代Haldex(图6-4)系统结构原理比较简单,系统主要由差动油泵、湿式多片离合器、可控节流阀以及电子控制单元组成。前、后轴通过离合器连接,正常情况下离合器处于分离状态,为前驱状态。当前、后轴出现速度差时(某车轮出现打滑),差动泵工作产生油压,通过活塞压紧离合器,进而将动力传递到后轴上。代表车型:大众GOLF A4的四轮驱动车型。

第二代Haldex(图6-5)系统在结构上与第一代基本一致,不同的是上一代的电机控制的线性节流阀被电磁阀控制的比例节流阀所代替。同时加入了压力传感器,实现转矩的闭环控制,反应速度较上代有所提升。代表车型:大众GOLF 2004和Transporter 2004。

第三代Haldex(图6-6)系统中加入了电动油泵、单向阀门,可以更为主动地控制油路中的压力,系统反应的时间进一步缩短,进而智能地分配前、后轴的动力传递。代表车型:沃尔沃V70R、XC70、XC90。

图6-4 第一代Haldex(1998年)　　图6-5 第二代Haldex(2002年)　　图6-6 第三代Haldex(2004年)

第四代Haldex(图6-7)系统的技术已经相当成熟,系统中不再使用差动油泵,而是直接采用电机驱动的油泵以及蓄压器,结构更为紧凑。代表车型:大众途观。

第五代Haldex(图6-8)系统于2009年推出,结构上与第四代差别不大,在控制机构上进一步优化,第五代Haldex比第四代要轻1.5kg左右。性能方面在保持了第四代系统的优势之外,增加了配合前、后差速器的EDL电子差速功能,在不同的行驶环境下,更加智能地对车轮的转矩进行分配,确保车辆具有更好的循迹性和越野性。代表车型:大众途观LT-ROC。

图 6-7　第四代 Haldex(2007 年)

图 6-8　第五代 Haldex(2009 年)

课题二　大众 4motion 四轮驱动系统 Haldex 离合器的拆装

大众 4motion 四轮驱动更多的是采用 Haldex 离合器作为技术核心(图 6-9)。在大众生产的几款四轮驱动车型上,搭载了第五代 Haldex 离合器,四轮驱动离合器集成在后桥驱动总成中。通过前、后桥驱动总成之间的四轮驱动离合器,驱动转矩可传至后桥。

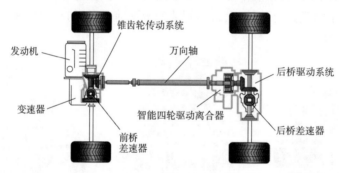

图 6-9　装备 Haldex 离合器的四轮驱动系统

第五代 Haldex 离合器使用了电动控制,可以即时提供所需的转矩以抑制打滑。前、后桥驱动力的分配,根据行驶工况的不同而不同。因此,4motion 四轮驱动系统中的第五代 Haldex 离合器能对所有行驶工况作出理想并快速的反应。

一、4motion 四轮驱动系统汽车动力传递路径

动力从变速器传递到前桥的差速器上。变速器的差速器壳体同时驱动锥齿轮传动系的空心轴。前轮直接由前桥差速器驱动,此时右前轮的凸缘轴通过锥齿轮传动系统的空心轴运行。锥齿轮传动系统(角分动器)的动力装置通过两个橡胶弹性联轴器和一个由两部分组成的万向轴,将驱动转矩输送到 Haldex 离合器的轮毂上。电子液压控制的 Haldex 离合器被集成在后桥主减速器中,并且可将最大 2400N·m 的转矩传递到后桥的主动齿轮上。万向

轴快速运转时,动力装置的传动比 $i=1.6$。可传递的后桥转矩为 3600N·m。根据智能四轮驱动 Haldex 离合器的接合情况,将适合行驶情况的转矩传递给后桥驱动系统(图 6-10)。

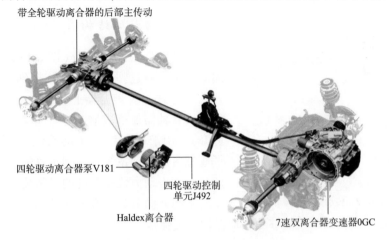

图 6-10 装备第五代 Haldex 离合器的四轮驱动系统

二、角分动器的作用

为实现动力传递,与前轮驱动车辆相比,四轮驱动车辆增加了锥齿轮传动系统(角分动器)(图 6-11),将动力输出至前桥右侧半轴及驱动后桥的传动轴。角分动器也就是四轮驱动系统中所提到的取力器,不仅改变了动力的传递方向,而且还改变了力矩。动力通过集中在变速器中的差速器壳体传递至带冠状齿轮的空心轴和传动轴的主动锥齿轮,一部分动力用在前轮驱动上,另一部分动力改变方向传导至驱动后桥的传动轴。

图 6-11 变速器及锥齿轮传动系统(角分动器)

角分动器锥齿轮传动系统将转速放大 1.6 倍后,传递到万向轴上。连接万向轴的轴,因为所需传递的转矩较小,所以可以采用直径较小的轴。后桥驱动系统中,转速再次以相同的系数降低。

三、传动轴的结构

传动轴分为两个部分(图6-12),采用中间万向节连接。通过弹性联轴器连接到分动器和全时四轮驱动 Haldex 离合器上。

后联轴器外部安装有一个扭转减振器(不可分开)。用于平衡后桥传动系统和万向轴。减轻了通过后桥传动系统传送到车身的发动机振动,因此可以省去动力传动系统的平衡装置。

中间万向节为压接方式,因此不能分开。结构更加紧凑,并且构造更简单。能够更好地保护空气弹簧。

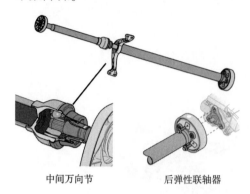

图 6-12 传动轴

四、第五代 Haldex 离合器的结构原理

Haldex 离合器集成在后桥驱动总成中(图6-13)。Haldex 离合器根据路况适时控制传至后桥的驱动转矩。Haldex 离合器可承载高达 380N·m 的发动机转矩,传递至后桥的转矩可达 3600N·m。

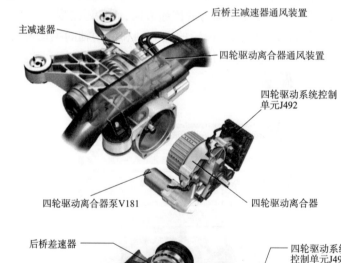

图 6-13 第五代 Haldex 离合器

第五代 Haldex 离合器的显著特点是其液压压力控制系统。离合器工作压力由带有离心力调节器的离合器泵 V181 提供。

第五代 Haldex 离合器集成在后桥驱动总成中,但 Haldex 离合器与后桥驱动总成分别有两套独立的机油回路。后桥驱动总成加注的是无须更换的长效机油,而 Haldex 离合器加注的是需三年一换的高性能机油。

1. 第五代 Haldex 离合器组成

第五代 Haldex 离合器的主要部件:离合器总成、控制单元 J492、离合器泵 V181、安全阀、带密封环的工作活塞、摩擦片组、凸缘、壳体等(图 6-14)。

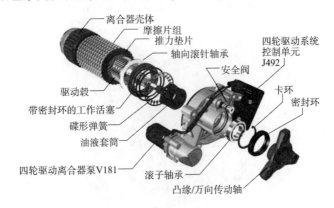

图 6-14　第五代 Haldex 离合器组成

2. 离合器泵

离合器泵通过活塞泵和离心力调节器的共同作用,生成和调节系统压力(图 6-15)。离合器泵产生调节的系统压力作用在工作活塞上,以不同的作用力挤压离合器壳体内的摩擦片组,使前桥传递过来的转矩以可调的方式传递到后桥。

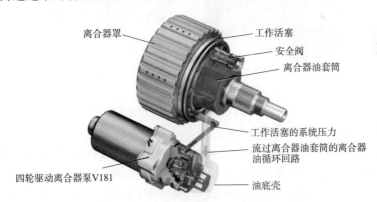

图 6-15　第五代 Haldex 离合器液压压力控制系统

离合器泵 V181 由四轮驱动系统控制单元 J492 通过脉宽信号控制其转速。产生机油压力的活塞泵筒由电机通过电机轴驱动(图 6-16)。

泵筒上的六个小活塞由弹簧力压在倾斜的轴向滚子轴承(推力垫片)上(图 6-17)。

当泵筒旋转时,活塞上下移动,油液被吸入后挤压,产生的压力通过压力侧流向工作活塞(图 6-18)。

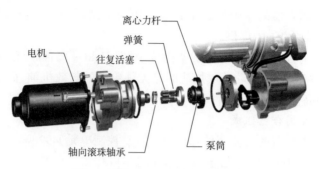

图 6-16　第五代 Haldex 离合器泵 V181

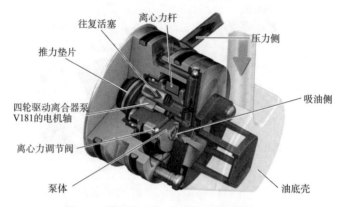

图 6-17　第五代 Haldex 离合器泵内部结构（一）

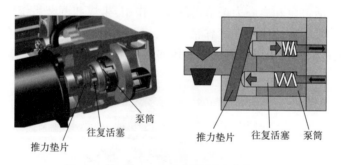

图 6-18　第五代 Haldex 离合器泵内部结构（二）

第五代 Haldex 离合器泵通过离心力调节器来改变液压泵的排量输出，进而调整系统中液压油的压力，从而控制工作活塞对离合器片组的压紧力。这种工作原理类似于发动机里的可变排量机油泵，通过调整泵油量的大小来调整系统中液压油的压力大小。

集成的离心力调节器由离心力杆和离心力调节阀（球阀）组成，负责调节活塞泵生成的油压。离心力使离心力杆向外移动，同时将阀球压入阀座中（图 6-19）。

当带有离心力调节器的轴向活塞泵由离合器泵 V181 的电机轴驱动时，电机轴转速越高，在离心力调节器作用下形成的系统压力就越大，推动工作活塞压力大，离合器壳体内的摩擦片组就会被压得更紧，就会有更大的转矩传递到后桥。若电机轴转速下降，在离心力调节器作用下，工作活塞压力下降，离合器壳体内的摩擦片组放松，传递的转矩减小。

当活塞泵的转速较低时，离心力调节器的离心力杆还不能在离心力调节阀上施加任何压力。泵送的油液通过离心力调节阀重新回到泵的吸油侧。因此,尚未在工作活塞上生成系统压力(图6-20)。

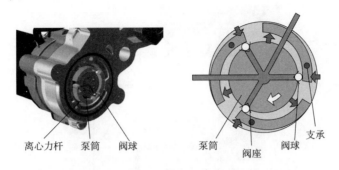

图6-19　第五代Haldex离合器泵离心力调节器工作原理(一)

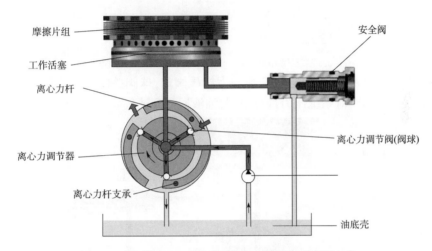

图6-20　第五代Haldex离合器泵离心力调节器工作原理(二)

随着活塞泵转速提高,离心力杆将离心力阀(阀球)压入阀座中,卸油油道被关闭。升高的液压压力稍微将阀球推回,球阀在离心力和液压压力之间取得平衡(图6-21)。

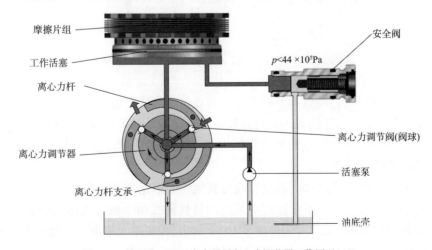

图6-21　第五代Haldex离合器泵离心力调节器工作原理(三)

若转速继续提高,则会增加工作活塞上的系统压力,从而增加离合器的可传输转矩(图 6-22)。

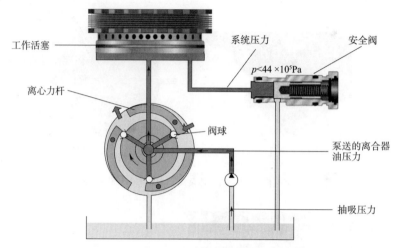

图 6-22 第五代 Haldex 离合器泵离心力调节器工作原理(四)

当活塞泵的转速很高时,离心力杆会强力按压阀球,球阀关闭。当油压超过 $44 \times 10^5 Pa$ 时,安全阀打开。由此,对系统压力进行限制,油液回流到油底壳中(图 6-23)。

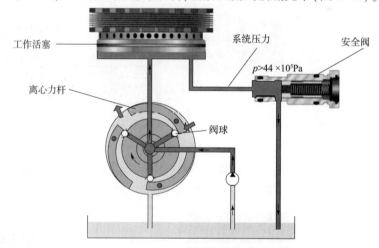

图 6-23 第五代 Haldex 离合器泵离心力调节器工作原理(五)

3. 第五代 Haldex 离合器工作原理

活塞泵产生系统压力,经过调节的系统压力通过工作活塞施加在摩擦片组上传递转矩。

Haldex 离合器动力传递的大小是由行驶条件决定的。如果系统中没有离合器液压油流动,离合器处于分离状态。当系统中产生压力并逐渐升高时,离合器开始闭合,当系统压力最大时,离合器会完全闭合。

系统控制单元 J492(图 6-24)通过总线与其他控制单元交换信息,根据行驶状况计算所需离合器压力(图 6-25)。存储在控制单元内的特性曲线由于确定 V181 的输出,以此产生工作活塞工作所需的液压压力。为控制泵 V181 输出,控制单元输出一个峰值电压为 12V 的脉宽调制信号。

图 6-24　第五代 Haldex 系统控制单元 J492

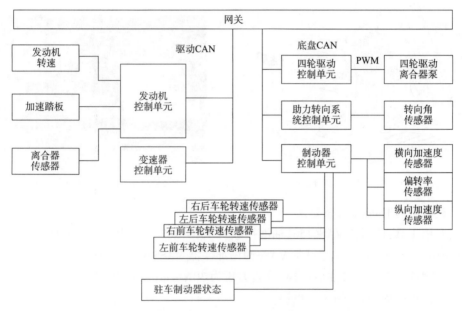

图 6-25　控制单元 J492 通过总线与其他控制单元交换信息

控制单元中的行驶动态系统负责调节对 Haldex 离合器的控制。重要的输入信号,诸如车轮转速、车辆状况和加速度等均来自 ABS 控制单元 J104。所传输的总转矩等其他信号由发动机控制单元 J623 提供。转弯行驶的信号由转向角传感器获取,并通过助力转向系统控制单元 J500 发送。其他信号由双离合器变速器机电控制模块 J743 通过网关传输。

Haldex 离合器系统不工作且保持关闭的行驶情况有:在牵引、滚筒式测功实验台上;车速高于每小时 180km;车辆制动时。

在路况良好时,离合器 100% 接合的情况下,转矩按 50∶50 的比例分配给前、后桥。当前轮因路况很差而打滑或空转时,如后轮附着力好,则转矩会绝大部分甚至全部分配给后桥。

车辆起步或加速时,摩擦片接合非常紧密。以便动力尽可能多地传递到后桥,使得驱动力能分配到四个车轮上,避免驱动力大于轮胎的附着力而造成前轮打滑。

当前、后轮所处路面的附着系数有差异时,则会尽可能多地分配给附着系数高的车轮。

高速行驶状况下,摩擦片接合紧密程度较低,仅根据需要传递较少的转矩到后桥。

在湿滑路面行驶时,摩擦片的压紧程度是根据需要动态变化的。

当 ESP 或 ABS 干预时,摩擦片的接合程度将由 ABS 或 ESP 来决定。

五、Haldex 离合器拆装和维护

1. 检查 Haldex 离合器液位

如图 6-26 所示检查 Haldex 离合器液位时,车辆要处于水平状态,离合器温度必须在 20～40℃之间。

正常液位:油液在加注口的下部边缘,或液面距离加注口 3mm 以内(图 6-27)。加注口螺栓拧紧力矩为 15N·m。

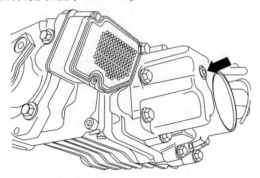

图 6-26 检查 Haldex 离合器液位

图 6-27 Haldex 离合器液位加注口

2. 排放和添加 Haldex 离合器油

使用专用工具:诊断仪 VAS6150、油液接收机 VAG1782、扭力扳手(5～60N·m)、棘轮头 Halzet 6290-1 或 VAG1331、加注设备 VAS6291、加注器 VAS6291-1。

排油口螺栓 1 在每次排油后更换,拧紧力矩为 30N·m(图 6-28)。

离合器油更换周期:每隔 3 年更换。

3. 拆卸和安装 Haldex 离合器泵 V181

关闭点火开关。排放 Haldex 离合器油后,拆卸 Haldex 离合器泵 V181(图 6-29)。

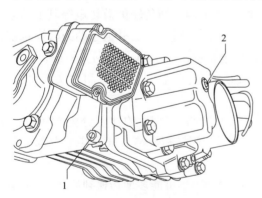

图 6-28 排油口螺栓与加注口螺栓
1-排油口螺栓;2-加注口螺栓

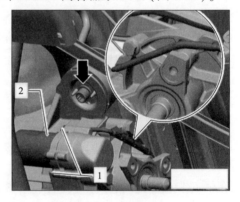

图 6-29 Haldex 离合器泵 V181
1、2-密封环

安装 Haldex 离合器泵 V181 后,密封环 1、2 需要更换(图 6-30),安装前涂少量离合器油,V181 螺栓拧紧力矩为 9.5N·m+0.5N·m。装好后,添加 Haldex 离合器油,用诊断仪进行基本设定。

4. 拆卸和安装 Haldex 离合器控制单元 J492

拆卸 Haldex 离合器控制单元 J492 时（图 6-31），关闭点火开关，拔下插头，拧出控制单元安装螺栓（图 6-32）。安装时，以拆卸的相反顺序进行，安装好后，用诊断仪进行基本设定。

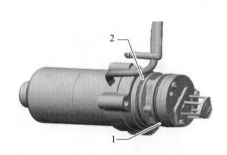

图 6-30　Haldex 离合器泵 V181
1、2-密封环

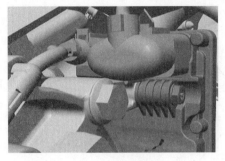

图 6-31　Haldex 离合器控制单元 J492

5. 拆卸 Haldex 离合器总成

拆卸前，按照要求将离合器油排出。

拧出双卡箍螺栓，松开双卡箍，拆下后部消音器（图 6-33）。

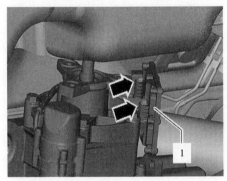

图 6-32　Haldex 离合器控制单元 J492

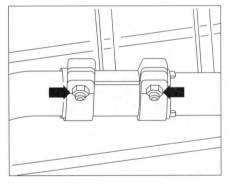

图 6-33　拆装 Haldex 离合器总成（一）

拧松转动轴中间轴的螺栓，但不要拆卸（图 6-34）。

在消音器中插入一根管子或撬棍，并放在排气管支架上（图 6-35）。排气装置的耦合件弯折不得超过 10°，否则有损坏的风险。

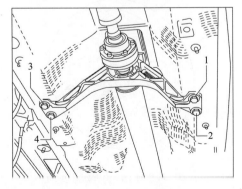

图 6-34　拆装 Haldex 离合器总成（二）

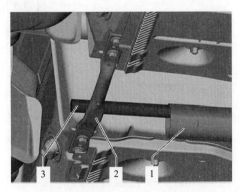

图 6-35　拆装 Haldex 离合器总成（三）

拧出摆动支撑螺栓(图6-36)。

拆卸前,查看传动轴后部柔性连接盘和Haldex耦合器输入凸缘上是否有相对位置标记。若无,需要做好标记(图6-37)。

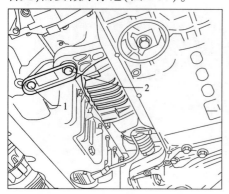

图6-36 拆装Haldex离合器总成(四)

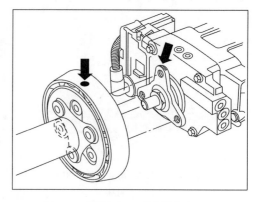

图6-37 拆装Haldex离合器总成(五)

利用专用工具T10172反向把持住四轮驱动传动轴(图6-38)。

拧出四轮驱动传动轴螺栓(图6-39)。

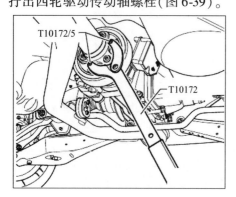

图6-38 拆装Haldex离合器总成(六)

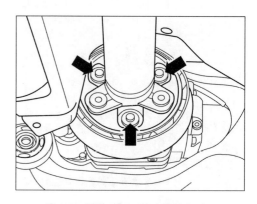

图6-39 拆装Haldex离合器总成(七)

将动力总成沿着箭头方向推出,并在副车架和变速器之间放入合适的垫木(图6-40)。

水平拉出四轮驱动传动轴,不得损坏传动轴密封圈(图6-41)。

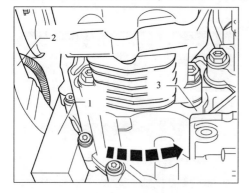

图6-40 拆装Haldex离合器总成(八)

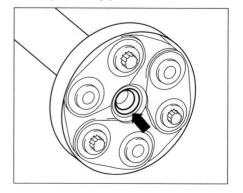

图6-41 拆装Haldex离合器总成(九)

拧出螺栓,将Haldex离合器从后桥主传动中取出(图6-42)。

安装 Haldex 离合器总成时,需要更换新的密封环(图6-43)。

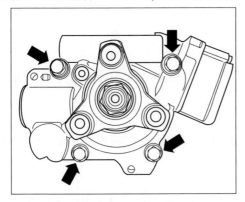

图 6-42　拆装 Haldex 离合器总成(十)

图 6-43　拆装 Haldex 离合器总成(十一)

六、学习拓展

了解托森差速器在四轮驱动汽车上的功用,并比较与第五代 Haldex 离合器的区别。

七、评价与反馈

1. 自我评价与反馈

(1) 你对本项目的学习是否满意？

评价情况：_____

(2) 请举升车辆,在大众途观 LT-ROC 车型上找到如下加油口和放油口的位置：

(3) 请仔细阅读维修手册,列出 Haldex 离合器液位检查的注意事项。

评价情况：_____

(4) 请仔细阅读维修手册,列出拆装 Haldex 离合器总成的注意事项。

评价情况：_____

(5) 请仔细阅读维修手册,列出拆装 Haldex 离合器泵的注意事项。

评价情况：_____

(6) 请仔细阅读维修手册,列出拆装 Haldex 控制单元的注意事项。

评价情况：_____

2. 小组评价与反馈

_____

　　　　　　　　　签名：_____　　_____年___月___日

(1) 你们小组在接到任务之后是否讨论过途观 LT-ROC 车型 Haldex 离合器总成的拆装计划？

评价情况：_____

(2) 你们小组在拆装途观 LT-ROC 车型 Haldex 离合器总成的过程中是否有明确的分工？相互配合得好吗？

评价情况：_____

(3) 你们小组在拆装途观 LT-ROC 车型 Haldex 离合器总成的过程中操作是否规范？

评价情况：_____

参与评价的同学签名：_____　_____年___月___日

3. 教师评价及答复

_____

_____

_____

　　　　　　教师签名：_____　　_____年___月___日

项目七　万向传动装置的结构与拆装

学习目标

完成本项目学习后,你应能:
1. 叙述万向传动装置的结构与工作原理;
2. 拆装万向传动装置。

建议课时

6课时。

 万向传动装置的结构与工作原理

一、万向传动装置的作用和组成

1. 作用

万向传动装置在汽车上有很多应用,结构也有所不同,但其作用都是一样的,即在轴线相交且相互位置经常发生变化的两转轴之间传递动力。

图7-1所示为万向传动装置在汽车中最常见的应用,位于变速器与驱动桥之间。

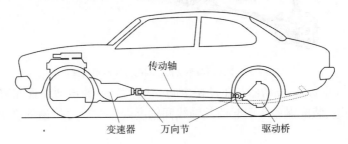

图7-1　变速器与驱动桥之间的万向传动装置

2. 组成

万向传动装置主要包括万向节和传动轴,对于传动距离较远的分段式传动轴,为了提高传动轴的刚度,还设置有中间支撑,如图7-2所示。

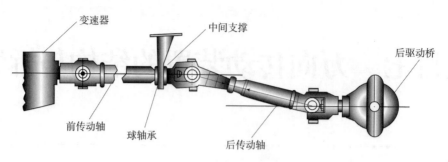

图 7-2 万向传动装置的组成

3. 万向传动装置的应用

万向传动装置在汽车上的应用主要有以下几个方面：

(1) 变速器与驱动桥之间的传动装置(4×2 汽车)如图 7-3 所示。一般汽车的变速器、离合器与发动机三者装合为一体装在车架上，驱动桥通过悬架与车架相连。在负荷变化及汽车在不平路面行驶时引起的跳动，会使驱动桥输入轴与变速器输出轴之间的夹角和距离发生变化，需安装万向传动装置。

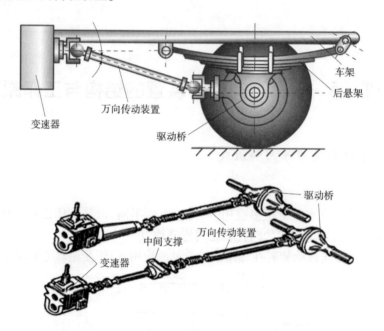

图 7-3 变速器与驱动桥之间的万向传动装置

(2) 变速器与分动器、分动器与驱动桥之间(越野汽车)的传动装置如图 7-4 所示。为消除车架变形及制造、装配误差等引起的其轴线同轴度误差对动力传递的影响，需装有万向传动装置。

(3) 转向驱动桥的内、外半轴之间的传动装置如图 7-5 所示。转向时两段半轴轴线相交且交角变化，因此要用万向节。

(4) 断开式驱动桥的半轴之间的传动装置如图 7-6 所示。主减速器壳在车架上是固定的，桥壳上下摆动，半轴是分段的，需要万向节。

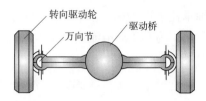

图 7-5 转向驱动桥内、外半轴之间的
万向传动装置

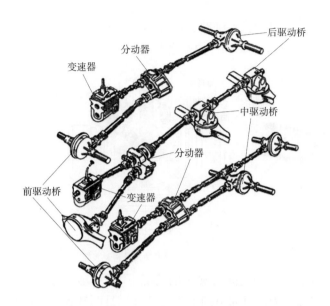

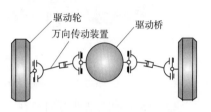

图 7-6 断开式驱动桥半轴之间的
万向传动装置

图 7-4 变速器与分动器、分动器与驱动桥之间的万向传动装置

（5）转向机构的转向轴和转向器之间的传动装置如图 7-7 所示。这种传动装置有利于转向机构的总体布置。

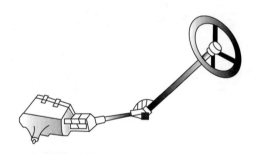

图 7-7 转向机构的转向轴与转向器之间的万向传动装置

二、万向传动装置主要部件的结构

1. 万向节

汽车上使用的万向节，按其刚度大小，可分为刚性万向节和柔性万向节。刚性万向节，按其速度特性分为不等速万向节（常用的为十字轴式）、准等速万向节（双联式和三销轴式）和等速万向节（包括球叉式和球笼式等）。目前，在汽车上应用较多的是十字轴式刚性万向节和等速万向节。十字轴式刚性万向节主要用于发动机前置后轮驱动的变速器与驱动桥之间，等角速万向节主要用于发动机前置前轮驱动的内、外半轴之间。

1）十字轴式刚性万向节

常见的不等速万向节为十字轴式刚性万向节，如图 7-8 所示，它允许相邻两轴的最大交角为 15°～20°。

十字轴式刚性万向节主要由十字轴、万向节叉等组成。万向节叉上的孔分别套在十字轴的 4 个轴颈上。在十字轴轴颈与万向节叉孔之间装有滚针和套筒，用带有锁片的螺钉和轴承盖来使之轴向定位。为了润滑轴承，十字轴内钻有油路，且与油嘴、安全阀相通，如图7-9所示。为避免润滑油流出及尘垢进入轴承，十字轴轴颈的内端套装有油封。

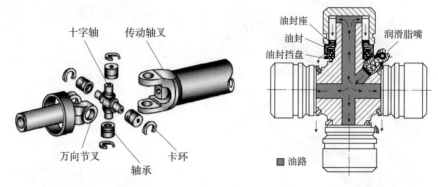

图7-8　十字轴式刚性万向节　　　　图7-9　润滑油路及密封装置

单个十字轴式刚性万向节在主动轴和从动轴之间有夹角的情况下，当主动叉等角速转动时，从动叉是不等角速的，这称为十字轴式刚性万向节的不等速特性。且两转轴之间的夹角越大，不等速性就越大，图7-10所示为传动轴每转一圈时速度变化情况。

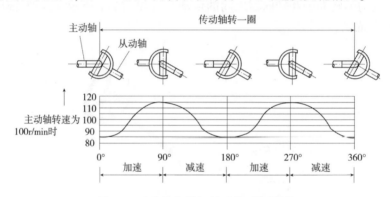

图7-10　十字轴式刚性万向节的不等速特性

十字轴刚性万向节的不等速特性将使从动轴及其相连的传动部件产生扭转振动，从而产生附加的交变载荷，影响部件寿命。可以采用图7-11所示的双十字轴刚性万向节的传动方式，第一万向节的不等速特性可以被第二万向节的不等速特性所抵消，从而实现两轴间的等角速传动。具体条件是：

(1) 第一万向节两轴间夹角 α_1 与第二万向节两轴间夹角 α_2 相等。

(2) 第一万向节的从动叉与第二万向节的主动叉处于同一平面。

由于悬架的振动，不可能在任何时候都保证 $\alpha_1 = \alpha_2$，因此这种双十字轴刚性万向节的传动只能近似地解决等速传动问题，且由于两轴夹角最大只能是20°，因此使用受到限制。

2) 等速万向节

等速万向节的工作原理是保证万向节在工作过程中，其传力点永远位于两轴交角的平分面上，如图7-12所示。

常见的球笼式等速万向节有固定型球笼式等速万向节（RF节）和伸缩型球笼式等速万向节（VL节）。

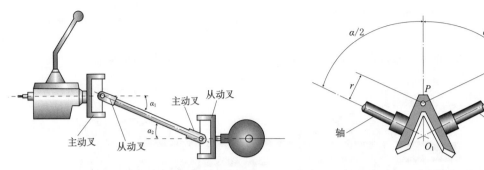

图 7-11　双十字轴刚性万向节等速传动布置图　　　　图 7-12　等速万向节的工作原理

如图 7-13 所示，固定型球笼式万向节由 6 个钢球、星形套、球形壳和保持架等组成。万向节星形套与主动轴用花键固接在一起，星形套外表面有 6 条弧形凹槽滚道，球形壳的内表面有相应的 6 条凹槽，6 个钢球分别装在各条凹槽中，由球笼使其保持在同一平面内。动力由主动轴、钢球、球形壳输出。

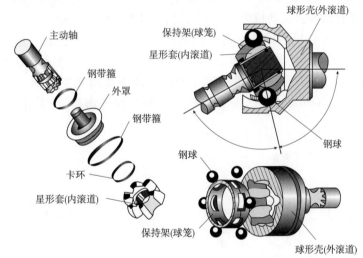

图 7-13　固定型球笼式等速万向节

球笼式万向节工作时，6 个钢球都参与传力，故承载能力强、磨损小、寿命长。它被广泛应用于各种型号的转向驱动桥和独立悬架的驱动桥。

伸缩型球笼式等角速万向节又称直槽滚道型等速万向节。如图 7-14 所示，其结构与上述球笼式相近，只是内、外滚道为圆筒形直槽，使万向节本身可轴向伸缩（伸缩量可达 40~50mm），省去其他万向节传动中的滑动花键，且滚动阻力小，适用于断开式驱动桥的万向节传动装置。这种万向节所连接的两轴夹角不能太大，因此常常和固定型球笼式等速万向节组合在一起使用，以保证在夹角和距离发生变化的条件下传递动力。

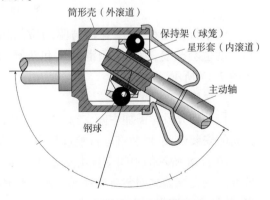

图 7-14　伸缩型球笼式等速万向节

固定型球笼式等速万向节和伸缩型球笼式等速万向节广泛应用于采用独立悬架的轿车转向驱动桥,如红旗、桑塔纳、捷达、宝来、奥迪等的前桥。其中,固定型球笼式等速万向节用于靠近车轮处,伸缩型球笼式等速万向节用于靠近驱动桥处,如图7-15所示。

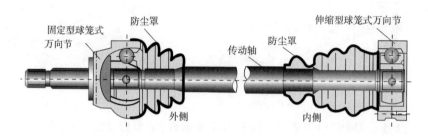

图7-15 固定型球笼式等速万向节与伸缩型球笼式等速万向节在转向驱动桥中的布置

2. 传动轴

传动轴是万向传动装置中的主要传力部件。通常用来连接变速器(或分动器)和驱动桥,在转向驱动桥和断开式驱动桥中,则用来连接差速器和驱动车轮。

图7-16所示为传动轴的构造。传动轴有实心轴和空心轴之分。为了减小传动轴的质量,节省材料,提高轴的强度和刚度,传动轴多为空心轴,超重型货车则直接采用无缝钢管。转向驱动桥、断开式驱动桥或微型汽车的传动轴通常制成实心轴。传动轴两端的连接件装好后,应进行动平衡试验。在质量小的一侧补焊平衡片,使其不平衡量不超过规定值。

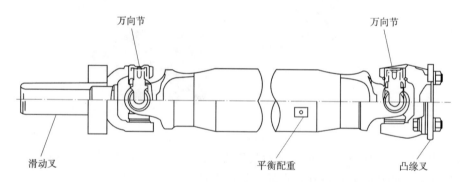

图7-16 传动轴的构造

汽车行驶过程中,变速器与驱动桥的相对位置会发生变化,随着传动轴角度的改变,其长度也会改变,因此采用滑动叉和花键组成的滑动套连接,以现实传动轴长度的变化,如图7-17所示。

3. 中间支撑

传动轴分段时需加中间支撑,中间支撑通常装在车架横梁上,能补偿传动轴轴向和角度方向的安装误差,以及汽车行驶过程中因发动机窜动或车架变形等引起的位移。

图7-18所示的中间支撑由支架和轴承等组成,轴承固定在中间传动轴后部的轴颈上。带油封的支撑盖之间装有弹性元件橡胶垫环,用3个螺栓紧固。紧固时,橡胶垫环会径向扩张,其外圆被挤紧于支架的内孔。

项目七 万向传动装置的结构与拆装

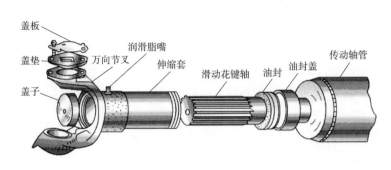

图 7-17 滑动叉的构造

图 7-18 中间支撑

课 题 二　万向传动装置的拆装

一、作业前的准备

别克威朗轿车一台和常用工具、专用工具 CH-804 张紧器（图 7-19）、举升机、维修手册等。

二、车轮驱动轴万向节的结构及功用

别克威朗轿车的前轮驱动桥是挠性总成。前轮驱动桥包括以下部件：前轮驱动轴三销架万向节（内侧万向节）、前轮驱动轴等速万向节（外侧万向节）、前轮驱动轴。所有万向节都由护套密封保护，确保万向节内的润滑脂不向外泄漏。

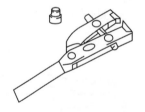

图 7-19 专用工具 CH-804 张紧器

（1）前轮驱动轴连接前轮驱动轴三销架万向节和前轮驱动轴等速万向节。

（2）前轮驱动轴三销架万向节（内侧万向节）是完全挠性的，万向节可以内外伸缩，也就是可以角向运动和轴向运动。三销架万向节是由不带过度伸长限制固定件的三销架制成。

（3）前轮驱动轴等速万向节（外侧万向节）是挠性的，但是前轮驱动轴等速万向节不能内外伸缩，只可以角向运动。前轮驱动轴等速万向节是球笼式万向节。

（4）护套（密封罩）和卡箍

前轮驱动桥中的前轮驱动轴等速万向节和前轮驱动轴三销架万向节护套（密封罩）由热塑性材料制成，保护万向节的内部零件不受有害大气条件（如极端环境温度或臭氧气体）和异物（如灰尘或水）的侵蚀。护套（密封罩）要避免受锋利工具和周围部件锐边的损伤。

前轮驱动桥中的卡箍由不锈钢制成。卡箍的作用是防止前轮驱动轴三销架万向节和前轮驱动轴等速万向节在壳体和前轮驱动轴连接处位置的泄漏。

护套（密封罩）或卡箍的任何损坏都会导致泄漏。而泄漏会导致水进入前轮驱动轴三销架万向节和前轮驱动轴等速万向节；还会导致润滑脂从前轮驱动轴三销架万向节和前轮驱动轴等速万向节中流失。

泄漏可能会造成前轮驱动桥工作噪声以及内部部件的损坏。

三、前轮驱动轴内万向节(等速万向节)和护套的拆卸

(1)拆下前轮驱动轴。

(2)使用保护性钳口或布将前轮驱动轴1卡紧在台钳内(图7-20)。

(3)拆下并报废前轮驱动轴护套2和卡箍1(图7-21)。

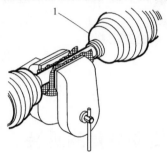 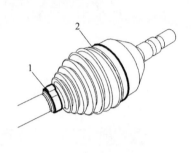

图7-20 拆卸等速万向节(一)　　　图7-21 拆卸等速万向节(二)
1-前轮驱动轴　　　　　　　　　1-卡箍;2-前轮驱动轴护套

(4)用铜棒和锤子敲击万向节连杆3,将万向节1从车轮驱动轴2上拆下(图7-22)。

(5)将前轮驱动轴护套1从前轮驱动轴2上拆下(图7-23)。

(6)将卡环从前轮驱动轴上拆下并报废(图7-24)。

(7)仅更换车轮驱动轴护套时,将旧润滑脂从前轮驱动轴万向节上清除。

 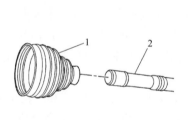 

图7-22 拆卸等速万向节(三)　　图7-23 拆卸等速万向节(四)　　图7-24 拆卸等速万向节(五)
1-万向节;2-驱动轴;3-万向节连杆　1-前轮驱动轴护套;2-前轮驱动轴

四、前轮驱动轴内万向节(等速万向节)和护套的安装

(1)将新的卡环安装到前轮驱动轴上。开始安装时,将卡环从上驱动轴端部向下拉至卡环槽(图7-25)。

(2)将前轮驱动轴护套1安装到前轮驱动轴2(图7-26)。

(3)使用木块和锤子将万向节1安装到车轮驱动轴,确保听到卡环接合声(图7-27)。

(4)将润滑脂加注于万向节内,并涂抹于护套(图7-28)。

(5)将护套置于万向节和车轮驱动轴的槽内。

(6)安装新的前轮驱动轴护套2和卡箍1(图7-29)。

(7)使用CH-804张紧器1和扭力扳手压接卡箍。紧固力矩为25N·m(图7-30)。

 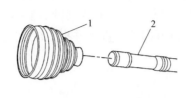 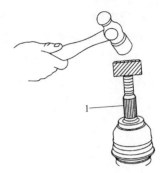

图7-25　安装等速万向节(一)　　图7-26　安装等速万向节(二)　　图7-27　安装等速万向节(三)
　　　　　　　　　　　　　　　1-前轮驱动轴护套;2-前轮驱动轴　　　　1-万向节

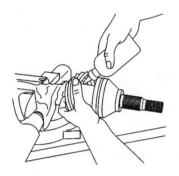 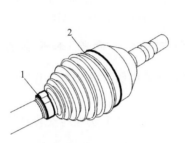 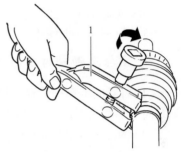

图7-28　安装等速万向节(四)　　图7-29　安装等速万向节(五)　　图7-30　安装等速万向节(六)
　　　　　　　　　　　　　　　1-卡箍;2-前轮驱动轴护套　　　　　1-CH-804张紧器

(8)清除所有泄漏出的多余润滑脂。

(9)安装前轮驱动轴。

五、前轮驱动轴内万向节(三销式万向节)和护套的拆卸

(1)拆下前轮驱动轴。

(2)拆下并报废前轮驱动轴内侧万向节护套内卡箍4和外卡箍5。使用尖头工具撬出前轮驱动轴内侧万向节护套内卡箍4(图7-31)。

(3)将前轮驱动轴内侧万向节护套2移至一旁。

(4)清洁前轮驱动轴内侧万向节3和前轮驱动轴1的旧润滑脂。

注意：使用台钳夹紧时,使用保护性钳口或布保护前轮驱动轴。

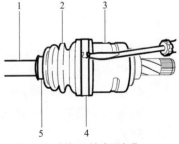

图7-31　拆卸三销式万向节(一)
1-前轮驱动轴;2-护套;3-万向节;
4-内卡箍;5-外卡箍

(5)将前轮驱动轴1尽可能垂直地夹紧至台钳内,并将前轮驱动轴内侧万向节2尽可能高地定位至台钳(图7-32)。

(6)如图7-32所示,通过铜棒和锤子敲击轴承前部内的内侧万向节壳体2,将内侧万向节2从车轮驱动轴1上拆下。

(7)当内侧万向节壳体2从第一轴承上滑下时,在至第二轴承的相同位置[参见步骤(5)]旋转车轮驱动轴,并继续进行步骤(6)。

(8)当内侧万向节壳体2从第二轴承上滑下时,在至第三轴承的相同位置[参见步骤(5)]旋转车轮驱动轴并继续进行步骤(6)直到万向节壳体完全滑下。

(9)将前轮驱动轴内侧万向节护套1从前轮驱动轴2上拆下并报废(图7-33)。

(10)将卡环从前轮驱动轴内侧万向节上拆下并报废(图7-34)。

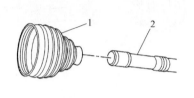

图7-32 拆卸三销式万向节(二)　　　图7-33 拆卸三销式万向节(三)　　　图7-34 拆卸三销式万向节(四)
1-车轮驱动轴;2-万向节壳体　　　　　1-护套;2-前轮驱动轴

六、前轮驱动轴内万向节(三销式万向节)和护套的安装

(1)将新的卡环安装到前轮驱动轴内侧万向节上。开始安装时,将卡环从前轮驱动轴内侧万向节端部向下拉至卡环槽(图7-35)。

(2)将新的前轮驱动轴内侧万向节护套1松弛地安装到前轮驱动轴2(图7-36)。

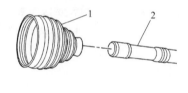

图7-35 安装三销式万向节(一)　　　图7-36 安装三销式万向节(二)
　　　　　　　　　　　　　　　　　　　1-护套;2-前轮驱动轴

注意:使用台钳夹紧时,使用保护性钳口或布保护前轮驱动轴。

(3)将前轮驱动轴垂直夹紧至台钳内。

(4)使用木块和锤子将前轮驱动轴内侧万向节1安装到前轮驱动轴(图7-37)。

(5)将润滑脂加注于前轮驱动轴内侧万向节内,并涂抹于前轮驱动轴内侧万向节护套(图7-38)。

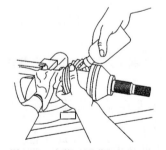

图7-37 安装三销式万向节(三)　　　图7-38 安装三销式万向节(四)
1-万向节

注意：当在车轮驱动轴上或在其附近进行维修时，要防止车轮驱动轴护套、密封件和卡箍接触到锋利的物体。如果护套、密封件或卡箍损坏，则可能会导致润滑油从万向节内漏出，造成车轮驱动轴噪声增大且出现故障。

(6)将新的前轮驱动轴内侧万向节护套 2 置于内侧万向节 3(图 7-39)。

(7)使用 CH-804 张紧器 1 压接新的前轮驱动轴护套外卡箍和新的内卡箍。紧固力矩为 25N·m(图 7-40)。

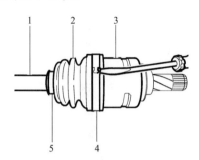
图 7-39　安装三销式万向节(五)
1-前轮驱动轴；2-护套；3-万向节；
4-内卡箍；5-外卡箍

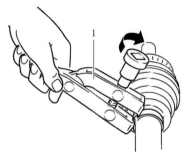
图 7-40　安装三销式万向节(六)
1-CH-804 张紧器

(8)清除所有泄漏出的多余润滑脂。

(9)安装前轮驱动轴。

七、学习拓展

了解万向传动装置在汽车上运用的历史。

八、评价与反馈

1. 自我评价与反馈

(1)你对本项目的学习是否满意？

评价情况：_____

(2)三销架万向节和球笼式万向节有什么区别？

评价情况：_____

(3)在拆装前轮驱动轴万向节时有哪些注意事项？

评价情况：_____

2. 小组评价与反馈

_____

签名：_____　　_____年___月___日

(1)你们小组在接到任务之后是否讨论过前轮驱动轴万向节的拆装计划？

评价情况：_____

(2)你们小组在拆装前轮驱动轴万向节的过程中是否有明确的分工？相互配合得好吗？

评价情况：_____

(3)你们小组在拆装前轮驱动轴万向节的过程中操作是否规范？
评价情况：_____

参与评价的同学签名：_____　　_____年___月___日

3. 教师评价及答复
_____
_____
_____

　　　　　　　教师签名：_____　　_____年___月___日

项目八　驱动桥的结构与拆装

 学习目标

完成本项目学习后,你应能:
1. 叙述主减速器的功用、类型及结构;
2. 叙述差速器的结构及工作原理;
3. 分解和装配差速器、主减速器总成。

 建议课时

18 课时。

　驱动桥总成的作用和结构

一、驱动桥

1. 驱动桥的作用

驱动桥的作用是将万向传动装置传来的发动机动力经减速增矩改变传动方向后,分配给左、右驱动轮,并且允许左、右驱动轮以不同转速旋转。

需要说明的是,如果汽车采用前横置发动机、前轮驱动的布置形式,则主减速器并不需要改变动力的传动方向。

2. 驱动桥的结构

驱动桥的基本结构如图 8-1 所示,一般是由主减速器、差速器、半轴、驱动桥壳等组成的。驱动桥是传动系统的最后一个总成,发动机的动力传到驱动桥后,首先传到主减速器,在这里将转矩放大并降低转速后,经差速器分配给左、右半轴,最后通过半轴外端的凸缘传到驱动车轮的轮毂。

3. 驱动桥的分类

按照悬架结构的不同,驱动桥可以分为整体式驱动桥和断开式驱动桥,整体式驱动桥又称为非断开式驱动桥。

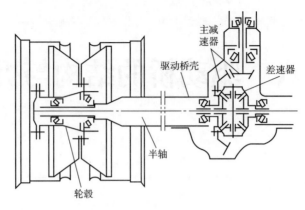

图 8-1 驱动桥的基本结构

1)非断开式驱动桥

非断开式驱动桥的整个驱动桥通过弹性悬架与车架相连,驱动桥壳是刚性整体结构,两根半轴和驱动轮在横向平面内无相对运动,非断开式驱动桥如图 8-1 所示。

2)断开式驱动桥

一些轿车或越野汽车为了提高汽车行驶的平顺性或通过性,在它们的全部或部分驱动轮上采用独立悬架,即两侧驱动轮分别用弹性悬架与车架相连,两驱动轮彼此可独立地相对于车架或车身上下跳动。主减速器固定在车架或车身上,驱动桥壳制成分段并以铰链方式相连,同时半轴也分段且各段之间用万向节连接,断开式驱动桥如图 8-2 所示。

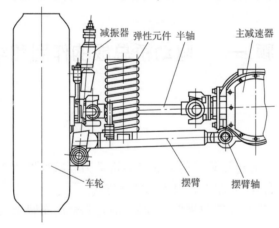

图 8-2 断开式驱动桥

3)转向驱动桥

具有转向功能的驱动桥,称为转向驱动桥。前轮驱动汽车的前桥都是转向驱动桥。

二、主减速器

1. 主减速器的作用

主减速器的作用为:

(1)将万向传动装置传来的发动机转矩传给差速器。

(2)在动力的传递过程中将转矩增大并相应降低转速。

(3)对于纵置发动机,还要将转矩的旋转方向改变90°。

2.主减速器的分类

(1)按参加减速传动的齿轮副数目,主减速器可分为单级主减速器和双级主减速器。有些重型汽车又将双级主减速器的第二级圆柱齿轮传动设置在两侧驱动车轮附近,称为轮边减速器。

(2)按主减速器传动比的个数,主减速器可分为单速主减速器和双速主减速器。单速主减速器的传动比是固定的,而双速主减速器则有两个传动比。

(3)按齿轮副结构形式,主减速器可分为圆柱齿轮主减速器和锥齿轮主减速器。圆柱齿轮主减速器又可分为定轴轮系和行星轮系主减速器。锥齿轮主减速器又可分为螺旋锥齿轮和准双曲面齿轮主减速器。

目前,在轿车中主要应用单级主减速器准双曲面齿轮主减速器。

3.单级主减速器

单级主减速器结构如图8-3所示。它只有一对锥齿轮传动,其结构简单、质量小、体积小、传动效率高。由于发动机前置前轮驱动,因此其主减速器装于变速器壳体内,没有专门的主减速器壳体,变速器的输出轴即为主减速器主动轴,如丰田卡罗拉汽车、别克凯越汽车等。图8-4所示为汽车主减速器和差速器的总成。

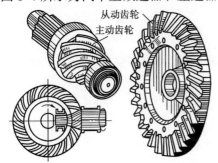

图8-3 单级主减速器

图8-4 汽车主减速器和差速器总成

4.双级主减速器

当主减速器需要较大的传动比时,需要用由两对齿轮传动的双级主减速器,双级主减速器的结构如图8-5所示,主要由一对螺旋锥齿轮和一对斜齿圆柱齿轮组成。

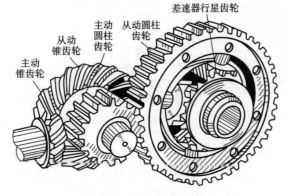

图8-5 双级主减速器

三、差速器

1. 差速器的作用和类型

汽车安装差速器后，左、右车轮可以不同的转速旋转，能够保证车轮在地面上做纯滚动。而且差速器能够把主减速器传来的转矩平均分配给左、右半轴，使左、右驱动轮产生相等的驱动力。

当汽车转弯行驶时，内、外两侧车轮中心在同一时间内移过的曲线距离不同，即外侧车轮移过的距离大于内侧车轮。若两侧车轮都固定在同一刚性轴上，两车轮的加速度相等，则此时外侧车轮必然是边滚动边滑移，内侧车轮必然是边滚动边滑转。

车轮对地面的滑动不仅会加速轮胎的磨损，增加汽车的动力消耗，而且可能导致转向和制动性能的恶化。所以在正常行驶条件下，应使车轮尽可能不发生滑动。因此，为了允许左、右车轮以不同的角速度旋转，就必须在传动系统中安装差速器。

差速器按其工作特性分为普通差速器和防滑差速器两大类。当遇到左、右（或前、后）驱动轮与路面之间的附着条件相差较大的情况时，普通差速器将无法保证汽车得到足够的驱动力。此时，只是附着较差的驱动轮高速滑转，而汽车却不能行驶。故经常遇到这种情况的汽车应当采用防(限)滑差速器。

2. 结构和工作原理

1) 结构

差速器一般由差速器壳、行星齿轮、行星齿轮轴、半轴齿轮等组成。图 8-6 所示为卡罗拉轿车差速器。

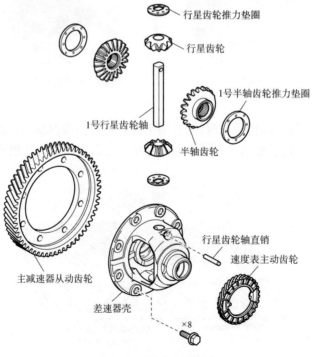

图 8-6　卡罗拉轿车差速器

2)工作原理

差速器的工作情况如图 8-7 所示(为明确显示,图中从动齿轮及主动轴均以反方向绘出)。

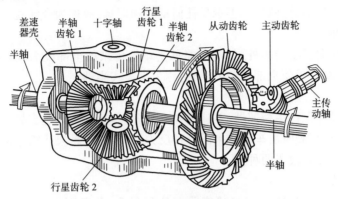

图 8-7　差速器的工作情况

汽车直线或在平坦道路上行驶时,两驱动轮转速相等,行星齿轮 1 和行星齿轮 2 与差速器壳一起旋转,行星齿轮不绕自己轴旋转。半轴齿轮 1 和半轴齿轮 2 的转速与从动齿轮的转速相同。

汽车转弯(例如右转弯)时,右驱动轮(滚动阻力大)行驶路程较短,因而其转速也较左驱动轮慢。此时,行星齿轮 1 及行星齿轮 2 除随差速器壳公转外,还在转得较慢的车轮半轴齿轮 2 上滚动。行星齿轮 1 和行星齿轮 2 按顺时针方向绕十字轴自转,其速度增加值等于半轴齿轮 2 的降低值,达到汽车转弯时,允许两驱动轮以不同速度旋转的目的。

若一侧半轴齿轮不动,差速器壳旋转时,行星齿轮将绕本身的轴线旋转并沿不动一边半轴齿轮滚动,而另一边的半轴齿轮则以 2 倍于差速壳的转速旋转。因此,两驱动轮转速之和始终等于差速器壳转速的 2 倍。当差速器壳不动时,若一个车轮旋转,行星齿轮则在原位旋转,并带着另一车轮以相同的转速反方向旋转。

四、半轴和桥壳

1. 半轴

半轴是差速器与驱动轮之间传递转矩的实心轴,图 8-8 所示为卡罗拉前桥半轴。其内端一般通过花键与半轴齿轮连接,外端以凸缘与轮毂连接。

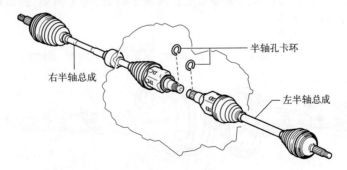

图 8-8　丰田卡罗拉前桥半轴

半轴分为全浮式半轴和半浮式半轴两种。

1)全浮式半轴

全浮式半轴广泛用于载货汽车上,它只传递转矩,不承受任何的外力和弯矩。这种支撑形式的半轴除承受转矩外,两端均不承受任何反力和弯矩,故称为全浮式半轴。

2)半浮式半轴

半浮式半轴除要承受转矩外,外端还要承受车轮传来的全部反力及弯矩。这种半轴内端免受弯矩,而外端却承受全部弯矩的半轴,称为半浮式半轴。

2. 桥壳

桥壳用以支撑并保护主减速器、差速器和半轴等;与从动桥一起支撑车架及其上的各总成质量;并承受汽车行驶时由车轮传来的各种反力及力矩,经悬架传给车架。

桥壳有整体式和分段式两种。

1)整体式桥壳

整体式桥壳的特点是桥壳与主减速器壳分开制造,两者用螺栓连接在一起,如图 8-9 所示。

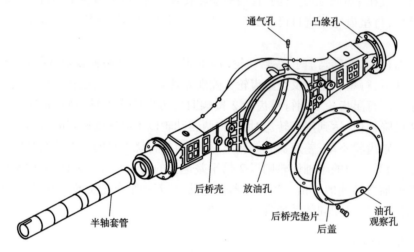

图 8-9　整体式桥壳

2)分段式桥壳

分段式桥壳的结构如图 8-10 所示。分段式桥壳分为左右两段,由螺栓连成一体。它由主减速器壳、盖、两个半轴套管及凸缘等组成。其易于制造,加工简单,但维修时需将桥壳整体从车上拆下,目前较少使用。

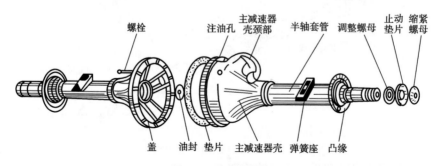

图 8-10　分段式桥壳

课题二 驱动桥的拆装

一、作业前的准备

通用科鲁兹轿车底盘、压力机各一台,常用工具、量具各一套,科鲁兹专用工具一套,相关挂图或图册若干,维修手册等。

二、前轮中间驱动轴的更换

1. 拆卸

(1)拆下右前轮驱动轴。

(2)排空变速器油。

(3)将 DT-6332 密封件保护工具安装至差速器输出轴密封件中,如图 8-11 所示。

(4)拆下前轮中间驱动轴轴承螺栓 2,如图 8-12 所示。

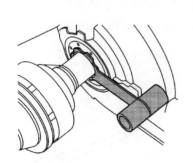

图 8-11 安装密封件保护工具

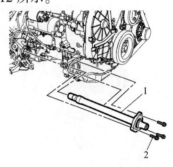

图 8-12 拆下前轮驱动轴轴承螺栓
1-前轮中间驱动轴;2-螺栓

(5)将前轮中间驱动轴 1 从车辆上拆下。

2. 安装

(1)将新的 O 形圈密封件 1 安装至中间轴 2 上,如图 8-13 所示。

(2)将新的垫圈安装至车轮驱动轴,如图 8-14 所示。

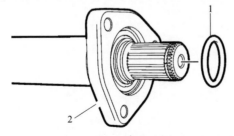

图 8-13 安装 O 形密封件
1-O 形圈密封件;2-中间轴

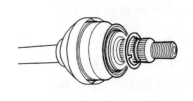

图 8-14 安装垫圈至车轮驱动轴

(3)将前轮中间驱动轴 1 安装至车辆。此时,不要将中间轴插入差速器壳体中,如图 8-15 所示。

(4)将DT-6332密封件保护工具安装至差速器输出轴密封件中,如图8-16所示。

(5)小心地将前轮中间驱动轴推入差速器,直至花键通过DT-6332密封件保护工具,如图8-17所示。

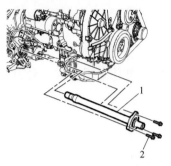
图8-15 安装前轮驱动轴
1-前轮中间驱动轴;2-螺栓

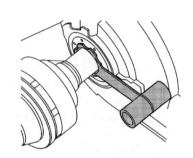
图8-16 安装密封件保护工具　　图8-17 前轮中间驱动轴推入差速器

(6)将DT-6332密封件保护工具从差速器输出轴密封件上拆下,如图8-18所示。

(7)将前轮驱动轴安装到差速器上,直至卡环完全就位。

(8)抓住内侧万向节外壳并向外拉,确认前轮驱动轴卡环正确就位。

(9)安装前轮中间驱动轴轴承螺栓并紧固至22N·m,如图8-19所示。

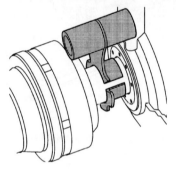
图8-18 拆下密封件保护工具

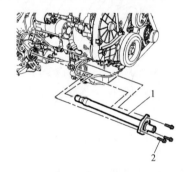
图8-19 安装前轮中间驱动轴轴承螺栓
1-前轮中间驱动轴;2-螺栓

(10)重新加注变速器油。

(11)安装右前轮驱动轴。

三、左前轮驱动轴的更换

1.拆卸

(1)举升和顶起车辆。

(2)拆下轮胎和车轮总成。

(3)排空变速器油。

(4)紧固3个车轮螺母,将CH-49376扳手1和EN-956-1加长件2一同安装至前轮双头螺栓上,如图8-20所示。

(5)使用CH-49376扳手1和EN-956-1加长件2,松开前轮驱动轴螺母。

(6)将CH-49376扳手1和EN-956-1加长件2从前轮双头螺栓上拆下。

(7)将车轮驱动轴螺母2从车轮驱动轴1上拆下并报废,如图8-21所示。

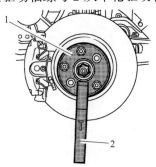
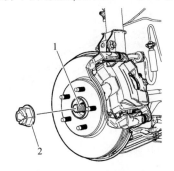

图8-20 安装加长件
1-扳手;2-加长件

图8-21 拆下车轮驱动轴螺母
1-驱动轴;2-螺母

(8)紧固2个车轮螺母,将CH-49400拆卸工具2安装至车轮双头螺栓上,如图8-22所示。

(9)将前轮驱动轴从车轮轴承/轮毂总成1上分离。

(10)拆下CH-49400拆卸工具2。

(11)将外转向横拉杆端部从转向节上分离。

(12)将前下控制臂球节从转向节上分离。

(13)将DT-6332保护工具安装到差速器输出轴密封件上,如图8-23所示。

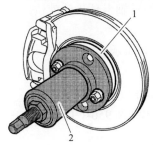
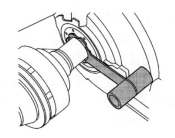

图8-22 安装拆卸工具
1-车轮轴承/轮毂总成;2-CH-49400拆卸工具

图8-23 安装保护装置到差速器输出轴

(14)使用CH-313惯性锤2和CH-6003拆卸工具1,将车轮驱动轴3从车辆上拆下,如图8-24所示。

注意:

①图8-24所示为右侧车轮驱动轴,仅作为专用工具正确使用的示例。

②如果车轮驱动轴上没有垫圈,则安装新的垫圈。

(15)将垫圈1从车轮驱动轴2上拆下并报废,如图8-25所示。

2.安装

(1)将DT-6332保护工具安装到差速器输出轴密封件上,如图8-26所示。

(2)小心地将车轮驱动轴安装到差速器上,直至花键通过DT-6332保护工具,如图8-27所示。

(3)将DT-6332保护工具从差速器输出轴密封件上拆下。

(4)将前轮驱动轴安装到差速器上,直至卡环完全就位。

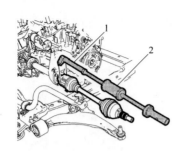
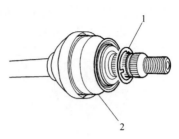

图8-24 拆下车轮驱动轴

1-CH-6003 拆卸工具；2-CH-313 惯性锤

图8-25 拆下垫圈

1-垫圈；2-驱动轴

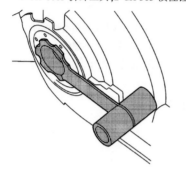
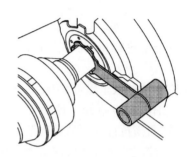

图8-26 安装保护工具至差速器输出轴

图8-27 安装车轮驱动轴到差速器上

(5) 抓住内侧万向节外壳并向外拉，确认前轮驱动轴卡环正确就位。

(6) 将前轮驱动轴安装到前轮轴承/轮毂上。

(7) 将前下控制臂球节连接至转向节，如图8-28所示。

(8) 将外转向横拉杆端部连接至转向节。

(9) 将新的前轮驱动轴螺母2安装到前轮驱动轴1，如图8-29所示。

(10) 紧固3个车轮螺母，将 CH-49376 扳手1 和 EN-956-1 加长件2 一同安装至前轮双头螺栓上，如图8-30所示。

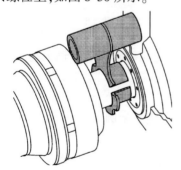
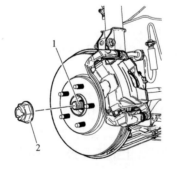
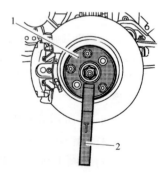

图8-28 连接前下控制臂球节至转向节

图8-29 安装驱动轴螺母

1-驱动轴；2-螺母

图8-30 安装加长件

1-扳手；2-加长件

(11) 使用扭力扳手和尺寸合适的套筒，将前轮驱动轴螺母2分3遍紧固。

(12) 将前轮驱动轴螺母紧固至150N·m。

(13) 将车轮驱动轴螺母松开45°。

(14) 将车轮驱动轴螺母重新紧固至250N·m。

(15)将 CH-49376 扳手 1 和 EN-956-1 加长件 2 从前轮双头螺栓上拆下。

(16)安装轮胎和车轮总成。

(17)重新加注变速器油。

四、右前轮驱动轴的更换

1. 拆卸

(1)举升并妥善支撑车辆。

(2)拆下轮胎和车轮总成。

(3)使用 CH-49376 固定扳手 1 和 EN-956-1 加长件 2,如图 8-31 所示。

注意:切勿重复使用车轮驱动轴螺母。

(4)将车轮驱动轴螺母 2 从车轮驱动轴 1 上拆下并报废,如图 8-32 所示。

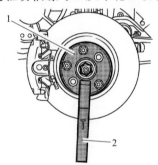
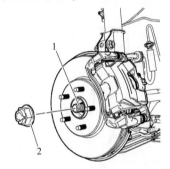

图 8-31 使用固定扳手和加长件
1-扳手;2-加长件

图 8-32 拆下车轮驱动轴螺母
1-驱动轴;2-螺母

(5)使用 CH-49400 拆卸工具 2,将制动盘和车轮轴承/轮毂总成 1 分离,如图 8-33 所示。

(6)将外转向横拉杆总成从转向节上拆下。

(7)将球节从转向节上拆下。

(8)使用 CH-313 惯性锤 2 和 CH-6003 拆卸工具 1,将车轮驱动轴 3 从车辆上拆下,如图 8-34 所示。

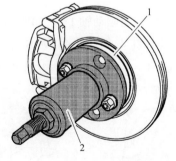

图 8-33 分离制动盘和车轮轮毂总成
1-车轮轴承/轮毂总成;2-拆卸工具

图 8-34 拆下车轮驱动轴
1-拆卸工具;2-惯性锤;3-驱动轴

注意:如果车轮驱动轴上没有垫圈,则安装新的垫圈。

(9)将垫圈 1 从车轮驱动轴 2 上拆下并报废,如图 8-35 所示。

(10)将 O 形圈密封件 1 从中间轴 2 上拆下并报废,如图 8-36 所示。

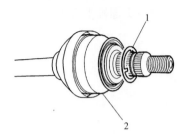

图8-35 拆下垫圈
1-垫圈;2-驱动轴

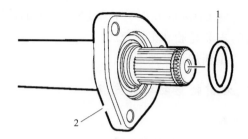

图8-36 拆下O形密封件
1-O形圈密封件;2-中间轴

2. 安装

(1) 将新的O形圈密封件1安装至中间轴2上,如图8-37所示。

(2) 将新的垫圈1安装至车轮驱动轴,如图8-38所示。

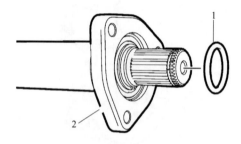

图8-37 安装O形圈密封件
1-O形圈密封件;2-中间轴

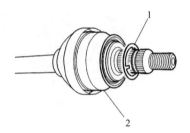

图8-38 安装新垫圈
1-垫圈;2-驱动轴

(3) 小心地将车轮驱动轴安装至中间轴,如图8-39所示。

(4) 将车轮驱动轴安装到差速器上,直至卡环完全就位。

(5) 抓住内壳并向外拉,确认前轮驱动轴卡环正确就位。

(6) 将前轮驱动轴安装到前轮轴承/轮毂上。

(7) 将球节安装到转向节上。

(8) 将外转向横拉杆总成安装到转向节上。

(9) 将新的车轮驱动轴螺母2分3遍紧固,安装到车轮驱动轴1上,如图8-40所示。

(10) 使用CH-49376固定扳手1和EN-956-1加长件2,如图8-41所示。

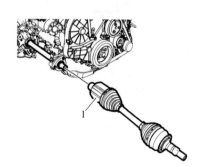

图8-39 安装车轮驱动轴至中间轴
1-驱动轴

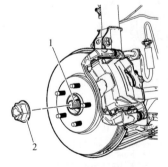

图8-40 安装驱动轴螺母
1-驱动轴;2-螺母

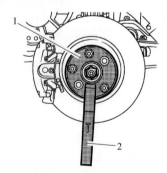

图8-41 使用固定扳手和加长件
1-扳手;2-加长件

(11)使用扭力扳手和尺寸合适的套筒,将车轮驱动轴螺母紧固至150N·m。
(12)将车轮驱动轴螺母2松开45°。
(13)将车轮驱动轴螺母2重新紧固至250N·m。
(14)安装轮胎和车轮总成。
(15)降下车辆并拆下支撑装置。

五、学习拓展

查阅大众迈腾轿车维修手册,比较通用科鲁兹轿车主减速器、差速器与驱动桥的结构和大众迈腾轿车主减速器、差速器与驱动桥结构的区别。

六、评价与反馈

1. 自我评价与反馈
(1)你对本项目的学习是否满意?
评价情况:＿＿＿＿＿＿＿＿＿＿＿＿＿＿＿＿＿＿＿＿＿＿＿＿＿＿＿＿＿＿＿＿
(2)你是否知道科鲁兹驱动桥的基本组成?
评价情况:＿＿＿＿＿＿＿＿＿＿＿＿＿＿＿＿＿＿＿＿＿＿＿＿＿＿＿＿＿＿＿＿
(3)你会正确使用驱动桥拆装过程中涉及的工具吗?
评价情况:＿＿＿＿＿＿＿＿＿＿＿＿＿＿＿＿＿＿＿＿＿＿＿＿＿＿＿＿＿＿＿＿

签名:＿＿＿＿＿＿　　＿＿＿＿年＿＿月＿＿日

2. 小组评价与反馈
(1)你们小组在接到任务之后是否讨论过通用科鲁兹轿车主减速器的拆装计划?
评价情况:＿＿＿＿＿＿＿＿＿＿＿＿＿＿＿＿＿＿＿＿＿＿＿＿＿＿＿＿＿＿＿＿
(2)你们小组在拆装通用科鲁兹轿车差速器和驱动桥的过程中操作是否规范?
评价情况:＿＿＿＿＿＿＿＿＿＿＿＿＿＿＿＿＿＿＿＿＿＿＿＿＿＿＿＿＿＿＿＿

参与评价的同学签名:＿＿＿＿＿＿＿＿＿＿　　＿＿＿＿年＿＿月＿＿日

3. 教师评价及答复
＿＿＿＿＿＿＿＿＿＿＿＿＿＿＿＿＿＿＿＿＿＿＿＿＿＿＿＿＿＿＿＿＿＿＿＿＿＿＿
＿＿＿＿＿＿＿＿＿＿＿＿＿＿＿＿＿＿＿＿＿＿＿＿＿＿＿＿＿＿＿＿＿＿＿＿＿＿＿
＿＿＿＿＿＿＿＿＿＿＿＿＿＿＿＿＿＿＿＿＿＿＿＿＿＿＿＿＿＿＿＿＿＿＿＿＿＿＿

教师签名:＿＿＿＿＿＿　　＿＿＿＿年＿＿月＿＿日

项目九　悬架、减振装置的结构与拆装

学习目标

完成本项目学习后,你应能:
1. 叙述悬架的结构与工作原理;
2. 拆装汽车悬架。

建议课时

8 课时。

　悬架的结构与工作原理

一、悬架的作用和分类

1. 悬架的作用

悬架是车架(或车身)与车桥(或车轮)之间一切传力连接装置的总称。悬架具有如下的作用:

(1)连接车架(或车身)和车轮,把路面作用到车轮的各种力传给车架(或车身)。
(2)缓和冲击、衰减振动,使乘坐舒适,具有良好的平顺性。
(3)保证汽车具有良好的操纵稳定性。

2. 悬架的分类

汽车悬架可分为两大类:非独立悬架和独立悬架,如图 9-1 所示。

非独立悬架的特点是左、右车轮安装在一根整体式车桥两端,车桥则通过悬架与车架相连。当一侧车轮发生位置变化后会导致另一侧车轮的位置也发生变化。

独立悬架的结构特点是车桥做成断开的,每一侧车轮单独通过悬架与车架(或车身)连接。与非独立悬架相比较,汽车采用独立悬架有以下优点:

(1)两侧车轮可以单独运动而互不影响,这样在不平道路上可减少车架和车身的振动,而且有助于消除转向轮不断偏摆的不良现象。

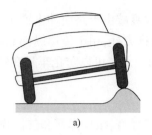
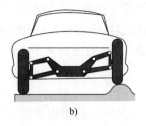

图 9-1　非独立悬架与独立悬架的示意图
a)非独立悬架；b)独立悬架

（2）减少了汽车的非簧载质量（即不由弹簧支撑的质量）。在道路条件和车速相同时，非簧载质量越小，悬架受到的冲击载荷也越小，因而采用独立悬架可以提高汽车的平均行驶速度。

（3）由于采用断开车桥时，发动机总成的位置可以降低和前移，使汽车重心下降，因而可提高汽车的行驶稳定性；同时由于给予了车轮较大的上下运动的空间，故可以将悬架刚度设计得较小，以降低车身振动频率，改善行驶平顺性。

（4）越野汽车全部车轮采用独立悬架还可以保证汽车在不平道路上行驶时，所有车轮和路面有良好的接触，从而可增大牵引力；此外，可增大汽车的离地间隙，使汽车的通过性能大大提高。

由于具有以上优点，独立悬架被现代汽车广泛采用。但是，独立悬架结构复杂，制造成本高，维修不方便，在一般情况下，车轮跳动时，由于车轮外倾角与轮距变化较大，轮胎磨损较严重。

二、悬架的结构

现代汽车的悬架虽有不同的结构形式，但一般都由弹性元件、减振器、导向机构等组成，轿车一般还有横向稳定器。悬架的组成如图9-2所示。

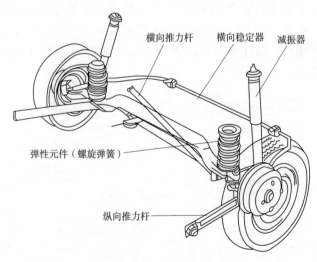

图 9-2　悬架的组成

弹性元件使车架（或车身）与车桥（或车轮）之间为弹性连接，可以缓和由于不平路面带来的冲击,并承受和传递垂直载荷。减振器可以衰减由于路面冲击产生的振动,使振动的振幅迅速减小。导向机构包括纵向推力杆和横向推力杆,用于传递纵向载荷和横向载荷,并保证车轮相对于车架(或车身)的运动关系。横向稳定器可以防止车身在转向等情况下发生过大的横向倾斜。

1. 弹性元件

汽车上常用的弹性元件包括钢板弹簧、螺旋弹簧、扭杆弹簧和气体弹簧等。

1) 钢板弹簧

钢板弹簧也称叶片弹簧,其结构如图9-3所示,在车桥靠近车架或车身时靠钢板弹簧的弹性变形来起缓冲作用,并在车桥靠近和离开车架或车身的整个过程,通过各片相互之间滑动摩擦,部分衰减路面的冲击作用。

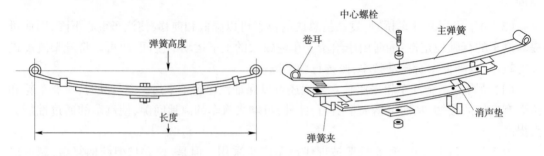

图9-3　钢板弹簧结构

一副钢板弹簧通常由很多曲率半径不同、长度不等、宽度一样、厚度相等的弹簧钢板片叠成,在整体上近似等强度的弹性梁。第一片最长的钢板弹簧,称为主片,其两端或一端弯成卷耳状。在钢板弹簧全长内装有2~4个钢板夹。钢板弹簧的中部通过U形螺栓和压板与车桥刚性固定,两端用销子铰接在车架的支架和吊耳上。

2) 螺旋弹簧

螺旋弹簧广泛应用于独立悬架,有些轿车的后轮非独立悬架也采用螺旋弹簧做弹性元件。螺旋弹簧如图9-4所示,由特殊的弹簧钢棒卷制而成,可以制成圆柱形或圆锥形,也可以制成等螺距或不等螺距。圆柱形等螺距螺旋弹簧的刚度是不变的,圆锥形或不等螺距螺旋弹簧的刚度是可变的。

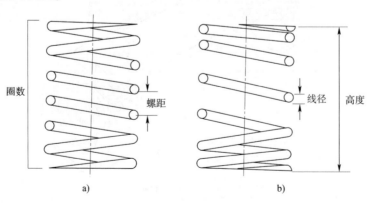

图 9-4

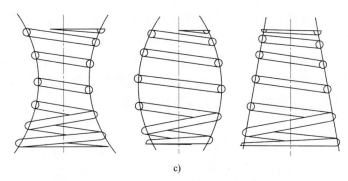

图 9-4 螺旋弹簧

a)等螺距弹簧;b)变螺距弹簧;c)非线形弹簧

螺旋弹簧与钢板弹簧相比,无须润滑,防污能力强,质量小,单位质量的能量吸收率较高。但是螺旋弹簧本身减振作用很差,因此在螺旋弹簧悬架中,必须另装减振器;螺旋弹簧只能承受垂直载荷,故必须加装导向装置,以传递垂直力以外的各种力和力矩。

3)扭杆弹簧

扭杆弹簧是一根由铬钒弹簧钢制成的扭杆,如图 9-5 所示。扭杆一端固定在车架上,另一端固定在悬架的摆臂上,摆臂则与车轮相连。当车轮跳动时,摆臂便绕着扭杆轴线而摆动,使扭杆产生扭转导致弹性变形,以保证车轮与车架的弹性联系。

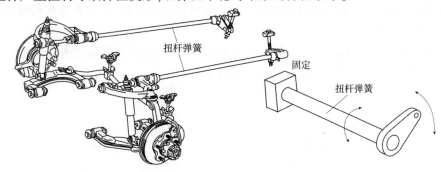

图 9-5 扭杆弹簧示意图

扭杆弹簧在制造时,经热处理后预先施加一定的扭转力矩,使之产生一个永久的扭转变形,从而使其具有一定的预应力。左、右扭杆是预加扭转的方向都与扭杆安装在车上后承受工作载荷时扭转的方向相同,目的是减少工作时的实际应力,以延长使用寿命。如果左、右扭杆换位安装,则将导致扭杆弹簧的实际工作应力加大,使用寿命缩短。因此,左、右扭杆弹簧刻有不同的标记,不可互换。

2. 减振器

1)减振器的作用及原理

减振器在汽车中的作用是迅速衰减由车轮通过悬架弹簧传给车身的冲击和振动,提高汽车行驶的平顺性能。减振器在汽车悬架中是与弹性元件并联安装的,如图 9-6 所示。

目前,汽车悬架系统中广泛采用液压减振器,其基本原

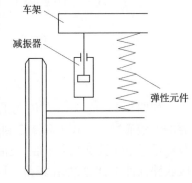

图 9-6 减振器与弹性元件的安装示意图

理如图9-7所示。当车架与车桥做往复的相对运动而使活塞在缸筒内往复移动时,减振器壳体内的油液便反复地从一个内腔通过一些窄小的孔隙流入另一个内腔,此时孔壁与油液间的摩擦及液体分子内的摩擦便形成对振动的阻尼力,使车身和车架的振动能量转化为热能被油液和减振器壳体所吸收,然后扩散到大气中。减振器阻尼力的大小随车架与车桥(或车轮)间相对速度的变化而增减,并且与油液的黏度有关。

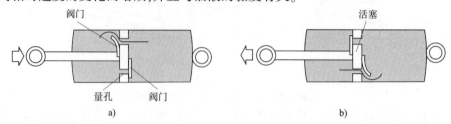

图9-7 液压减振器的基本原理
a)压缩行程;b)伸张行程

阀门越大,阻尼力越小,反之亦然。相对运动速度越大,阻尼力越大,反之亦然。

阻尼力越大,振动的衰减越快,但悬架弹性元件的缓冲效果不能发挥,乘坐也不舒适,因此弹性元件的刚度与减振器的阻尼力要合理搭配,才保证乘坐舒适性和操纵稳定性的要求。

2)双向作用筒式减振器

目前,在汽车上应用最广泛的液力减振器是双向作用式减振器,它在伸张行程和压缩行程都具有阻尼减振作用。

双向作用筒式减振器如图9-8所示。双向作用筒式减振器在内筒和外筒之间设计了补偿孔,它可以调整油液量以适应活塞杆的移动体积。

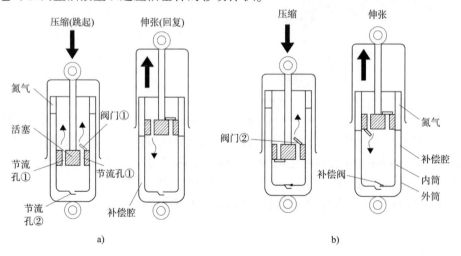

图9-8 双向作用筒式减振器的结构及工作原理

如图9-8a)所示,在节流孔①上设置阀门,节流孔②没有阀门。压缩时,阀门①打开,下腔的油液通过节流孔①和②流到上腔,使活塞容易下行。伸张时,阀门①关闭,上腔的油液只能通过节流孔②流回下腔,使活塞上行阻尼增大。这样就实现了减振效果,它可以很快地吸收路面冲击,但汽车在坏路上行驶时的行驶平顺性较差。

如图9-8b)所示,在节流孔②上设计阀门②,伸张时油液通过节流孔②,压缩时油液通过节流孔①,因此在压缩和伸张时都受到阻尼力。对于激烈的车身振动,下腔的油液在伸张时通过补偿阀上的节流孔流入补偿腔,产生阻尼力;压缩时补偿阀打开,油液无阻尼地通过补偿阀。补偿腔的上部有氮气,可以被油液压缩。

3) 横向稳定器

横向稳定器如图9-9和图9-10所示。横向稳定器利用扭杆弹簧原理,将左、右车轮通过横向稳定杆连接起来。在车身倾斜时,稳定杆两边的纵向部分向不同方向偏转,于是横向稳定杆便被扭转。弹性的稳定杆产生的扭转内力矩就阻碍了悬架弹簧的变形,从而减少车身的横向倾斜。

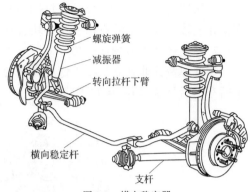

图9-9 横向稳定器

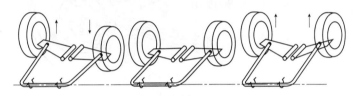

图9-10 横向稳定器的作用

三、非独立悬架

非独立悬架结构简单,工作可靠,一些轿车的后悬架中采用这一结构类型。

按照采用弹性元件的不同,非独立悬架可以分为钢板弹簧式非独立悬架和螺旋弹簧式非独立悬架。

1. 钢板弹簧式非独立悬架

图9-11所示为钢板弹簧式非独立悬架。钢板弹簧中部通过U形螺栓(骑马螺栓)固定在前桥上。钢板弹簧的前端卷耳用弹簧销与前支架相连,形成固定式铰链支点,起传力和导向作用;而后端卷耳则用吊耳销与可在车架上摆动的吊耳相连,形成摆动式铰链支点,从而保证了弹簧变形时两卷耳中心线间的距离有改变的可能。

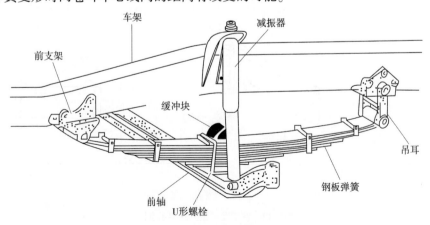

图9-11 钢板弹簧式非独立悬架

减振器的上、下两个吊环通过橡胶衬套和连接销分别与车架上的上支架和车架上的下支架相连接。盖板上装有橡胶缓冲块,以限制弹簧的最大变形,并防止弹簧直接碰撞车架。

2. 螺旋弹簧式非独立悬架

螺旋弹簧式非独立悬架由螺旋弹簧、减振器、纵向推力杆和横向推力杆组成。一般只用于轿车的后悬架,如图9-12所示。

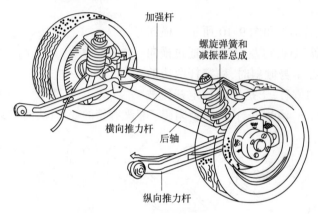

图9-12 螺旋弹簧式非独立悬架

四、独立悬架

1. 横臂式独立悬架

横臂式独立悬架分为单横臂式和双横臂式两种,目前单横臂式独立悬架应用较少。

双横臂式独立悬架的两个横摆臂有等长和不等长之分,如图9-13所示。摆臂等长的独立悬架当车轮上下跳动时,虽然车轮平面不倾斜、主销轴线的方向也不发生变化,但轮距发生较大的变化,这将引起车轮的侧滑和轮胎的磨损。而摆臂不等长的独立悬架当车轮上下跳动时,虽然车轮平面、主销轴线、轮距都发生变化,但如果选择长度比例合适,可使车轮和主销的角度及轮距变化不大,这种独立悬架被广泛用在轿车前轮上。图9-14所示为奥迪轿车不等长双横臂式螺旋弹簧独立悬架。

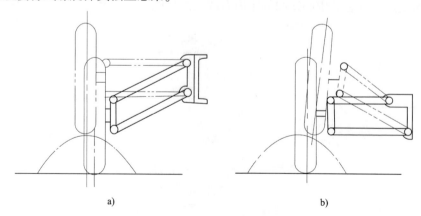

图9-13 双横臂式独立悬架示意图
a) 摆臂等长的独立悬架; b) 摆臂不等长的独立悬架

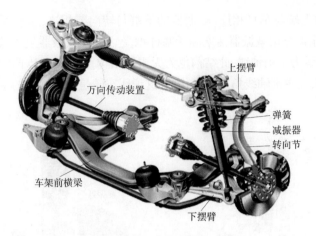

图 9-14 不等长双横臂式独立悬架

2. 纵臂式独立悬架

纵臂式独立悬架也分为单纵臂式和双纵臂式两种。

单纵臂式独立悬架如果用于前轮,车轮上下跳动时会使主销后倾角变化很大,所以单纵臂式独立悬架都用于后轮。

双纵臂式独立悬架的两纵摆臂一般长度相等,形成平行四连杆机构,如图 9-15 所示。这种悬架当车轮上下跳动时,车轮外倾角、轮距和主销后倾角都不发生变化,所以适用于前轮。

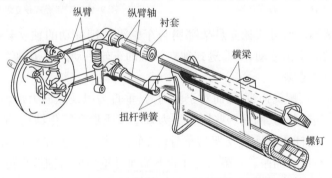

图 9-15 双纵臂式独立悬架

3. 烛式独立悬架

图 9-16 所示为烛式独立悬架,主销的上、下两端刚性地固定在车架上。套在主销上的套管固定在转向节上。套管的中部固定装着螺旋弹簧的下支座。筒式减振器的下端与转向节相连,上端与车架相连。悬架是摩擦部分,套着防尘罩。通气管与防尘罩内腔相通,以免罩中空气被密封而影响悬架的弹性。

烛式独立悬架的优点是当悬架变形时,注销的定位角不会发生变化,仅轮距、轴距稍有改变;有利于汽车的转向操纵性和行驶稳定性。缺点是侧向力全部由套筒和注销承受,两者间的摩擦阻力大,磨损严重。因此,这种结构形式目前很少采用。

4. 麦弗逊式独立悬架

麦弗逊式悬架是目前轿车和某些轻型客车应用比较普遍的悬架结构形式。如图 9-17 所示,筒式减振器为滑动立柱,横摆臂的内端通过铰链与车身相连,外端通过球铰链与转向节相连。减振器的上端与车身相连,减振器的下端与转向节相连,车轮所受的侧向力大部分由横摆臂承受,其余部分由减振器活塞和活塞杆承受。筒式减振器上铰链的中心与横摆臂外端球铰链中心的连线为主销轴线,此结构也为无主销结构。当车轮上下跳动时,减振器下支点随前悬架摇臂摆动,故主销轴线角度是变化的,这说明车轮是沿着摆动的主销轴线而运动。

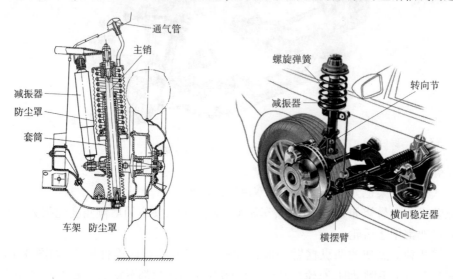

图 9-16 烛式独立悬架　　　　　图 9-17 麦弗逊式独立悬架

烛式独立悬架和麦弗逊式独立悬架都属与车轮沿注销移动的独立悬架,烛式独立悬架的车轮沿固定不动的主销移动,麦弗逊式独立悬架的车轮沿动的主销轴线移动。

5. 多连杆式独立悬架

独立悬架中多采用螺旋弹簧,因而对于侧向力、垂直力以及纵向力需增设导向装置,即采用杆件来承受和传递这些力,因而一些轿车上为减小车质量和简化结构,采用多连杆式悬架,如图 9-18 所示。上连杆用上连杆支架与车身(或车架)相连。上连杆外端与第三连杆相连。上连杆的两端都装有橡胶隔振套。第三连杆的下端通过重型推力轴承与转向节连接。下连杆与普通的下摆臂相同,其内端通过橡胶隔振套与前横梁相连接,球铰将下连杆的外端与转向节相连。多杆前悬架系统的主销轴线从下球铰延伸到上面的轴承,它与上连杆和第三连杆无关。

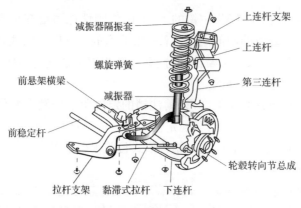

图 9-18 多连杆前悬架系统

课题二 悬架的拆装

一、作业前的准备

通用科鲁兹轿车前悬架一台和常用工具,相关挂图或图册若干,维修手册等。

二、稳定杆的更换

1. 拆卸

(1) 转动前轮至正向前位置,并固定转向盘防止移动。
(2) 将中间转向轴从转向机上拆下。
(3) 举升和顶起车辆。
(4) 拆下轮胎和车辆总成。
(5) 拆下前舱隔音板(如有)。
(6) 拆下前排气管。
(7) 拆下稳定杆连杆两侧的螺母2,如图9-19所示。
(8) 将稳定杆连杆1从稳定杆上拆下。
(9) 拆下发动机两侧侧盖上的4个紧固件1,如图9-20所示。

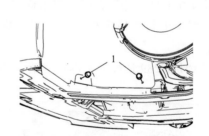

图9-19 拆下稳定杆连杆螺母　　图9-20 拆下发动机两侧侧盖上的紧固件
1-稳定杆连杆;2-螺母　　　　　　1-紧固件

(10) 拆下前发动机舱盖的4个紧固件,如图9-21所示。
(11) 拆下变速器支座托架螺栓1、2,如图9-22所示。
(12) 拆下2个后副车架螺栓2,如图9-23所示。
(13) 拆下后车架加强件1。
(14) 放置并安装液压挺杆,将其与CH-904车架连接,将CH-49289-50适配器2安装至副车架1上。轻轻拉开前发动机舱盖,如图9-24所示。
(15) 降下副车架,最多55mm。
(16) 拆下并报废前稳定杆上的4个隔振垫夹紧螺栓1,如图9-25所示。
(17) 拆下稳定杆。

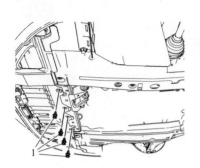

图9-21 拆下发动机舱盖的紧固件
1-紧固件

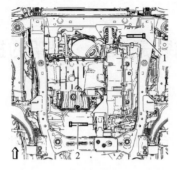

图9-22 拆下变速器支座托架螺栓
1、2-螺栓

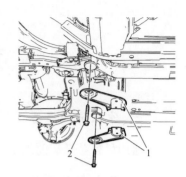

图9-23 拆下后副车架螺栓
1-加强件;2-螺栓

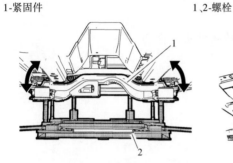

图9-24 安装适配器
1-副车架;2-适配器

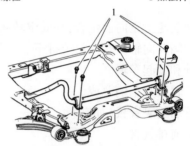

图9-25 拆下隔振垫夹紧螺栓
1-螺栓

2. 安装

(1) 安装稳定杆。

(2) 安装4个新的前稳定杆隔振垫卡箍螺栓1,并首先紧固至22N·m,如图9-26所示。

(3) 最后将4个新的稳定杆隔振垫卡箍螺栓再拧30°紧固,此操作可使用EN-45059进行。

(4) 移出CH-49289适配器上的定位销1,如图9-27所示。

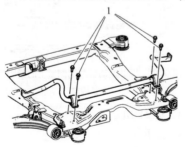

图9-26 安装隔振垫卡箍螺栓
1-螺栓

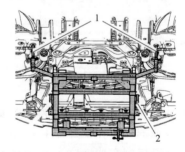

图9-27 移出适配器上的定位销
1-定位销;2-适配器

(5) 小心地举升车架1,此操作可使用CH-49289适配器2,如图9-28所示。

(6) 安装2个车架加强件1,如图9-29所示。

(7) 安装2个后车架螺栓2并紧固至160N·m。

(8) 安装前变速器支座螺栓1,并紧固到58N·m,如图9-30所示。

(9) 安装后变速器支座托架螺栓2并紧固至100N·m。

(10)安装并紧固发动机两侧侧盖上的4个紧固件,如图9-31所示。

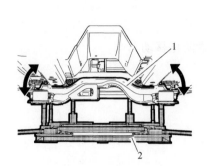

图9-28 举升车架
1-车架;2-适配器

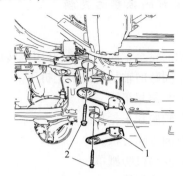

图9-29 安装车架加强件
1-加强件;2-螺栓

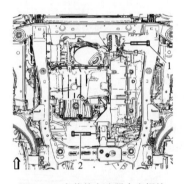

图9-30 安装前变速器支座螺栓
1、2-螺栓

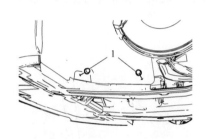

图9-31 安装发动机侧盖紧固件
1-紧固件

(11)安装并紧固前发动机舱盖的4个紧固件1,如图9-32所示。

(12)安装前舱隔音板(如有)。

(13)安装前排气管。

(14)安装下稳定杆连杆两侧的螺母2,并紧固至35N·m,如图9-33所示。

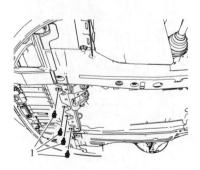

图9-32 安装发动机舱盖紧固件
1-紧固件

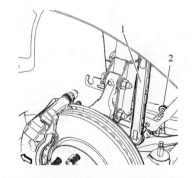

图9-33 安装稳定杆连杆两侧的螺母
1-稳定杆连杆;2-螺母

(15)将中间转向轴安装至转向机。

(16)安装轮胎和车轮总成。

三、稳定杆隔振垫的更换

1. 拆卸

(1)转动前轮至正向前位置,并固定转向盘防止移动。
(2)将中间转向轴从转向机上拆下。
(3)举升和顶起车辆。
(4)拆下轮胎和车轮总成。
(5)拆下前舱隔音板。
(6)拆下发动机防溅罩。
(7)拆下前排气管。
(8)拆下稳定杆连杆两侧的螺母2,如图9-34所示。
(9)将稳定杆连杆1从稳定杆上拆下。
(10)拆下发动机两侧侧盖上的4个紧固件1,如图9-35所示。

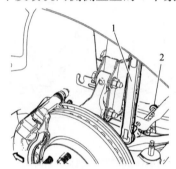

图9-34 拆下稳定杆连杆两侧螺母
1-稳定杆连杆;2-螺母

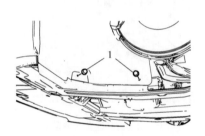

图9-35 拆下发动机两侧侧盖的紧固件
1-紧固件

(11)拆下发动机舱盖的4个紧固件1,如图9-36所示。
(12)拆下前、后变速器支座托架螺栓1、2,如图9-37所示。

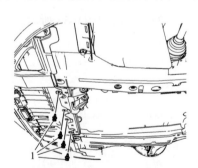

图9-36 拆下发动机舱盖紧固件
1-紧固件

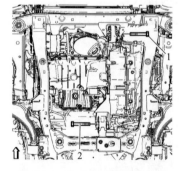

图9-37 拆下前、后变速器支座托架螺栓
1、2-螺栓

(13)拆下2个后副车架螺栓2,如图9-38所示。
(14)拆下后车架加强件1。
(15)放置并安装液压挺杆,将其与CH-904车架连接,将CH-49289-50适配器2安装至副车架1上,弯曲到舱盖一侧,如图9-39所示。

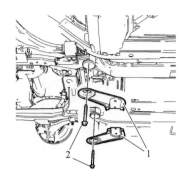

图 9-38 拆下后副车架螺栓
1-加强件;2-螺栓

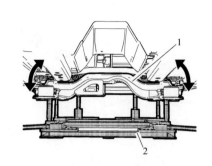

图 9-39 安装适配器
1-副车架;2-适配器

（16）降下副车架，最多 55mm。

注意：为确保正确安装隔振垫，只能从一侧到另一侧逐步拆卸和安装隔振垫。拆下的零件必须报废。

（17）拆下并报废前稳定杆上的 2 个隔振垫夹紧螺栓 1，如图 9-40 所示。

（18）拆下稳定杆隔振垫卡箍 2。

（19）略微向上弯曲卡箍 2。

（20）标记隔振垫 1 在稳定杆 2 的位置。

（21）从稳定杆 2 上拆下隔振垫 1，如图 9-41 所示。

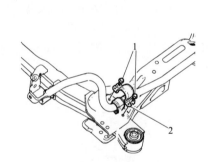

图 9-40 拆下隔振垫夹紧螺栓
1-螺栓;2-卡箍

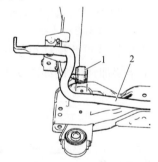

图 9-41 拆下隔振垫
1-隔振垫;2-稳定杆

2. 安装

（1）将新的稳定杆隔振垫 1 安装至稳定杆 2，使隔振垫中的切槽朝向车辆后部，如图 9-42 所示。

（2）将隔振垫卡箍安装至隔振垫，如图 9-43 所示。

①将卡箍 2 至于隔振垫上。

②使用 2 个长度为 40mm 的 M8 螺栓 1、3。

③交替紧固螺栓 1、3，直至卡箍 2 紧套在隔振垫上。

（3）检查卡箍和隔振垫装配是否正确。

（4）固定件 1 必须就位在卡箍孔的中间，如图 9-44 所示。

（5）安装新的稳定杆螺栓 1，并首先紧固至 22N·m，如图 9-45 所示。

（6）最后将 4 个新的稳定杆螺栓再拧 40°紧固，此操作可使用 EH-45059 仪表进行。

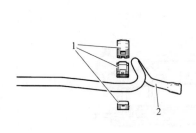

图9-42 安装隔振垫至稳定杆
1-隔振垫;2-稳定杆

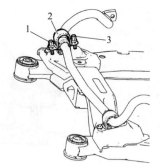

图9-43 安装隔振垫卡箍
1、3-螺栓;2-卡箍

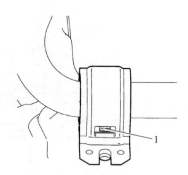

图9-44 固定件安装在卡箍孔中间
1-固定件

(7)移出CH-49289适配器上的定位销1,如图9-46所示。

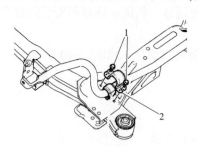

图9-45 安装稳定杆螺栓
1-螺栓;2-卡箍

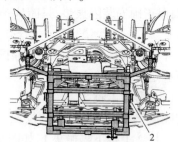

图9-46 移出适配器上的定位销
1-定位销;2-适配器

(8)小心地举升车架1,此操作可使用CH-49289适配器2进行,如图9-47所示。

(9)安装2个车架加强件1,如图9-48所示。

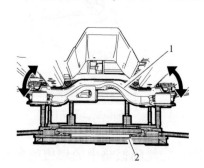

图9-47 举升车架
1-车架;2-适配器

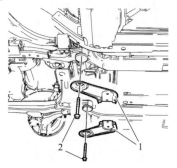

图9-48 安装车架加强件
1-加强件;2-螺栓

(10)安装2个后车架螺栓2并紧固至160N·m。

(11)安装前变速器支座螺栓1,并紧固到58N·m,如图9-49所示。

(12)安装后变速器支座托架螺栓2并紧固至100N·m。

(13)将4个紧固件1安装并紧固至发动机两侧侧盖上,如图9-50所示。

(14)将4个紧固件1安装并紧固至前发动机舱盖上,如图9-51所示。

(15)安装前舱隔音板。

(16)安装发动机防溅罩。

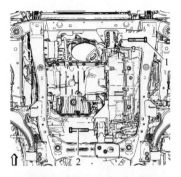

图 9-49　安装前变速器支座螺栓
1、2-螺栓

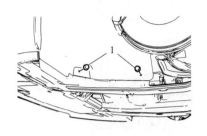

图 9-50　安装发动机两侧侧盖紧固件
1-紧固件

(17) 安装前排气管。

(18) 安装下稳定杆连杆两侧的螺母2,并紧固至35N·m,如图9-52所示。

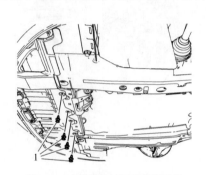

图 9-51　安装前发动机舱盖紧固件
1-紧固件

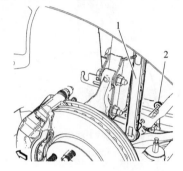

图 9-52　安装下稳定杆连杆两侧螺母
1-稳定杆连杆;2-螺母

(19) 将中间转向轴安装至转向机上。

(20) 安装前轮胎和车轮总成。

四、减振器的更换

1. 拆卸

(1) 举升并妥善支撑车辆。

(2) 拆下轮胎和车辆总成。

(3) 在靠近减振器的位置,用千斤顶支撑后桥。

(4) 拆下并报废上减振器螺栓1,如图9-53所示。

(5) 拆下并报废下减振器螺栓1,如图9-54所示。

2. 安装

(1) 将减振器放置于车辆上。

(2) 安装新的上减振器螺栓1,并紧固至100N·m,如图9-55所示。

(3) 安装新的下减振器螺栓1,并紧固至150N·m+60°,如图9-56所示。

(4) 拆下千斤顶。

(5) 安装后轮胎和车轮总成。

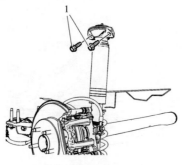

图9-53 拆下上减振器螺栓
1—螺栓

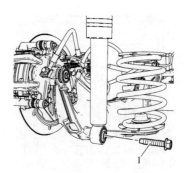

图9-54 拆下下减振器螺栓
1—螺栓

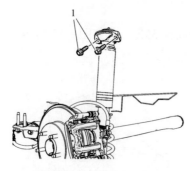

图9-55 安装上减振器螺栓
1—螺栓

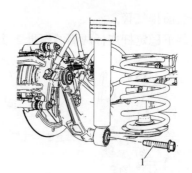

图9-56 安装下减振器螺栓
1—螺栓

五、学习拓展

(1) 查阅大众迈腾轿车维修手册,比较通用科鲁兹轿车悬架结构和大众迈腾轿车悬架结构的区别。

(2) 根据通用科鲁兹轿车悬架拆装步骤,制订大众迈腾轿车悬架拆装计划。

六、评价与反馈

1. 自我评价与反馈

(1) 你对本项目的学习是否满意?

评价情况:＿＿＿＿＿＿＿＿＿＿＿＿＿＿＿＿＿＿＿＿＿＿＿＿＿＿＿＿＿＿＿

(2) 你能独立完成大众迈腾轿车悬架的拆卸与装配吗?

评价情况:＿＿＿＿＿＿＿＿＿＿＿＿＿＿＿＿＿＿＿＿＿＿＿＿＿＿＿＿＿＿＿

(3) 你是否知道大众迈腾轿车悬架的基本组成?

评价情况:＿＿＿＿＿＿＿＿＿＿＿＿＿＿＿＿＿＿＿＿＿＿＿＿＿＿＿＿＿＿＿

(4) 你会正确使用悬架拆装过程中涉及的工具吗?

评价情况:＿＿＿＿＿＿＿＿＿＿＿＿＿＿＿＿＿＿＿＿＿＿＿＿＿＿＿＿＿＿＿

签名:＿＿＿＿＿＿　　＿＿＿＿年＿＿月＿＿日

2. 小组评价与反馈

(1) 你们小组在接到任务之后是否讨论过通用科鲁兹轿车悬架的拆装计划?

评价情况:_____

(2) 你们小组在拆装通用科鲁兹轿车悬架的过程中是否有明确的分工?相互配合得好吗?

评价情况:_____

(3) 你们小组在拆装通用科鲁兹轿车悬架的过程中操作是否规范?

评价情况:_____

参与评价的同学签名:_____　　_____年___月___日

3. 教师评价及答复

_____
_____
_____

教师签名:_____　　_____年___月___日

项目十 车轮和轮胎的结构与拆装

 学习目标

完成本项目学习后,你应能:

1. 叙述车轮的作用、组成与类型;
2. 正确选用、识别轮胎;
3. 拆装车轮、轮胎。

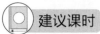 建议课时

6 课时。

车轮与轮胎是汽车行驶系统中的重要部件,其功用是:支撑整车重量;缓和由路面传递来的冲击力;通过轮胎同路面间的附着作用来产生驱动力和制动力;汽车转弯行驶时产生平衡离心力的侧抗力,在保证汽车正常转向行驶的同时,通过车轮产生的自动回正力矩,使汽车保持直线行驶方向;提高通过性等。

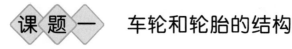

课题一 车轮和轮胎的结构

一、车轮

车轮一般由轮毂、轮辋及连接它们的辐板组成,是介于轮胎和车桥之间承受负荷的旋转组件。轮辋是在车轮上安装和支撑轮胎的部件,轮辐是在车轮上将轮辋和轮毂连接起来的部件。

1. 轮辐

按轮辐结构的不同,车轮可以分为两种形式:辐板式车轮和辐条式车轮。

1) 辐板式车轮

目前,普通轿车和轻、中型货车普遍采用辐板式车轮,这种车轮如图 10-1 所示,由挡圈、轮辋、辐板和气门嘴出口组成。辐板是连接轮毂和轮辋的圆盘,常冲压成起伏多变的形状,以提高刚度。轮辋是用钢、铝或其他高强度材料制成。车轮通过安装孔与车桥连接。

一般辐板开有孔,可作为安装车轮的把手,还可减轻车轮的重量。同时,在车轮滚动时,这些孔成为内、外空气流动的通道,有利于制动毂散热,如图10-2所示。为了防止汽车在行驶中车轮螺母自行松脱,一般采用旋向不同的螺纹,左侧用左旋螺纹,右侧用右旋螺纹。

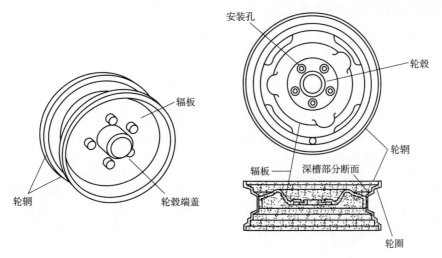

图10-1 辐板式车轮　　　　　图10-2 辐板式车轮

轿车的辐板所用板料较薄,常冲压成起伏多变的形状,以提高其刚度,目前轿车广泛采用铝合金车轮,如图10-3所示。

2) 辐条式车轮

按辐条结构的不同,辐条式车轮又分为钢丝辐条式车轮和铸造辐条式车轮,如图10-4所示。钢丝辐条式车轮的结构与自行车车轮完全一样,由于其价格昂贵、维修安装不便,故仅用于赛车和某些高级轿车上。另外,辐条式车轮不能与无内胎轮胎组合使用。

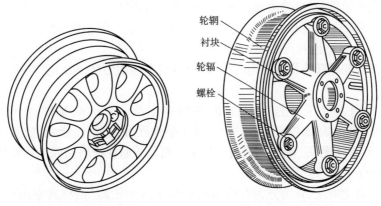

图10-3 铝合金车轮　　　　　图10-4 辐条式车轮

2. 轮辋

目前,轮辋类型有七种,如图10-5所示。

常见的轮辋主要有:有深槽轮辋、平底轮辋和对开式轮辋,如图10-6所示。

深槽轮辋如图10-6a)所示。这种轮辋主要用于轿车及轻型越野车,适宜安装尺寸小、弹性较大的轮胎,因为尺寸较大、较硬的轮胎很难装进这样的整体轮辋内。

平底轮辋如图10-6b)所示,多用于货车。其挡圈是整体形式的,且用一个开口锁圈来防止挡圈脱出。

对开式轮辋如图10-6c)所示。这种轮辋由内、外两部分组成,其内、外轮辋的宽度可以相等,也可以不相等,两者用螺栓连成一体。

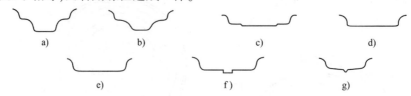

图10-5 轮辋类型及代号

a)深槽轮辋(DC);b)深槽宽轮辋(WDC);c)半深槽轮辋(SDC);d)平底轮辋(FB);e)平底宽轮辋(WFB);f)全斜底轮辋(TB);g)对开式轮辋(DT)

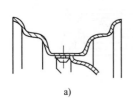 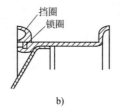 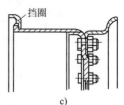

图10-6 轮辋的常见结构形式

a)深槽轮辋;b)平底轮辋;c)对开式轮辋

3. 轮毂

轮毂与制动鼓、轮辐和半轴凸缘相连,由圆锥滚子轴承支承在转向节轴颈或半轴套管上。

二、轮胎

1. 作用

(1)支撑汽车的重量,承受路面传来的各种载荷的作用。

(2)和汽车悬架共同缓和汽车行驶中所受到的冲击,并衰减由此而产生的振动,以保证汽车有良好的乘坐舒适性和行驶平顺性。

(3)保证车轮和路面有良好的附着性,以提高汽车的动力性、制动性和通过性。

2. 类型

(1)按轮胎内空气压力的大小,轮胎分为高压胎(0.5~0.7MPa)、低压胎(0.2~0.5MPa)和超低压胎(0.2MPa以下)三种。低压胎弹性好,减振性能强,壁薄,散热性好,与地面接触面积大,附着性好,因而广泛用于轿车。超低压胎在松软路面上具有良好的通过能力,多用于越野汽车及部分高级轿车。

(2)按轮胎有无内胎,轮胎分为有内胎轮胎和无内胎轮胎(俗称真空胎)两种。目前轿车上普遍采用无内胎轮胎。

(3)按胎体帘布层结构的不同,轮胎分为斜交轮胎和子午线轮胎。目前,子午线胎在汽车上广泛应用。

3. 结构

1)有内胎轮胎

有内胎轮胎由外胎、内胎和垫带等组成,如图10-7所示。

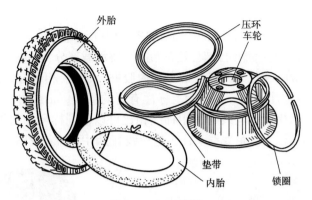

图 10-7 有内胎轮胎

内胎是一个环形的橡胶管,上面装有气门嘴,以便充入或排出空气。为使内胎在充气状态下不产生褶皱,其尺寸应稍小于外胎的内壁尺寸。

垫带是一个环形的橡胶带,它垫在内胎与轮辋之间,以保护内胎不被轮辋和胎圈磨伤。

2) 无内胎轮胎

无内胎轮胎近年来在轿车和一些货车上的使用日益广泛。它没有内胎,压缩空气被直接压入外胎中。因此,要求外胎和轮辋之间有很好的密封性。

无内胎轮胎在外观上与有内胎轮胎相似,所不同的是,无内胎轮胎的外胎内壁上附加了一层厚度为 2~3mm 的专门用来封气的橡胶密封层(图 10-8),它是用硫化的方法将自粘层黏附上去的。在密封层正对着胎面下面贴着一层用未硫化橡胶的特殊混合物制成的自粘层。当轮胎穿孔时,自粘层能自行将刺穿的孔黏合,故称为有自粘层的无内胎轮胎。

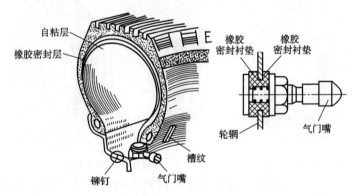

图 10-8 无内胎轮胎

无内胎轮胎的优点:轮胎穿孔时,压力不会急剧下降,能安全地继续行驶;无内胎轮胎中不存在因内外胎之间摩擦和卡住而引起损坏,气密性较好;可以直接通过轮辋散热,所以工作温度低,使用寿命长。结构简单,质量较小,适应于高速行驶。

无内胎轮胎的缺点:途中修复较为困难。此外,自粘层只有在穿孔尺寸不大时才能自黏合。天气炎热时自粘层可能软化而向下流动,从而破坏车轮平衡。因此,一般多采用无自粘层的无内胎轮胎。它的外胎内壁只有一层密封层,当轮胎穿孔后,由于其本身处于压缩状态而紧裹着穿刺物,故能较长时间不漏气。即使将穿刺物拔出,也不会漏气,通常无内胎轮胎只有在轮胎爆破时才会失效。

3) 外胎

外胎由帘布层、缓冲层、胎面及胎圈组成,如图 10-9 所示。

(1) 帘布层。帘布层是外胎的骨架,是轮胎的主要承载部分,并保持外胎的形状和尺寸,如图 10-10 所示。通常由成双数的多层帘布用橡胶贴合而成,相邻层帘线相交排列。帘布层数越多强度越大,但弹性降低。在外胎上标注有它的层级。帘线可以用棉线、人造丝线、尼龙线和钢丝帘线。采用人造丝线与采用棉线相比可以使同样尺寸的轮胎增加载质量,因为人造丝线的强度和弹性大。尼龙线又比人造丝线好,耐用性高,我国已大量使用。

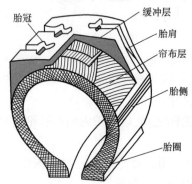

图 10-9　外胎的结构　　　图 10-10　轮胎帘布层

按照帘布层帘线排列方式的不同,外胎可以分为子午线轮胎(图 10-11)和斜交轮胎(图 10-12)。

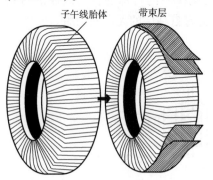

图 10-11　子午线轮胎　　　图 10-12　斜交轮胎

①子午线轮胎。子午线轮胎帘布层帘线的排列方向与轮胎的中心平面之间的夹角为 90°。帘线的这种排列很像地球上的子午线(即径线),子午线轮胎由此而得名。由于帘线这种排列,使帘线的强度能得到充分地利用,故子午线轮胎胎体帘布层数一般比普通轮胎可减少 40%~50%。

②斜交轮胎。斜交轮胎帘布层的帘线按一定角度交叉排列,帘线与轮胎横断面的交角通常为 50°。

③子午线轮胎与斜交轮胎相比较。

优点:具有行驶里程长、滚动阻力小、节约燃料、承载能力大、减振性能好、附着性能好、不易爆胎。

缺点:由于子午线轮胎胎侧较薄,存在侧向稳定性差,胎侧易裂口等缺点。

目前在汽车上应用最广泛的是子午线轮胎。

(2) 缓冲层。缓冲层是用橡胶片和两层或数层较稀疏帘布制成,用来连接帘布层和橡胶胎面。因此,要求缓冲层弹性大、能吸收冲击,并能防止制动时胎面与帘布层脱离。

(3) 胎面。胎面是外胎最外的一层,分为胎冠、胎侧和胎肩三部分。

胎冠的外部是耐磨的橡胶层,用于保护帘布层和内胎免受路面造成的磨损和外部损伤。胎冠与路面直接接触,并产生摩擦阻力,使车辆行驶和制动。为使轮胎与地面有良好的附着性能防止纵、横向滑移,在胎面上制有各种形状的花纹。主要有普通花纹(包括纵向折线花纹和横向花纹)、组合花纹、越野花纹等。普通花纹如图 10-13a)所示,其特点是花纹细而浅花纹接地块面积大,耐磨附着性好,适用于较好路面。混合花纹如图 10-13b)所示,花纹由纵向折线花纹和横向花纹组合而成,在良好路面和不良路面上都可提供稳定的驾驶性能。越野花纹如图 10-13c)所示,凹部深而粗,在软路面上与地面附着性好,越野性能强,适用于一些松软路面上使用。

轮胎花纹作用:

①增大轮胎与地面的摩擦力。

②降低胎噪,增加舒适性。

③为轮胎散热、排水。

④提升车辆操控性能。

⑤美观,提升视觉效果。

对于单向花纹和花纹不对称的轮胎,相对于旋转方向而言,具有方向性,如图 10-13d)所示。由于两边的花纹采用不同的结构形式以及不同的橡胶配方,所以轮胎的整体性能可以更强、更全面,排水能力和抓地能力更强,胎面花纹箭头方向与旋转方向一致,且内、外有区分,如图 10-13e)所示,如果方向装反,则在路面上使用时其排水性能和抓地性能都会受到影响。

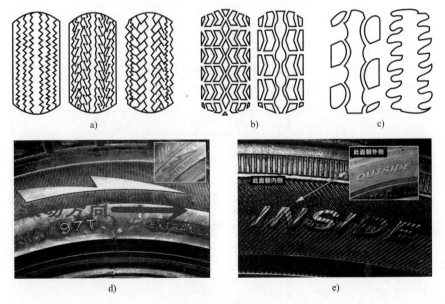

图 10-13 轮胎花纹

a) 轿车轮胎普通花纹;b) 混合花纹;c) 越野花纹;d) 滚动方向;e) 轮胎内外朝向区分

胎侧又称胎壁,它由数层橡胶构成,覆盖轮胎两侧,保护内胎免受外部损坏。胎侧在行驶过程中,不断地在载荷作用下弯曲变形。胎侧上标有厂家名称、尺寸及其他轮胎信息。

胎肩是较厚的胎冠和较薄的胎侧间的过渡部分,一般也制有各种花纹,以提高该部位的散热性能。

(4)胎圈。胎圈的作用是使外胎能牢固地装在车轮上,它有很大的刚度和强度,由钢丝圈、帘布层包边和胎圈包布组成。

三、轮胎尺寸的表示方法

因目前使用最广泛的轮胎是子午线轮胎,故以子午线轮胎为例介绍轮胎尺寸的表示方法:

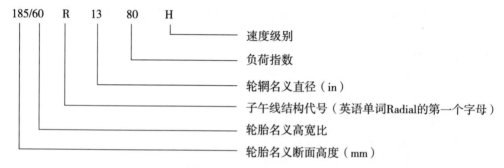

轮胎速度级别与最高行驶速度对应见表10-1。

表10-1 轮胎速度级别与最高行驶速度

速度级别	最高行驶速度(km/h)	速度级别	最高行驶速度(km/h)
A1	5	K	110
A2	10	L	120
A3	15	M	130
A4	20	N	140
A5	25	P	150
A6	30	Q	160
A7	35	R	170
A8	40	S	180
B	50	T	190
C	60	U	200
D	65	H	210
E	70	V	240
F	80	W	270
G	90	Y	300
J	100	Z	高于240

负荷指数与最大载荷质量对应见表10-2。

负荷指数与最大载荷质量　　　　　　表 10-2

荷重等级	最大载荷质量(kg)	荷重等级	最大载荷质量(kg)
71	345	99	775
72	355	100	800
73	365	101	825
74	375	102	850
75	387	103	875
76	400	104	900
77	412	105	925
78	425	106	950
79	437	107	975
80	450	108	1000
81	462	109	1030
82	475	110	1060
83	487	111	1095
84	500	112	1129
85	515	113	1164
86	530	114	1200
87	545	115	1237
88	560	116	1275

另外,在轮胎规格前加"P"表示轿车轮胎;在胎侧标"REINFORCED"表示经强化处理;"RADIAL"表示子午线轮胎;"TUBELESS"(或 TL)表示无内胎轮胎(真空胎);"M + S"(Mud and Snow)表示适于泥地和雪地;"→"表示轮胎旋向,不可装反。

四、车轮定位

车轮定位包括转向轮定位和后轮定位。

1. 转向轮定位

为保持汽车直线行驶的稳定性,转向的轻便性和减轻零件间的磨损,转向轮、转向节和前轴三者间与车架需要保持一定的相对位置,这种具有相对位置的安装称为转向轮定位,也称前轮定位。转向轮定位包括主销后倾、主销内倾、前轮外倾及前轮前束。

对于两端装有主销的转向桥,汽车转向时,转向车轮会围绕主销轴线偏转,如图 10-14a)所示。但在大多数断开式转向桥中没有主销,采用上、下球头销代替主销,上、下球头销球头中心的连心线相当于主销轴线,如图 10-14b)所示。

1) 主销后倾

主销安装在前轴上,其上端略向后倾斜,这种现象称为主销后倾。在垂直于汽车支撑平面的纵向平面内,主销轴线与汽车支撑平面垂线之间的夹角 γ 称为主销后倾角,如图 10-15 所示。

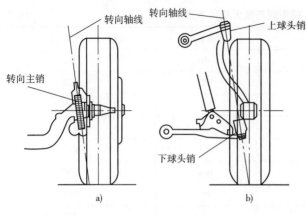

图 10-14 主销的不同形式　　图 10-15 主销后倾

主销后倾的作用是形成回正力矩,保证汽车直线行驶的稳定性,并使偏转的车轮自动回正。

2)主销内倾

主销安装在前轴上,其上端略向内侧倾斜,这种现象称为主销内倾。在垂直于汽车支撑平面的横向平面内,主销轴线与汽车支撑平面垂线之间的夹角 β 称为主销内倾角,如图 10-16 所示。

主销内倾的作用是使转向轮自动回正,并使转向操纵轻便。

3)车轮外倾

转向轮安装在转向节上时,其旋转平面上端向外倾斜,这种现象称为转向车轮外倾。车轮旋转平面与垂直于车辆支撑面的纵向平面之间的夹角 α 称为车轮外倾角,如图 10-17 所示。

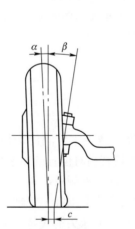
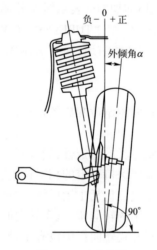

图 10-16 主销内倾　　图 10-17 车轮外倾

车轮外倾的作用是提高车轮工作的安全性和转向操纵的轻便性。

4)前轮前束

车轮安装在车桥上,两前车轮的中心平面不平行,其前端略向内侧收束,这种现象称为前轮前束。两前轮后端距离 A 大于前端距离 B,其差值 $A-B$ 称为前轮前束值,如图 10-18 所示。

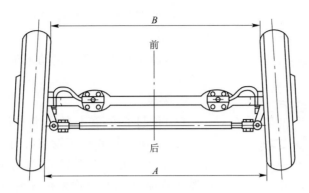

图 10-18 前轮前束

前轮前束的作用是消除因车轮外倾所造成的不良后果,保证车轮不向外滚动,防止车轮侧滑和减轻轮胎的磨损。

5)参数特点

(1)主销后倾和主销内倾都具有使车轮自动回正及保证汽车直线行驶稳定性的作用,但其区别在于:主销后倾的回正作用随着车速的增高而增大,而主销内倾的回正作用几乎与车速无关,而与转向角度的大小有关。

(2)有的汽车其前轮外倾角为负值,这样在汽车转向时可避免车身过分倾斜。

(3)前轮前束值可以通过改变转向横拉杆的长度来调整,一般前束值为 0~12mm。

2. 后轮定位

后轮定位的内容主要包括后轮外倾和后轮前束,其作用原理与前轮相同,目的是使车轮在地面上做纯滚动,使前后轮胎的行驶轨迹重合。

课题二 车轮和轮胎的拆装

一、作业前的准备

通用雪佛兰科鲁兹(1.6L)轿车底盘、车轮拆装操作台、轮胎拆装机一台、轮胎气压表、撬棒、常用工具量具各一套、雪佛兰科鲁兹专用工具一套、相关图册及该车型维修手册等。

二、车轮的更换

1. 拆卸

(1)停稳车辆,用三角木掩住各车轮。

(2)取下车轮上的装饰罩,弄清汽车左、右侧车轮与轮毂连接螺栓的螺旋方向,使用车轮螺母拆装机或用套筒扳手初步拧松各连接螺母,如图 10-19 所示。

(3)用千斤顶顶在指定的位置,使被拆车轮稍离地面。也可将车辆停在举升架上,升起车辆,使车轮稍离开地面。

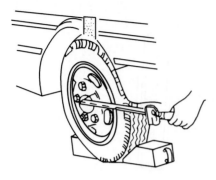

(4)拧下车轮与轮毂连接的全部螺母,取下垫圈,并摆放整齐。

(5)边向外拉边左右晃动车轮,从车轴上取下车轮总成。

2.安装

(1)顶起车桥,套上车轮,将螺母初步拧在螺柱上。

(2)放下车轮并在车轮前后用三角木掩住车轮,用扭力扳手或车轮螺母拆装机,按对角线顺序分2～3次拧紧车轮螺母,最后一次要按规定力矩拧紧。车轮螺母

图10-19 车轮的拆卸

的紧固顺序如图10-20所示。

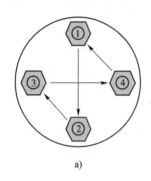
a)

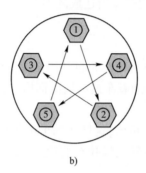
b)

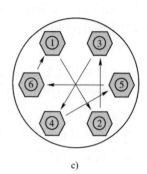
c)

图10-20 拧紧轮胎螺母的顺序
a)螺母轮;b)螺母轮;c)螺母轮

(3)安装后轮双胎时,要先拧紧内侧车轮的内螺母,再装外侧轮胎。在安装过程中,应用千斤顶分两次顶起车桥,分别安装内、外两个车轮。双轮胎高低搭配要合适,一般较低的轮胎装于里侧,较高的轮胎装于外侧。应注意内侧轮胎和外侧轮胎的气门嘴应互呈180°位置。

三、轮胎的更换

1.拆卸

(1)将胎中空气全部放掉。

(2)将轮辋外缘的平衡块卸掉,使用轮胎拆装机对轮胎进行拆卸,如图10-21所示。

(3)将轮胎置于风压铲和橡胶板之间,使风压铲置于胎缘与轮辋之间,离胎缘大约1cm处,然后踩压胎踏板,使胎缘与轮辋分离,如图10-22所示。

注意:靠胎时,请使用毛刷蘸水盒中事先放好的浓肥皂液润滑胎缘,否则在拆胎时会将胎缘严重磨损。

(4)在轮胎其他部分重复以上操作,使胎缘与轮辋彻底脱离。

(5)选择好锁定方式后,将轮胎锁在转盘上。

外锁定:将撑夹踏板踩下,使四个夹爪张开,将轮胎放在夹爪上,踩回原位撑夹踏板(此时应为一点点松开),直至锁紧轮辋为止。

内锁定:将轮胎放在转盘上,而后将撑夹踏板踩下,即可锁住轮辋。

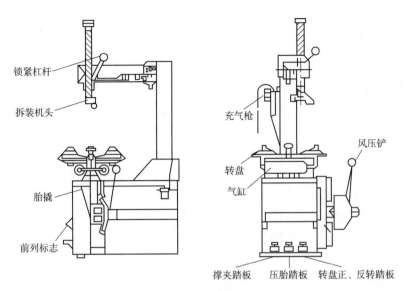

图 10-21　轮胎拆装机

(6) 将垂直轴置于工作位置,使拆装机头靠近胎缘,使拆装机头离轮辋约有 2mm 距离,避免划伤胎缘,并用锁紧杠杆锁紧。

注意:拆装机头角度在出厂时已经按标准轮辋调校完毕,如遇特大或特小轮辋时,应重新调整好拆装机头角度,以免对轮胎起到损伤。

(7) 用撬棒将胎缘撬在拆装机头上,点踩转盘正、反转踏板,让转盘顺时针旋转,直到胎缘脱落为止(图 10-23)。有内胎的轮胎在进行这步操作时,建议使轮胎气门嘴离开拆装机头右边 10mm 左右。

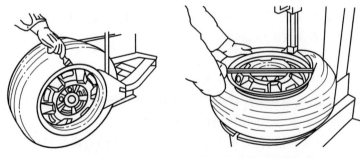

图 10-22　轮胎拆卸(一)　　　图 10-23　轮胎拆卸(二)

注意:如拆胎受阻,应立即停止,用脚面上抬转盘正、反转踏板,让转盘逆时针转动,消除障碍。在操作过程中,尽可能使手和身体其他部位远离动件。严禁佩戴项链、手镯及穿着宽松的服装。

2. 安装

注意:在安装轮胎之前,检查轮胎和轮辋尺寸是否相同。

(1) 将轮辋锁定在转盘上。

(2) 将胎缘置于拆装机上,左端向上,同时压低胎体。

(3) 用浓肥皂液润滑胎缘,顺时针旋转转盘,让胎缘落入轮辋内,如图 10-24 所示。

(4) 如有内胎,将其套在轮辋上,重复以上步骤,安装轮胎的上部。

图 10-24 轮胎的安装

注意:如果轮辋尺寸相同,不用总是锁紧、松开锁紧杆,只需向一边移动手臂即可。在锁住过程中,不要把手放到轮胎和夹爪之间,避免造成人身伤害。

3.注意事项

(1)拆装轮胎要在清洁、干燥、无油污的地面上进行。

(2)拆装轮胎要用专用工具,不允许用大锤敲击或用其他尖锐的用具拆胎。

(3)外胎、内胎、垫带、轮辋必须符合规格要求,才能组装。要特别注意子午线轮胎胎圈部分的完好。

(4)内胎装入外胎前,必须紧固气门嘴,以防漏气,并在外胎内部和垫带上涂上滑石粉。

(5)气门嘴的位置应装在轮辋气门嘴孔中。胎侧有平衡标记(彩色胶片)的,标记应在与气门嘴相对的位置上,以便于平衡。轮辋上有平衡块的,应用动平衡机进行平衡调整。

(6)安装有向花纹的轮胎,应注意滚动方向的标记。拆装子午线胎应做记号,使安装后的子午线胎滚动方向保持不变。

4.轮胎的维护和检修

(1)不同规格、厂家、花纹的轮胎不得在同一车辆上使用,更换轮胎尺寸不能过大或过小,否则会导致车辆稳定性受到影响。

(2)同轴上的轮胎,左、右轮胎花纹磨损程度相差不得超过5mm。

(3)使用中避免过大偏载,保持合理的载荷和左、右轮负荷分配。

(4)定期检查轮胎气压,避免气压偏高或偏低,停车时检查胎面,取出卡在轮胎花纹上的铁钉、石子等;轮胎不要碾轧路缘石。

(5)轮胎侧面有旋转方向标志的,应按规定方向装配。人字形化纹的轮胎,地上印迹的尖部应向后,以保证具有最大的驱动力。

(6)轮胎换位应注意以下几点:

①记录好更换轮胎的位置,方便后期换位不错乱。

②翻新胎、有损伤的轮胎和磨损严重的轮胎不得作为转向轮胎。

③轮胎尺寸、花纹、承重等不同的轮胎不能随便换位。

④对于花纹有方向性的轮胎,应按规定要求安装,不能随意换位。

⑤换位后的轮胎应按车辆要求的气压值充气。

四、学习拓展

(1)查阅各大品牌的轮胎,试着找出不同点。

(2)查阅轮胎气压自动报警装置的原理。

五、评价与反馈

1.自我评价与反馈

(1)你是否知道轮胎的基本组成?

评价情况:

(2)你能独立完成雪佛兰科鲁兹(1.6L)轿车轮胎的拆卸与装配吗？

评价情况：_____

(3)在拆装轮胎的过程中,你觉得哪些步骤比较困难？

评价情况：_____

签名：_____　　_____年___月___日

2.小组评价与反馈

(1)你们小组在拆装雪佛兰科鲁兹(1.6L)轿车车轮的过程中是否有明确的分工？相互配合得好吗？

评价情况：_____

(2)你们小组在拆装雪佛兰科鲁兹(1.6L)轿车轮胎的过程中操作是否规范？

评价情况：_____

(3)对于小组其他成员有何建议？

评价情况：_____

参与评价的同学签名：_____　　_____年___月___日

3.教师评价及答复

_____

_____

_____

教师签名：_____　　_____年___月___日

项目十一　转向系统的结构与拆装

  学习目标

完成本项目学习后,你应能:
1. 说明转向系统的作用、类型;
2. 说明转向系统的结构、工作原理;
3. 叙述转向装置的结构、工作原理;
4. 叙述动力转向系统的结构、工作原理;
5. 拆装转向装置;
6. 拆装转向传动机构。

  建议课时

16 课时。

　转向系统的结构

一、概述

1. 转向系统的作用

(1)使汽车在行驶中能按驾驶人的操纵要求而适时地改变其行驶方向。

(2)在车轮受到路面传来的偶然冲击,意外地偏离行驶方向时,能与行驶系统配合,共同保持汽车稳定的直线行驶。

2. 转向系统的分类及组成

汽车转向系统按转向能源的不同分为机械转向系统和动力转向系统两大类。现代汽车转向系统都由转向操纵机构、转向器和转向传动机构三大部分组成。

(1)机械转向系统是以驾驶人的体力作为转向能源的转向系统,其中所有传力件都由机械元件组成,如图 11-1、图 11-2 所示。

(2)动力转向系统是机械转向系统和动力转向加力装置共同作用的转向系统。在正常

使用情况下,汽车转向所需能源,一小部分由驾驶人体力提供,而大部分由发动机通过动力转向加力装置提供。汽车转向控制量,仍由驾驶人通过机械转向系统提供,如图 11-3 所示。

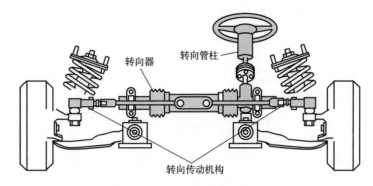

图 11-1　轿车机械转向系统的组成

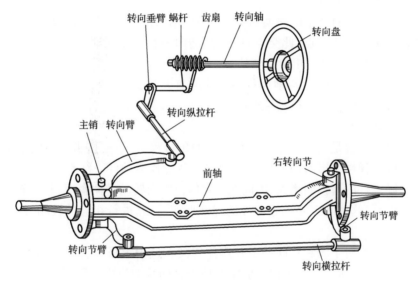

图 11-2　货车机械转向系统的组成

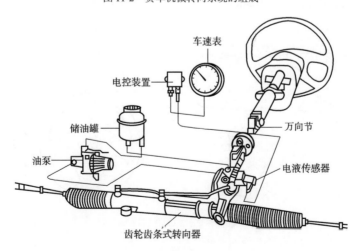

图 11-3　动力转向系统的组成

3. 转向系统的参数

1) 转向系统角传动比

转向系统角传动比是指转向盘的转角与转向盘同侧的转向轮偏转角的比值,一般用 i_w 表示。即

$$i_w = i_1 \times i_2$$

转向器角传动比(i_1)是转向盘转角和转向摇臂摆角之比。转向传动机构角传动比(i_2)是转向摇臂摆角与同侧转向轮偏转角之比。

转向系统角传动比越大,增矩作用加大,转向操纵越轻便,但由于转向盘转的圈数过多,导致操纵灵敏性变差,所以转向系统角传动比不能过大。而转向系统角传动比太小又会导致转向沉重,所以转向系统角传动比既要保证转向轻便,又要保证转向灵敏。但机械转向系统很难做到这一点,所以越来越多的车辆采用动力转向系统。

2) 转向时车轮运动规律

为了避免汽车转向时产生的路面对汽车行驶的附加阻力和轮胎过快磨损,转向时所有车轮的轴线都必须相交于一点,此交点 O 称为"转向中心",即保证所有车轮均做纯滚动,使阻力和轮胎磨损减少到最小,如图 11-4 所示。

由转向中心 O 到外转向轮与地面接触点的距离 R 称为"汽车转弯半径"。转弯半径越小,汽车转向所需场地就越小,机动性能越好。

3) 转向盘自由行程

转向盘的自由行程是指转向盘在空转阶段的角行程,这主要是由于转向系统各传动件之间的装配间隙和弹性变形所引起的。由于转向系统各传动件之间都存在着装配间隙,而且这些间隙将随零件的磨损而增大,因此在一定的范围内转动转向盘时,转向轮并不随即同步转动,而是在消除这些间隙并克服零件的弹性形变后,才进行相应的转动,即转向盘有一空转过程。

转向盘自由行程对于缓和路面冲击及避免驾驶人过于紧张是有利的,但过大的自由行程会影响转向灵敏性,所以汽车维护中应定期检查转向盘的自由行程,如图 11-5 所示,卡罗拉轿车转向盘最大自由行程为 30mm。

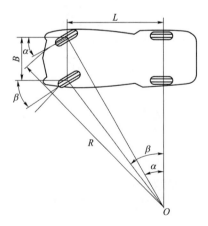

图 11-4 汽车转向示意图

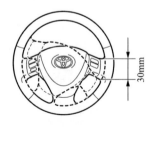

图 11-5 卡罗拉轿车转向盘最大自由行程

二、机械转向系统

1. 转向操纵机构

转向操纵机构主要由转向盘和转向轴组成。

1）转向盘

转向盘的结构如图 11-6 所示,它主要由轮毂、轮辐和轮圈组成。它和转向轴一般通过花键或带锥度的细花键连接,其端部通过螺母轴向压紧固定。

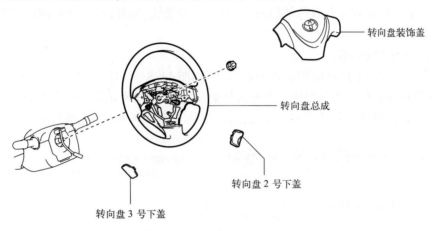

图 11-6　卡罗拉轿车转向盘结构

2）转向轴

转向轴将转向盘的转向操纵力传给转向器的传力轴。转向轴上部与转向盘固定连接,下部装有转向器。转向轴与转向器的输入轴即可直接连接,也可通过万向节与转向器的输入轴相连接,如图 11-7 所示。

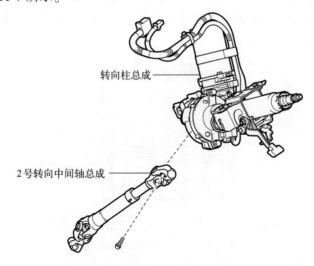

图 11-7　卡罗拉轿车转向轴结构

转向轴能改变转向盘的工作角度和转向盘的高度,从而方便不同身材的驾驶人操作。目前,越来越多的汽车由于总布置的要求,在转向操纵机构上采用了万向节和传动轴。转向操纵机构中采用万向节和传动轴不但对制造和安装有好处,在发生交通事故时,能互相错位,更好保护驾驶人的安全。

2. 转向器

转向器用于将驾驶人加在转向盘上的力矩放大,并降低速度,然后传给转向传动机构。

转向器的传动效率是指转向器输出功率与输入功率之比。当功率由转向盘输入,从转向摇臂输出时,所求得的传动效率称为正传动效率;反之,转向摇臂受到道路冲击而传到转向盘的传动效率则称为逆传动效率。

汽车上采用的转向器有多种结构形式,如齿轮齿条式、循环球式、蜗杆滚轮式和蜗杆曲柄指销式等。

1) 齿轮齿条式转向器

齿轮齿条式转向器广泛应用于各种轿车上,如图 11-8 所示。主要由齿轮齿条转向器、左、右转向横拉杆和转向节等组成。驾驶人转动转向盘,转向齿轮带动转向齿条左、右移动,再通过左、右转向横拉杆带动转向节转动,从而使左、右转向轮偏转,实现汽车的转向。

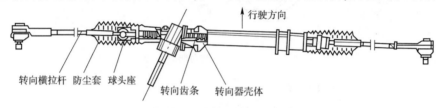

图 11-8　齿轮齿条式转向器

齿轮齿条式转向器结构简单,可靠性好,也便于独立悬架的布置;同时,由于齿轮齿条直接啮合,故转向灵敏、轻便。另外,转向齿条的节距由齿条端头起至齿条中心逐渐由大变小,转向齿轮与转向齿条的啮合深度逐渐变大,在转向盘转动量相同的条件下,齿条的移动距离在靠近齿条端头要比靠近齿条中心部位稍短些,这与转向初期转向灵敏、转向后期省力的要求正好吻合。此时,转向器的传动比为可变传动比,如图 11-9 所示。目前,轿车已经广泛采用可变传动比的齿轮齿条式转向器。

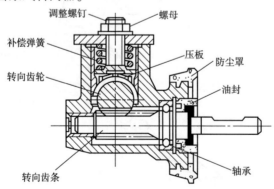

图 11-9　齿轮与齿条的啮合装配图

2) 循环球式转向器

循环球式转向器的整体结构如图 11-10 所示。它有两级传动副,一级是与转向轴连接的螺杆和转向螺母,另一级是齿条和齿扇。转向螺母既是第一级传动副的从动件,又是第二级传动副的主动件。

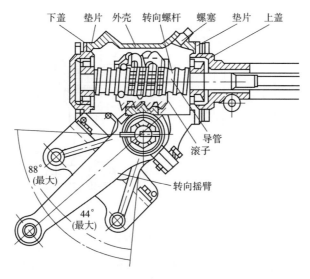

图 11-10 循环球式转向器

循环球式转向器齿轮机构如图 11-11 所示。当转向盘转动时,转向轴带动转向螺杆旋转,通过滚子将力传递给转向螺母,使得转向螺母沿轴向移动,从而通过转向螺母外部的齿条带动了扇形齿轮轴的转动,进而带动转向摇臂转动,实现车轮的转向。

循环球式转向器转动效率很高,操纵轻便,且工作可靠,使用寿命长,广泛应用于各类各级汽车上。

3. 转向传动机构

转向传动机构的功用是连接转向器和转向轮,并将转向器输出的动力和运动传给左、右转向节,使转向轮偏转,并保证左、右转向轮的偏转角按一定关系变化。

转向传动机构的主要部件有转向摇臂、转向直拉杆、转向横拉杆及转向减振器等。

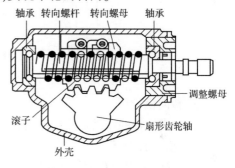

图 11-11 循环球式转向器齿轮机构

1) 转向摇臂

常见转向摇臂如图 11-12 所示,其大端有三角细花键锥形孔,用以与转向摇臂轴外端相连接,并用螺母固定;其小端带有球头销,以便与转向直拉杆做空间铰链连接。转向摇臂安装后从中间位置向两边摆动的角度应大致相等,故在把转向摇臂安装到摇臂轴上时,两者相应的角度位置应正确。为此,常在摇臂大孔外端面上和摇臂轴的外端面上各刻有短线,或是在两者的花键部分上都少铣一个齿作为装配标记。装配时应将标记对齐。

2) 转向直拉杆

转向直拉杆的作用是把转向摇臂传递来的力和运动传递给转向梯形臂或转向节臂,它既受拉力也受压力,转向直拉杆及接头的结构如图 11-13 所示。球头销的锥形部分与转向摇臂连接,并用螺母固定;其球头部分的两侧与两个球头座配合,前球头座靠在端部螺塞上,后球头座在弹簧的作用下压靠在球头上,这样,两个球头座就将球头紧紧夹持住。为保证球头与座的润滑,可从油嘴注入润滑脂。

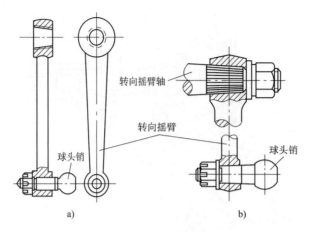

图 11-12 转向摇臂

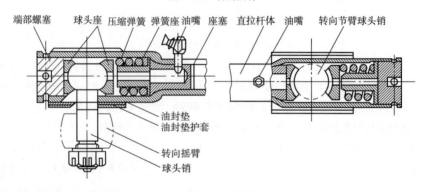

图 11-13 转向直拉杆

3)转向横拉杆

转向横拉杆的作用是连接左右梯形臂并使其协调工作,它在行驶中反复承受拉力和压力,转向横拉杆及接头的结构如图 11-14 所示。横拉杆体用钢管制成,其两端加工有螺纹,一端为右旋,一端为左旋,与横拉杆接头螺纹连接。拧松锁紧螺母以后,转动横拉杆体,可改变转向横拉杆的总长度,从而调整转向轮前束。

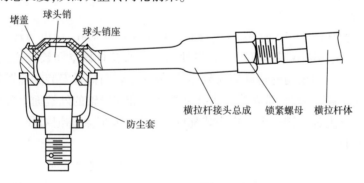

图 11-14 转向横拉杆

4)转向减振器

转向减振器的作用是克服汽车行驶时转向轮产生的摆振,并提高汽车行驶的稳定性和舒适性,转向减振器的结构如图 11-15 所示。

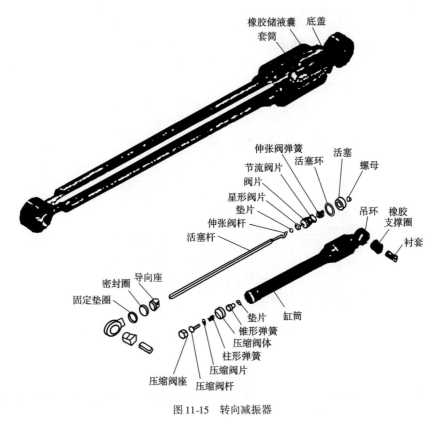

图 11-15 转向减振器

三、动力转向系统

机械转向系统中很难同时满足转向轻便和转向灵敏的要求,因此越来越多的车辆装有动力转向系统。一般有液压动力转向系统和电动动力转向系统两种形式。

1. 液压动力转向系统

1)作用和分类

动力转向系统将发动机输出的部分机械能转换为压力能,对转向器施加液压或气压作用力,以减小驾驶人转动转向盘的操纵力,减轻驾驶劳动强度,尤其在低速或车辆原地转向时使操作更加轻便。

动力转向系统按传递动力介质的不同分为气压式和液压式两种。液压式动力转向系统按液流形式可以分为常流式和常压式,按转向控制阀的运动方式又可以分为滑阀式和转阀式。

由于常流式液压式动力转向系统应用广泛,在各种货车和轿车上都有应用,所以仅介绍常流式液压式动力转向系统。

2)工作原理

常流式液压动力转向系统如图 11-16 所示。当汽车直线行驶时,转向控制阀处于图示位置,使得转向动力缸活塞两侧都和低压油路及转向油罐相通,压力相等,转向动力缸不动,转向油泵空转,油液处于低压流动状态。当驾驶人转动转向盘,通过机械转向器使流量控制阀处于某一工作位置时,转向动力缸的活塞一侧与回油管隔绝,与转向油泵相通,压力升高(由于地面转向阻力通过转向传动机构传到转向动力缸的推杆和活塞上形成较大的油泵输出阻力);另一侧仍然与回油管路相通,压力较低,转向动力缸的活塞移动,产生推力。转向盘停止转动后,转向控制阀回到图示的中立位置,转向动力缸停止工作。无论汽车是否处于转向状态,液压系统管路中的油液总是在流动的,压力较低,只有在转向时才产生瞬时高压,因此称为"常流式"。

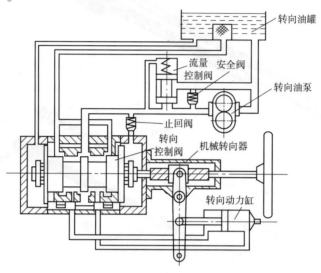

图 11-16 常流式液压动力转向系统

常流式液压动力转向系统的优点是结构简单,油泵寿命长,泄漏较少,消耗功率也较少。因此,广泛应用于各种汽车上。

3) 组成部件

动力转向系统建立在机械转向系统的基础上,一般由机械转向器、转向控制阀、转向动力缸、转向油泵、转向油罐等组成。

(1) 转向油泵。转向油泵是液压式动力转向装置的动力源,由发动机驱动,其功用是将发动机的机械能变为驱动转向动力缸工作的液压能。

转向油泵的结构类型有多种,常见的有齿轮式(图 11-17)、转子式(图 11-18)和叶片式,目前应用最为广泛的是双作用叶片式转向油泵(图 11-19)。

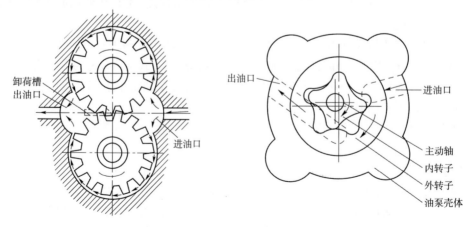

图 11-17 齿轮式转向油泵　　　　图 11-18 转子式转向油泵

双作用叶片式转向油泵,驱动轴上压有一个带轮并由曲轴上的带轮通过传动带驱动转向油泵。当发动机带动油泵逆时针旋转时,叶片在离心力的作用下紧贴在定子的内表面上,工作容积开始由小变大,从进油口吸进油液,而后工作容积由大变小,压缩油液,经出油口向外供油。再转180°又完成一次吸压油过程。双作用式叶片转向油泵有两个工作腔,转子每转一周,每个工作腔都各自吸压油一次;单作用式叶片泵的转子每转一周,叶片在转子槽内做往复伸缩运动各一次,完成一次吸压油。

(2)转向油罐。转向油罐的功用是储存、滤清并冷却液压动力转向系统的工作油液,如图11-20所示。

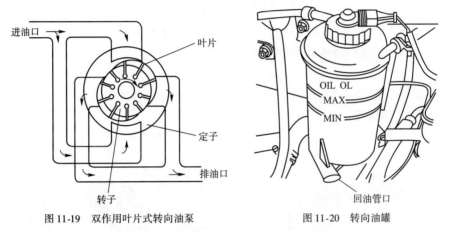

图11-19 双作用叶片式转向油泵　　　　图11-20 转向油罐

转向油罐侧面标有刻度线,实际液面高度必须在 MAX(最高)与 MIN(最低)之间,因此要定期检查油罐液面高度。

(3)转向控制阀。转向控制阀是在驾驶人的操纵下控制转向动力缸输出动力的大小、方向和增力快慢的控制阀。按阀体的运动方向,转向控制阀分为滑阀式和转阀式两种。

①滑阀式转向控制阀。滑阀式转向控制阀结构如图11-21所示。工作时是靠阀体轴向移动来控制到动力转向器油的流量和流向,产生助力作用,如图11-22所示。

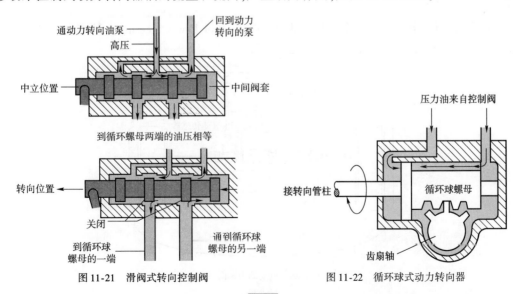

图11-21 滑阀式转向控制阀　　　　图11-22 循环球式动力转向器

②转阀式转向控制阀。转阀式转向控制阀结构如图 11-23 所示。通过改变阀体和阀杆的相对位置,改变了控制阀阀上转向油道的通、断关系和工作油的流动方向,实现转向助力作用。

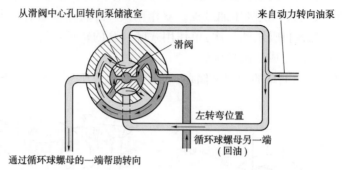

图 11-23　转阀式转向控制阀

图 11-24 所示为转阀式齿轮齿条动力转向器,其转向动力缸的活塞与齿条做成一体,结构更简单,目前应用广泛。

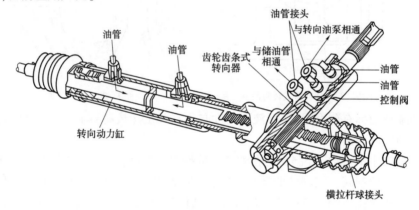

图 11-24　转阀式齿轮齿条动力转向器

2. 电动动力转向系统

电子控制动力转向系统简称 EPS(Electronic Control Power Steering),其中电动动力转向系统是其主要应用的一种形式,如图 11-25 所示。

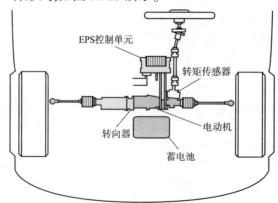

图 11-25　电动动力转向系统

1)工作原理

当操纵转向盘时,装在转向轴上的转矩传感器不断测出转向轴上的转矩,并由此产生一个电压信号。该信号与车速信号同时输入电子控制单元,电子控制单元根据这些输入信号进行运算处理,确定助力转矩的大小和转向,即选定电动机的电流和转向,调整转向的助力。电动机的转矩由电磁离合器通过减速机构减速增矩后,加在汽车的转向机构上,使之得到一个与工况相适应的转向作用力。

2)组成部件

如图11-26所示,该系统通常由转矩传感器、车速传感器、电动机、电磁离合器、减速机构、电子控制单元等组成。

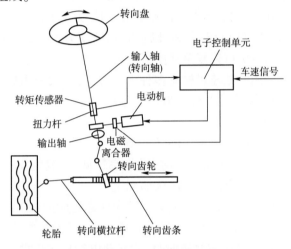

图11-26 电动动力转向系统的组成

(1)转矩传感器。转矩传感器也称转向传感器,其作用是通过测定转向盘与转向器之间的相对转矩,作为电动助力的依据之一,如图11-27所示。

(2)电动机、电磁离合器与减速机构。电动机、电磁离合器和减速机构组成的整体称为电动机组件,其结构如图11-28所示。

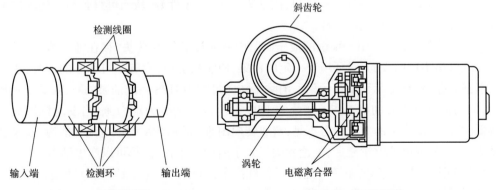

图11-27 转矩传感器　　　　　图11-28 电动机组件

①电动机。转向助力电动机就是一般的永磁电动机,电动机的输出转矩控制是通过控制其输入电流来实现,而电动机的正转和反转则是由电子控制单元输出的正反转触发脉冲控制。

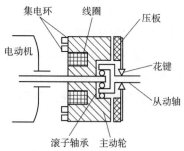

图 11-29 电磁离合器的结构

②离合器。一般使用干式单片电磁离合器,如图 11-29 所示。工作电压为 12V,额定转速时传递的转矩为 15 N·m,线圈电阻(20℃时)为 19.5Ω。

其工作原理是:当电流通过集电环进入离合器线圈时,主动轮产生电磁吸力,带花键的压板被吸引与主动轮压紧,电动机的动力经过轴、主动轮、压板、花键、从动轴传递给执行机构。

由于转向助力的工作范围限定在一个速度区域内,所以离合器一般设定一个速度范围,如当车速超过 30km/h 时,离合器便分离,电动机也停止工作,这时就没有转向助力的作用。当电动机停止工作时,为了不使电动机及离合器的惯性影响转向系统的工作,离合器也应及时分离,以切断辅助动力。当系统中电动机等发生故障时,离合器会自动分离,这时仍可恢复手动控制转向。

③减速机构。目前使用的减速机构有多种组合方式,一般采用蜗轮蜗杆与转向轴驱动组合式;也有的采用两级行星齿轮与传动齿轮组合式。

3)电子控制动力转向系统(EPS)的特点

与液压助力转向系统(HPS)相比,EPS 系统具有如下特点。

(1)效率高。HPS 系统为机械和液压连接,效率较低,一般为 60%~70%;而 EPS 系统为机械和电气连接,效率较高,有的可高达 90% 以上。

(2)能耗少。汽车在实际行驶过程中,处于转向状态的时间约占总行驶时间的 5%。对于 HPS 系统,发动机运转时,油泵始终在工作、油液一直在管路中循环,从而使轿车燃油消耗增加 4%~6%;而 EPS 系统仅在需要转向时,才起动电动机产生助力,因此,轿车装用 EPS 系统比装用 HPS 系统燃油消耗可减少 3.5%~5.5%。

(3)助力特性可通过软件进行调整。由于 EPS 系统集成了电子控制系统,所以其助力特性可以通过软件进行调节。在进行整车匹配时,不用对机械参数进行修改,直接可以通过软件调整助力特性,简化了整车匹配工作。

(4)回正性好。EPS 系统结构简单,内部阻力小,回正性好,从而可得到最佳的转向回正特性,且可改善汽车的操纵稳定性。

(5)对环境污染少。HPS 系统的液压回路中有液压软管和接头,存在油液泄漏问题,而且液压软管是不可回收的,对环境有一定的污染;EPS 系统中,没有不可回收的油管,也没有油液泄漏问题,对环境几乎没有污染。消除了转向过程中 HPS 系统油泵的噪声,利于环保。

(6)可以独立于发动机工作。传统的 HPS 系统以发动机为动力源,当发动机熄火或转速较低时,便不能产生助力或助力不足,造成转向困难;而 EPS 系统以电池为能源,以电动机为动力元件,只要电池电量充足,不论发动机处于何种工作状态,都可以产生助力。

(7)应用范围广。EPS 系统可适用于各种汽车,目前主要用于轿车和轻型载货汽车;而对于环保型纯电动汽车,由于没有发动机,因此 EPS 系统为其最佳选择。

(8)结构简单。没有液力转向泵、油管、油罐、滤清器等机构,节省安装空间,便于整车设计布置。

(9)装配性好。HPS 系统中,转向油泵与机械式转向装置相互分离,装配时不仅要安装油泵、支架、油管、接头等,而且还需要排气;而 EPS 系统元件数目少且为模块化结构,安装方便、省时;在装配线上,安装 HPS 系统约需 36min,而安装 EPS 系统仅需要 5~6min。

因此,电动动力转向系统,将是发展趋势。

课题二　转向系统的拆装

一、作业前的准备

通用雪佛兰科鲁兹(1.6L)轿车底盘、转向系统拆装作业操作台、压力机一台,常用工具量具各一套,雪佛兰科鲁兹专用工具一套,相关图册及该车型维修手册等。

二、雪佛兰科鲁兹轿车转向系统的拆装

1. 动力转向器的拆卸

雪佛兰科鲁兹轿车的转向系统为电动动力转向系统,即由动力转向辅助电机代替了原来的液压转向助力泵,所以该车型无转向助力泵、转向助力油和储液油壶。

其拆卸方法如下:

(1)转动前轮至正向前位置,并固定转向盘防止移动。

(2)拆下并报废下中间转向轴螺栓 1,如图 11-30 所示。

(3)将转向中间轴从转向机上拆下。

(4)断开蓄电池正负极,举升和顶起车辆。

(5)拆下轮胎和车轮总成。

(6)拆下前舱隔板。

(7)取下前排气管。

(8)拆下转向传动机构内转向横拉杆。

(9)拆下稳定杆连杆两侧的下螺母 2,拆下稳定杆处的稳定杆连杆 1,如图 11-31 所示。

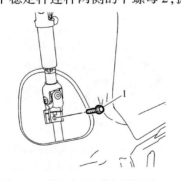
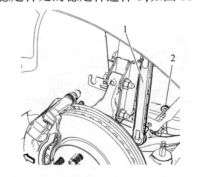

图 11-30　科鲁兹动力转向器的拆卸(一)　　图 11-31　科鲁兹动力转向器的拆卸(二)
1-下中间转向轴螺栓　　　　　　　　　　1-稳定连杆;2-下螺母

(10)拆下发动机两侧侧盖上的 4 个紧固件 1,如图 11-32 所示。

(11)拆下前发动机舱盖的 4 个紧固件 1,如图 11-33 所示。

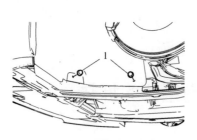
图11-32 科鲁兹动力转向器的拆卸(三)
1-紧固件

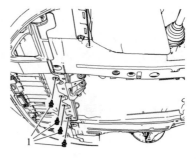
图11-33 科鲁兹动力转向器的拆卸(四)
1-紧固件

(12)拆下变速器支座螺栓1、2,如图11-34所示。

(13)拆下并报废2个后车架螺栓2,拆下后车架加强件1,如图11-35所示。

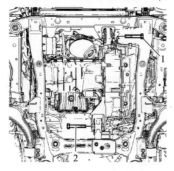
图11-34 科鲁兹动力转向器的拆卸(五)
1、2-变速器支座螺栓

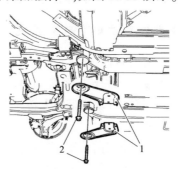
图11-35 科鲁兹动力转向器的拆卸(六)
1-加强件;2-螺栓

(14)将液压连杆与CH-904底座和CH-49289-50适配器连接2,并安装在副车架上1。将前盖弯曲到一侧,降下副车架,最多55mm,如图11-36所示。

(15)将2个线束插头3从转向机上断开,拆下2个线束托架螺栓4,从车上卸下托架2,将线束护圈1从转向机上卸下,如图11-37所示。

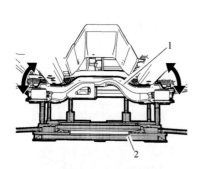
图11-36 科鲁兹动力转向器的拆卸(七)
1-副车架;2-适配器

图11-37 科鲁兹动力转向器的拆卸(八)
1-线束护圈;2-托架;3-线束插头;4-托架螺栓

(16)拆下并报废右稳定杆1上的2个隔振垫夹紧螺栓2,将稳定杆1悬挂至车身,如图11-38所示。

(17)从前副车架上拆下2个转向机螺栓4和螺母1、3并报废,将转向机2从右侧拆下,如图11-39所示。

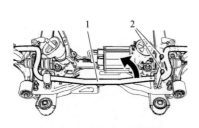
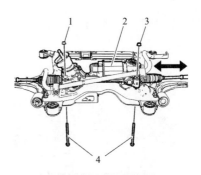

图 11-38　科鲁兹动力转向器的拆卸(九)
1-右稳定杆；2-夹紧螺栓

图 11-39　科鲁兹动力转向器的拆卸(十)
1、3-螺母；2-转向机；4-螺栓

2. 动力转向器的安装

(1)将转向机 2 插入右侧,并将其置于安装位置,安装新的转向机螺栓 4 和螺母 1、3,首先用 110N·m 的力矩紧固,最后将新的转向机螺栓和螺母再转 150°~165°拧紧。使用 EN-45059 仪表测定,如图 11-40 所示。

(2)安装 2 个转向机线束托架螺栓 4,并紧固至 9N·m,将线束护圈 1 紧固至转向机上,连接 2 个线束插头 3,如图 11-41 所示。

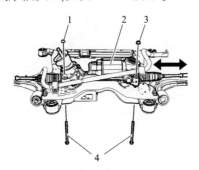

图 11-40　科鲁兹动力转向器的安装(一)
1、3-螺母；2-转向机；4-螺栓

图 11-41　科鲁兹动力转向器的安装(二)
1-线束护圈；2-托架；3-线束插头；4-螺栓

(3)将稳定杆 1 和托架置于副车架上,安装新的右稳定杆隔振垫夹紧螺栓 2,并紧固至 22N·m+(30°~45°),最后将右稳定杆隔振垫夹紧螺栓再转 30°拧紧。使用 EN-45059 仪表测定,如图 11-42 所示。

(4)移出 CH-49289 适配器上的定位销 1,如图 11-43 所示。

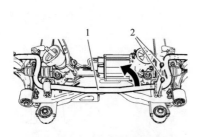
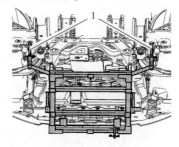

图 11-42　科鲁兹动力转向器的安装(三)
1-稳定杆；2-夹紧螺栓

图 11-43　科鲁兹动力转向器的安装(四)
1-定位销

(5)小心地举升车架 1,此操作可使用 CH-49289 适配器 2 进行,如图 11-44 所示。

(6)安装后车架加强件1,安装新的车架后部螺栓2,并紧固至160N·m,如图11-45所示。

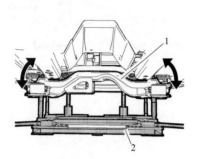

图11-44 科鲁兹动力转向器的安装(五)
1-车架;2-螺栓

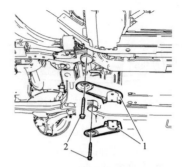

图11-45 科鲁兹动力转向器的安装(六)
1-加强件;2-螺栓

(7)安装前变速器支座螺栓1并紧固至100N·m,安装后变速器支座螺栓2并紧固至100N·m,如图11-46所示。

(8)安装并紧固发动机两侧侧盖上的4个紧固件1,如图11-47所示。

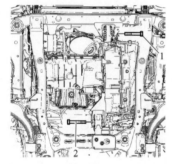

图11-46 科鲁兹动力转向器的安装(七)
1、2-螺栓

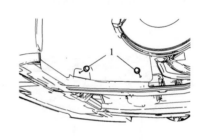

图11-47 科鲁兹动力转向器的安装(八)
1-紧固件

(9)安装并紧固前发动机舱盖的4个紧固件1,如图11-48所示。

(10)安装前舱隔板。

(11)安装前排气管。

(12)安装转向传动机构内转向横拉杆。

(13)安装稳定杆连杆两侧的下螺母2,并紧固至65N·m,如图11-49所示。

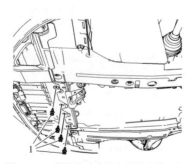

图11-48 科鲁兹动力转向器的安装(九)
1-紧固件

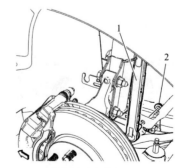

图11-49 科鲁兹动力转向器的安装(十)
1-稳定杆连杆;2-下螺母

(14) 放下车辆。

(15) 安装新的下中间转向轴螺栓,并紧固至 25N·m + (180°~195°),如图 11-50 所示。

(16) 安装轮胎和车轮总成。

(17) 检查并调整车轮定位。

3. 动力转向辅助电机的更换

动力转向辅助电机是在传统机械转向系统的基础上,根据转向盘上的转矩信号和汽车的行驶车速信号,利用电子控制装置使电动机产生相应大小和方向的辅助动力,协助驾驶员进行转向操作。其拆装步骤如下:

(1) 断开蓄电池正负极,举升和顶起车辆。

(2) 拆下传动系统和前副车架。

(3) 根据动力转向器的拆卸步骤拆卸动力转向器(参考动力转向器的拆卸)。

(4) 拆下动力转向辅助电机螺栓1、动力转向辅助电机2、动力转向辅助电机驱动护套3、动力转向辅助电机壳体O形圈4,其中1、3、4做报废处理,如图 11-51 所示。

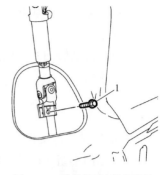

图 11-50 科鲁兹动力转向器的安装(十一)
1-下中间转向轴螺栓

(5) 使用新的O形圈并润滑,将O形圈正确放入电机壳体凹槽内。

(6) 将新的驱动护套安装至辅助电机电枢并与转向机对准。

(7) 安装新的动力转向辅助电机螺栓并紧固至 8N·m。

(8) 根据动力转向器的安装步骤安装动力转向器(参考动力转向器的安装)。

(9) 安装传动系统和前副车架。

(10) 放下车辆,安装蓄电池正负极。

(11) 通过诊断仪将旧的动力转向辅助电机的数据移至新的动力转向辅助电机。

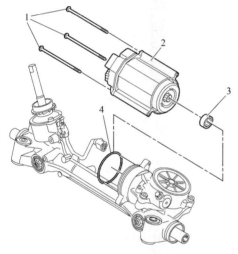

图 11-51 科鲁兹动力转向辅助电机的更换
1-螺栓;2-辅助电机;3-护套;4-O形圈

三、学习拓展

目前,四轮转向系统已经在一些高级汽车上开始应用。请查阅四轮转向系统相关的知识自行学习工作原理。

四、评价与反馈

1. 自我评价与反馈

(1) 你是否知道机械转向系统的基本组成?

评价情况:_____

(2) 你是否知道助力转向装置的基本组成?

评价情况:_____

(3)你能独立完成转向器的拆卸与装配吗?
评价情况:＿＿＿＿＿＿＿＿＿＿＿＿＿＿＿＿＿＿＿＿＿＿＿＿＿＿＿＿
(4)在拆装转向系统的过程中,你觉得哪些步骤比较困难?
评价情况:＿＿＿＿＿＿＿＿＿＿＿＿＿＿＿＿＿＿＿＿＿＿＿＿＿＿＿＿

签名:＿＿＿＿＿＿　　＿＿＿＿年＿＿＿月＿＿＿日

2. 小组评价与反馈

(1)你们小组在拆装雪佛兰科鲁兹(1.6L)轿车转向系统的过程中是否有明确的分工?相互配合得好吗?
评价情况:＿＿＿＿＿＿＿＿＿＿＿＿＿＿＿＿＿＿＿＿＿＿＿＿＿＿＿＿
(2)你们小组在拆装雪佛兰科鲁兹(1.6L)轿车转向系统的过程中操作是否规范?
评价情况:＿＿＿＿＿＿＿＿＿＿＿＿＿＿＿＿＿＿＿＿＿＿＿＿＿＿＿＿
(3)对于小组其他成员有何建议?
评价情况:＿＿＿＿＿＿＿＿＿＿＿＿＿＿＿＿＿＿＿＿＿＿＿＿＿＿＿＿

参与评价的同学签名:＿＿＿＿＿＿＿＿＿＿＿＿＿　　＿＿＿＿年＿＿＿月＿＿＿日

3. 教师评价及答复

＿＿＿＿＿＿＿＿＿＿＿＿＿＿＿＿＿＿＿＿＿＿＿＿＿＿＿＿＿＿＿＿＿＿＿＿＿＿
＿＿＿＿＿＿＿＿＿＿＿＿＿＿＿＿＿＿＿＿＿＿＿＿＿＿＿＿＿＿＿＿＿＿＿＿＿＿
＿＿＿＿＿＿＿＿＿＿＿＿＿＿＿＿＿＿＿＿＿＿＿＿＿＿＿＿＿＿＿＿＿＿＿＿＿＿

教师签名:＿＿＿＿＿＿＿　　＿＿＿＿年＿＿＿月＿＿＿日

项目十二 液压制动系统的结构与拆装

学习目标

完成本项目学习后,你应能:
1. 叙述液压制动系统的功用、结构和工作原理;
2. 正确地使用工具和设备;
3. 拆装制动器和制动传动机构;
4. 在拆装制动系统时,保证零件和工作区域的清洁。

建议课时

12 课时。

课题一 液压制动系统的作用和结构

一、液压制动系统的作用及组成

1. 制动系统的作用

制动系统的作用是:根据需要使汽车减速或在最短的距离内停车;能使汽车可靠地停放在坡道上,防止汽车溜滑。

2. 制动系统的组成

(1)供能装置,包括供给、调节制动所需能量以及改善传能介质状态的各种部件。其中,产生制动能量的部分称为制动能源。人的肌体也可作为制动能源。

(2)控制装置,包括产生制动动作和控制制动效果的各种部件,如制动踏板、制动阀等。

(3)传动装置,包括将制动能量传输到制动器的各个部件,如制动主缸和制动轮缸等。

(4)制动器,产生制动摩擦力矩的部件。

液压制动系统的组成如图 12-1 所示。一般汽车制动系统至少装用两套各自独立的制动装置:一套是行车制动装置,主要用于汽车行驶中的减速和停车,是驾驶人用脚操纵的制动装置,在行车中经常使用,制动器安装在汽车的全部车轮上;另一套是驻车制动装置,主要用于停车后防止汽车溜滑,是驾驶人用手操纵的制动装置,它的制动器可装在变速器后的传动轴上,称为中央制动装置,也可利用后桥车轮制动器兼充驻车制动器,称为复合式制动器。在行车制动装置失效时或在坡道上起步时,临时可用驻车制动装置。

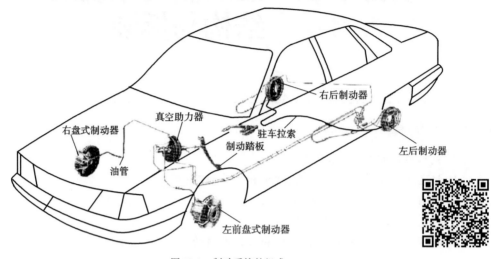

图 12-1 制动系统的组成

二、制动系统的类型

1. 按制动系统的功用分类

(1)行车制动系统,使行驶中的汽车减低速度甚至停车的一套专门装置。

(2)驻车制动系统,使已停驶的汽车驻留原地不动的一套装置。

(3)第二制动系统,在行车制动系统失效的情况下保证汽车仍能实现减速或停车的一套装置。

(4)辅助制动系统,在汽车下长坡时用以稳定车速的一套装置。

2. 按制动系统的制动能源分类

(1)人力制动系统,以驾驶人的肌体作为唯一制动能源的制动系统。

(2)动力制动系统,完全依靠发动机动力转化成的气压或液压进行制动的制动系统。

(3)伺服制动系统,兼用人力和发动机动力进行制动的制动系统。

双回路制动系统的特点是行车制动器的传动回路分别属于两个彼此独立的回路,当一个回路失效,还能利用另一个回路获得一定的制动力,从而提高了汽车制动的可靠性。双回路制动系统的布置形式见表12-1。

双回路制动系统的布置形式 表 12-1

简称	布置形式	说明与特点
Ⅱ		前轴与后轴分别具有独立的制动回路。某一条制动管路失效后,另一车轴上仍有制动作用,但是由于后轴法向载荷较轻,故当前轴制动失效后,汽车所保留的制动效果比较差

续上表

简称	布置形式	说明与特点
X		前轮与后轮制动管路对角相通,且相互独立。任意一条制动管路失效后,汽车仍保留有一半的制动效果
HI		一条制动管路连通前后各轮,另一条管路与两前轮相通。当连接四个车轮的制动管路失效后,汽车仍能保留前轮较大的制动效果,但是前轮制动器结构较复杂
LL		每条制动管路均与前轮和一个后轮相通。任意一条管路失效只丧失一个后轮的制动力,但是前轮制动器结构较复杂
HH		两条制动管路分别与四车轮相连,且彼此独立。某一制动管路失效后,对汽车制动效果影响最小,但是所有车轮制动器结构复杂

三、制动装置的基本结构和工作原理

现代汽车的制动装置基本都是利用机械摩擦来产生制动作用的,其中用来直接产生摩擦力矩迫使车轮减速或停转的部分,称为制动器;通过驾驶人的操纵或将其他能源的作用传给制动器,迫使制动器产生摩擦作用的部分,称为制动传动机构。图12-2所示的行车制动装置即由车轮制动器和液压式传动机构两部分组成。

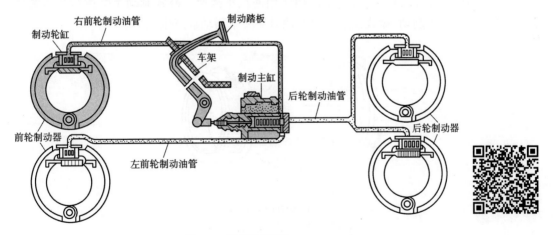

图 12-2 行车制动装置

车轮制动器主要由旋转部分、固定部分、张开机构和调整机构组成。旋转部分是以内圆柱面为工作表面的制动鼓,它固定在轮毂上随车轮一起旋转;固定部分主要由制动蹄和制动底板等,制动蹄的外圆柱面上铆有摩擦片;张开机构主要是液压制动轮缸,用油管与装在车

架上的液压制动主缸相连；调整机构由固定在制动底板上的偏心支撑销和调整凸轮组成，用于调整制动鼓与制动蹄摩擦片之间的间隙。

制动传动机构主要由制动踏板、推杆、制动主缸、管路等组成，如图12-3所示。

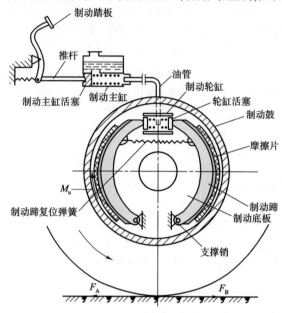

图12-3　汽车制动原理图

以一定速度行驶的汽车，具有一定的动能。要使它按需要减速或停车，路面必须强制地对汽车车轮产生一个阻止汽车行驶的力，即制动力。这个力的方向与汽车行驶的方向相反。实质上，制动就是将汽车的动能强制地转化成其他形式的能量，即转化为热能，扩散于大气中。一般制动系统的工作原理如图12-4所示，固定在轮毂上并同车轮一起旋转的制动鼓或制动盘与摩擦材料在外力作用下，产生摩擦作用使汽车减速。鼓式制动是摩擦衬片压紧旋转的制动鼓内侧产生制动，盘式制动是由摩擦衬块夹紧制动盘产生制动。

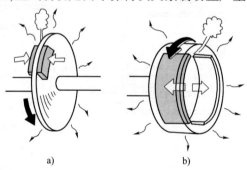

图12-4　制动产生的原理
a）盘式制动的原理；b）鼓式制动的原理

四、制动器的结构与工作原理

汽车上采用的车轮制动器按旋转元件不同，可分为鼓式和盘式两类。鼓式制动器以制动鼓的圆柱面为工作表面，盘式制动器以制动盘的端面为工作表面。

液压制动系统的制动器有前盘后鼓式和前后均盘式两种,如图12-5、图12-6所示。

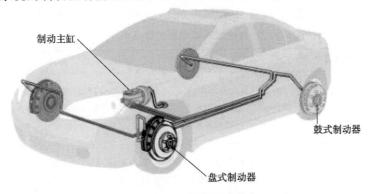

图12-5 前盘后鼓式制动器形式

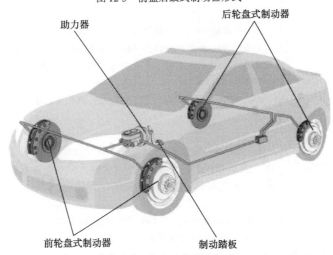

图12-6 前后均盘式制动器形式

1. 鼓式制动器

鼓式制动器是制动蹄摩擦片挤压随车轮同步旋转的制动鼓的内侧而获得制动力,所以又称为内部扩张双蹄鼓式制动器。鼓式制动器主要由旋转部分、固定部分、张开机构和调整机构所组成。旋转部分是固定在轮毂上与车轮一起旋转的制动鼓;固定部分主要包括制动蹄和制动底板;张开机构是轮缸;调整机构主要用于调整制动蹄摩擦片与制动鼓之间的间隙,液压制动装置的调整机构为偏心支撑销或间隙自调。

1) 鼓式制动器的结构及类型

按制动时两侧制动蹄对制动鼓径向力的平衡情况,鼓式制动器可分为领从式、双领蹄式、双从蹄式、双向双领蹄式、单向自动增力式和双向自动增力式几种形式,其特点见表12-2。

领蹄:具有制动助势的制动蹄,也称紧蹄。

从蹄:具有制动减势的制动蹄,也称松蹄。

助势:领蹄上所受摩擦力绕支点的力矩与促动力所造成的绕同一支点的力矩是同向的,所以摩擦力使领蹄在制动鼓上压得更紧从而制动力也更大,这种作用称为助势作用。

减势:从蹄上所受摩擦力绕支点的力矩与促动力所造成的绕同一支点的力矩是反向的,所以摩擦力使从蹄在制动鼓上压紧力变小,从而制动力也变小,这种作用称为减势作用。

六种鼓式制动器的特点表 表 12-2

序号	鼓式制动器类型	各自特点
1	领从式	领蹄具有助势作用,从蹄具有减势作用;汽车前进或倒车时,均有一个领蹄,一个从蹄;因为制动蹄对于轴线对称,使得制动鼓两侧所受法向合力大小不相等,而且不共线,由轮毂轴来承受多余的法向力的作用,属于非平衡式的制动器
2	双从蹄式	汽车前进制动时,两个制动蹄均为从蹄,制动效率低,但是其制动效能对摩擦系数变化的敏感程度较小,具有良好的制动稳定性;倒车制动时,两个制动蹄均为领蹄;属于平衡式的制动器
3	双领蹄式	汽车前进制动时,两个制动蹄均为领蹄,具有较高的制动效能;倒车制动时,两个制动蹄均为从蹄;制动蹄对于中心对称,制动鼓两侧所受法向合力大小相等、方向相反而且共线,所以能相互平衡,属于平衡式的制动器
4	双向双领蹄式	两制动蹄两端均为浮式支撑,汽车前进、倒车制动时,两个制动蹄均为领蹄;属于平衡式的制动器
5	单向自动增力式	两制动蹄两端均为浮式支撑,汽车前进制动时,两个制动蹄为双领蹄;在相同条件下,其制动效能大于双领蹄和领从式制动器;倒车制动时,其制动效能比双从蹄制动器还差,属于非平衡式的制动器
6	双向自动增力式	两制动蹄两端均为浮式支撑,汽车前进、倒车制动时,两个制动蹄均为领蹄;在相同条件下,其制动效能大于所有鼓式制动器;属于非平衡式的制动器

2)鼓式制动器的工作原理

(1)领从式鼓式制动器。领从式鼓式制动器的工作原理如图 12-7 所示,其特点是两个制动蹄各有一个支点,两个制动蹄受到的轮缸促动力相等,称为等促动力制动器。固定元件的结构布置是轴对称式。

制动时,两制动蹄受轮缸的张力 F_s 作用,分别绕各自的支撑销向外偏转紧压在制动鼓上,旋转的制动鼓对两蹄分别作用法向反力 N_1 和 N_2 及相应的切向摩擦反力 T_1 和 T_2。T_1 对制动蹄的作用力矩和 F_s 对该制动蹄的作用力矩同向,因此该蹄对制动鼓的压力由于 T_1 的作用而增大,即 N_1 变得更大,这种现象称为"助势作用",该蹄称为领蹄,也称紧蹄;与此相反,T_2 使 N_2 减小,称为"减势作用",该蹄称为从蹄,也称松蹄。由于上述原因,两制动蹄对制动鼓产生的制动力矩是不等的,使用中两蹄的磨损也不一样。汽车前进时,前蹄为领蹄,后蹄为从蹄;倒车时,则相反。故前蹄磨损多,后蹄磨损少。这种结构被称为简单非平衡式制动器。

(2)双领蹄式鼓式制动器。汽车前进时两个制动蹄均为领蹄的制动器称为双领蹄式制动器,如图 12-8 所示。双领蹄式制动器的结构特点是,每一制动蹄都用一个单活塞制动轮缸促动,固定元件的结构布置是中心对称式。

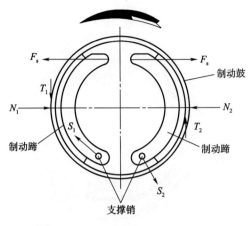

图 12-7 领从式鼓式制动器的工作原理图

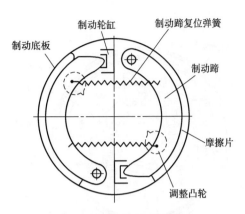

图 12-8 双领蹄式鼓式制动器简图

（3）双从蹄式鼓式制动器。汽车前进时两个制动蹄均为从蹄的制动器称为双从蹄式制动器，如图 12-9 所示。

（4）双向双领蹄式鼓式制动器。双向双领蹄式制动器使用了两个双活塞轮缸，各件均成对出现。无论汽车前进还是倒车，都是双领蹄式制动器，故称双向双领蹄式制动器，如图 12-10、图 12-11 所示。

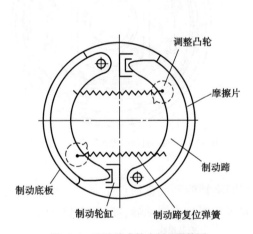

图 12-9 双从蹄式鼓式制动器简图

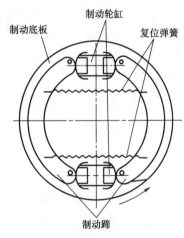

图 12-10 双向双领蹄式鼓式制动器简图

双领蹄、双从蹄、双向双领蹄式制动器固定元件的布置都是中心对称，两制动蹄作用在制动鼓上的法向反力大小相等、方向相反、相互平衡，这种形式的制动器为平衡式制动器。

（5）单向自动增力式鼓式制动器。其特点是两个制动蹄只有一个单活塞的制动轮缸，第二制动蹄的促动力来自第一制动蹄对顶杆的推力，两个制动蹄在汽车前进时均为领蹄，但倒车时能产生的制动力很小，如图 12-12 所示。

（6）双向自动增力式鼓式制动器。其特点是两个制动蹄的上方有一个双活塞制动轮缸，轮缸的上方还有一个制动蹄支撑销，两制动蹄的下方用顶杆相连，如图 12-13、图 12-14 所示。无论汽车前进还是倒车，都与单向自动增力式鼓式制动器相当，故称双向自动增力式鼓式制动器。

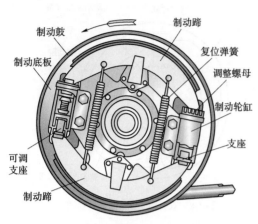

图 12-11 双向双领蹄式鼓式制动器实物图

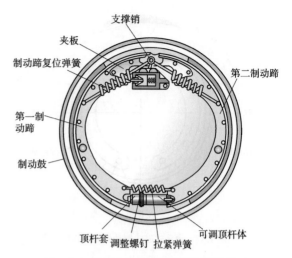

图 12-12 单向自动增力式鼓式制动器实物图

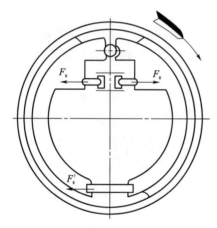

图 12-13 双向自动增力式鼓式制动器工作原理图

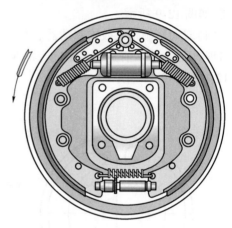

图 12-14 双向自动增力式鼓式制动器实物图

2. 盘式制动器

盘式制动器是由摩擦块从两侧夹紧与车轮共同旋转的制动盘后产生制动。由于盘式制动器散热能力强,热稳定性好,目前轿车的前轮大多采用盘式制动器,如图 12-15 所示。

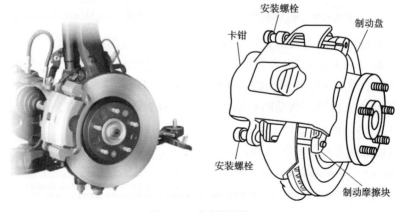

图 12-15 盘式制动器

1) 盘式制动器的结构

制动盘固定在轮毂上,制动钳支架固定在转向节上,制动钳横跨在制动盘上,制动钳内装有活塞,活塞后面有充满制动液的制动轮缸。

盘式制动器按制动钳摩擦块的挤压方式分为浮动钳型盘式制动器和固定钳型盘式制动器两种,如图12-16所示。

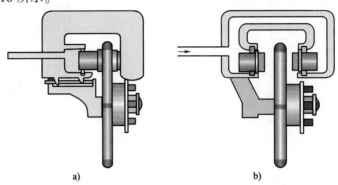

图12-16 盘式制动器
a)浮动钳型盘式;b)固定钳型盘式

(1)浮动钳型盘式制动器。浮动钳型盘式车轮制动器的特点是只在制动盘的内侧设置轮缸,而外侧的摩擦块则附着在钳体上,制动钳可以相对于制动盘轴向滑动。制动时,活动摩擦块在液压作用下,由活塞推靠到制动盘上,同时制动钳上的反力将固定摩擦块也推靠到制动盘上,如图12-16a)所示。

(2)固定钳型盘式制动器。固定钳型盘式车轮制动器的特点是制动盘两侧的制动钳都装有轮缸,制动时由两侧的活塞挤压摩擦块,如图12-16b)所示,其具体结构如图12-17所示。

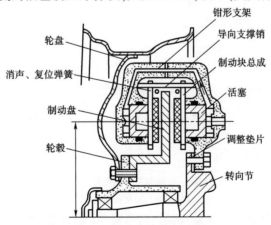

图12-17 固定钳型盘式制动器的结构

2) 盘式制动器的工作原理

浮动钳盘式制动器工作原理如图12-18所示。

踩下制动踏板,液压作用于轮缸时,制动钳内活塞移动,把内摩擦块压向制动盘,同时,浮动钳体在液压力的作用下也向内移动,把外摩擦块压向制动盘,产生制动力,迫使制动盘停止转动。

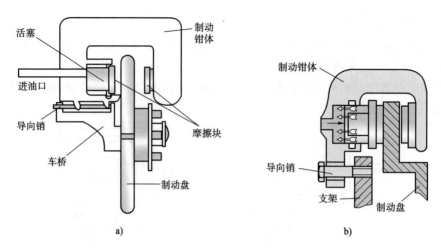

图 12-18 浮动钳盘式制动器工作原理
a) 不制动时；b) 制动时

放松制动踏板，轮缸内的液压消失，被推压在活塞上的橡胶圈开始回到原来位置，把活塞推回原位。这样，使活塞随橡胶弹性变形而复位，而制动摩擦块与制动盘之间仍保持原有的间隙，解除车轮制动。

摩擦块的摩擦表面与制动盘之间的制动间隙是靠矩形橡胶密封圈来自动调整的。如果制动间隙因磨损加大，制动时密封圈变形达到极限后，活塞仍可继续移动，直到摩擦块压紧制动盘为止。解除制动后，矩形橡胶密封圈所能将活塞推回的距离同磨损之前相同，仍保持标准值，如图 12-19 所示。显然，这种结构对橡胶密封圈的弹性、耐热性、刃边几何精度及表面粗糙度的要求较高。

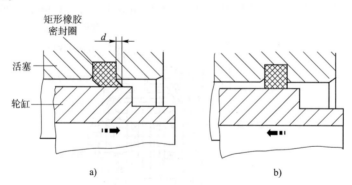

图 12-19 矩形橡胶密封圈的工作原理
a) 制动时；b) 解除制动时

因此，矩形橡胶密封圈的作用是：密封、活塞复位（靠刃边变形）、间隙调整（靠橡胶圈与缸壁的摩擦限位）。

3) 盘式制动器的制动特点

盘式车轮制动器与鼓式车轮制动器相比有以下特点：

(1) 散热能力强，热稳定性好。受热后，制动盘只在径向膨胀，不会影响制动间隙。

(2) 抗水衰退能力强。受水浸后，在离心力的作用下被很快甩干，摩擦块上的剩水也由于压力高而容易挤出，一般仅需要 1~2 次制动后即可恢复正常。

(3)制动时的平顺性好。

(4)摩擦表面为平面,不易发生较大变形,制动力矩较稳定。制动力矩与汽车行驶方向无关。

(5)结构简单,维修方便,尺寸小,质量轻。摩擦块容易检查、维护和更换。

(6)制动间隙小,便于自动调节间隙。

(7)制动时无助势作用,要求管路的液压比鼓式制动器高,活塞复位能力差,防污性差,制动摩擦块磨损面积小,磨损较快。

五、液压制动传动机构

液压制动传动机构如图12-20所示。液压制动传动机构是利用制动液,将制动踏板力转换为液压力,通过管路传送至车轮制动器,再将液压力转变为制动蹄张开的机械推力。这种传动装置制动柔和、灵敏、结构简单、使用方便而且不消耗发动机功率。但操纵较费力,制动液低温流动性差,高温易产生气阻,如有空气渗入或制动液渗漏会降低制动效能甚至失效,通常在这种传动装置中增设制动增压或助力装置。

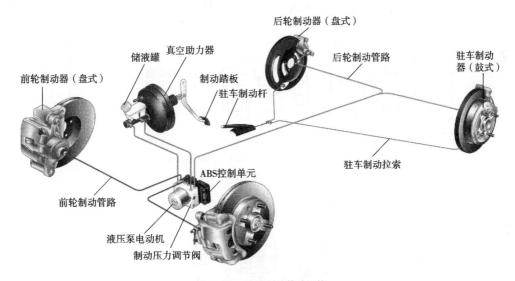

图12-20 液压制动传动机构

制动管路如图12-21所示。它是利用彼此独立的双腔制动主缸,通过两套独立管路,分别控制两桥的制动器。各类汽车不论依靠何种制动力源,都采用双管路装置,若其中一套管路损坏时,另一套仍然起制动作用。从而提高了制动的可靠性和安全性。

制动主缸和制动轮缸的相对位置经常变化,故连接油管除用钢管外,部分有相对运动的区段,还用高强度橡胶管连接。

制动踏板与推杆铰接,推杆与主缸活塞间应有一定的间隙(1~2mm),以保证主缸活塞彻底复位。为保持和调整这一间隙,推杆长度可用螺纹调节或将其连接销制成偏心销。

按制动系统的输出力作用部位和对其控制装置的操纵方式不同,伺服制动装置可分为增压式和助力式两类。其中增压式有真空增压式(图12-22)和气压增压式(在下一个项目中介绍);助力式有真空助力式(图12-23)和气压助力式(在下一个项目中介绍)。

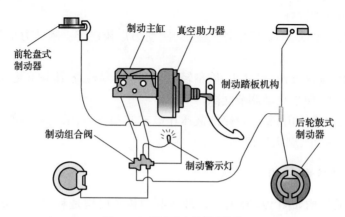

图 12-21 两套独立的制动管路

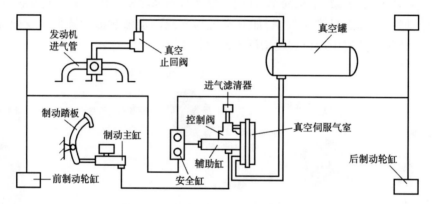

图 12-22 真空增压式双回路液压制动系统

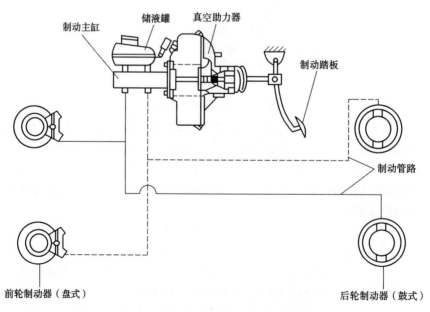

图 12-23 真空助力式双回路液压制动系统

1. 真空增压式制动装置的结构与工作原理

作为真空来源,汽油发动机可利用进气歧管的真空度,而柴油机一般另设一小型真空泵。

图12-22所示为真空增压伺服双回路制动系统示意图。它在液力制动传动装置中加装了一套真空伺服系统,包括辅助缸、真空伺服气室和控制阀组成的真空增压器、真空源、真空止回阀、真空罐、真空管道等。

踩下制动踏板时,制动主缸输出的液体压力首先进入辅助缸,并由此一面进入各制动轮缸,一面又作用于控制阀,启动控制阀使真空伺服气室产生的推力与来自制动主缸的液压力一起作用在辅助缸活塞上,从而使辅助缸输送到各制动轮缸的压力远远高于制动主缸压力。由于在真空增压器之后装设了一个安全缸,使得在安全缸以后的前后轮制动管路之一损坏漏油时,该管路上的安全缸即自行将管路封堵,保证另一制动管路仍能保持其中压力。

1)真空增压器的构造

真空增压器的结构如图12-24所示,它由辅助缸、控制阀、制动气室等组成。辅助缸是将低压制动液变为高压的装置,辅助缸内腔被活塞分隔为两部分,右腔经出油接头与制动主缸相通,左腔经接头通轮缸。推杆通过尼龙密封圈支撑于辅助缸体的孔中,并以两个橡胶双口密封圈保证孔和轴的密封。推杆后端与气室膜片相连,前端嵌装着球阀,其阀座在辅助缸活塞上。

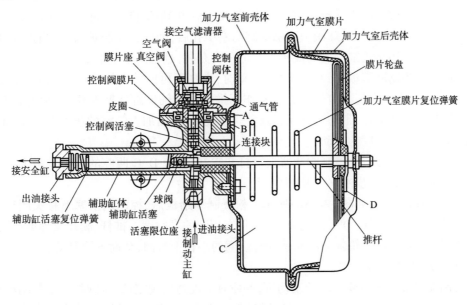

图12-24 真空增压器

2)真空增压器工作原理

不制动时推杆前部的球阀与阀座之间保持一定距离,保证辅助缸两腔相通。控制阀是将低压制动液变成高压的控制机构,由真空阀和空气阀组成双腔门,空气阀座在控制阀体上,真空阀座在膜片座上,膜片座下端与控制阀活塞连接,不制动时空气阀关闭,真空阀开启,控制阀上腔A与下腔B相通。加力气室是将真空度变成机械推力的装置,膜片将加力气室分成前后两腔,前腔通过真空管与真空源相通,后腔D与控制阀上腔A相通,并通过真空阀与前腔C、下腔B相通。不制动时,C、D两腔保持同样的真空度,无压力差。

真空增压器的工作过程如图 12-25 所示。

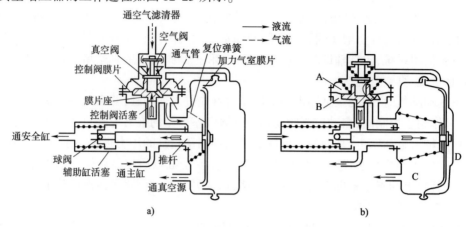

图 12-25 真空增压器的工作情况
a) 踩下制动踏板时；b) 放松制动踏板时

制动过程如图 12-25a) 所示。踩下制动踏板，制动主缸的油压力传入辅助缸体中，一部分液压油经活塞中间的小孔进入各轮缸，补偿管路真空，同时液压油作用在控制阀活塞上，当油压升到一定值时，活塞连同膜片上移，首先关闭真空阀，同时关闭 C、D 腔通道，膜片座继续上移将空气阀打开，于是空气经空气阀进入 A 腔并到 D 腔。这样 D、C 两腔产生压力差，推动膜片使推杆左移，在球阀关闭辅助缸活塞中孔后，辅助缸左腔被密封，当推杆继续推动活塞左移时，作用于轮缸的制动液压力便进一步升高，且远高于主缸油压。

维持过程：当制动踏板踩到某一位置不动时，主缸不再向辅助缸输送制动液，作用在辅助缸活塞上的力为一定值。由于加力气室作用推杆推动辅助缸活塞左移，使辅助缸右腔油压下降，控制阀活塞下移，带动空气阀和真空阀都关闭，因而加力气室的压力差不变，推杆推力不变，维持了一定强度的制动。

若继续踩下制动踏板，控制阀活塞上行打开空气阀，使 D、C 两腔的压力差增大，从而推杆推动辅助缸活塞进一步左移，制动力增大。

放松制动踏板过程如图 12-25b) 所示。松开制动踏板后，控制阀活塞下移关闭空气阀，真空阀打开，此时 A、B、C、D 腔均通真空源，具有相同的真空度。推杆、膜片及辅助腔活塞在弹簧的作用下各自复位，轮缸油液从辅助缸活塞的小孔中流回，从而解除制动。

3) 真空增压器试验

(1) 制动踏板高度试验。起动发动机，并使真空度达到规定值。此时，踩下制动踏板，并测出制动踏板距地板高度。然后，将发动机熄火，连续几次踩制动踏板，使真空度降为零，此时再踩下制动踏板，并测出制动踏板距地板的距离。正常情况下，后一次测得的距离应小于前一次，若两次距离相等，说明真空增压器不起作用。

(2) 控制阀检验。起动发动机，不踩下制动踏板，将一团棉丝置于增压器空气滤清器处，此时，棉丝不被吸入。若棉丝被吸入，说明空气阀漏气。踩下制动踏板，棉丝应被吸入。若棉丝不被吸入，或者吸力过小，说明空气阀开度过小，或者助力器膜片破损。

(3) 加力气室膜片行程检查。发动机不工作而且不踩下制动踏板时，取下加力气室橡胶盖。从该孔测出膜片位置，测完后再塞紧橡胶盖。

起动发动机,并踩下制动踏板。取下加力气室橡胶盖,再次测出膜片位置,两次测出的位置差,即为膜片行程。若膜片行程过小说明增压器工作不良;若膜片行程过大,说明制动系统存在泄漏,或者制动间隙过大。

(4)真空增压器的气密性试验。如图 12-26 所示,将真空表和开关串联于真空筒和加力气室真空接孔之间。在真空增压器不工作的情况下,打开开关,使真空表达到 66.66kPa 的真空度,然后再关闭开关。在 15s 之内,真空表不低于 63.23kPa。也可用真空泵代替真空筒做该试验,若真空度下降过快,则可能是加力气室或控制阀的膜片破裂或者是空气阀关闭不严的故障。

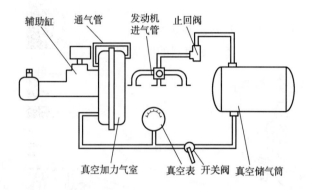

图 12-26　不工作情况下真空增压器气密性试验

(5)油密性试验。如图 12-27 所示,在辅助缸出口处接压力表和开关。首先将开关关闭,制动主缸至辅助缸出口之间充满压力油,并将气体从放气螺钉处放净。然后,打开开关,从 A 处充入压力为 11.8kPa 的制动液,关闭开关。压力表压力 10s 内不得下降到10.8kPa,否则,辅助缸存在泄漏问题。

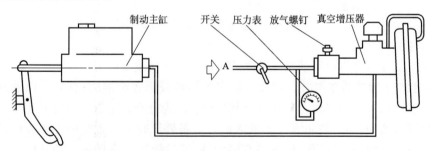

图 12-27　油密性试验

(6)止回阀气密性试验。如图 12-28 所示,在发动机进气歧管和止回阀之间装一个开关。在止回阀的另一端安装一个带真空表的密封容器。

先打开开关,起动发动机,使密封容器上真空表的真空达 67kPa。然后,关闭开关,真空表指针下降至 64kPa 的时间不得少于 15s。利用真空泵代替发动机,也可以做此项试验。否则,止回阀有故障。

(7)加力气室膜片的气密性试验。如图 12-29 所示,将加力气室与控制阀之间的通气管拆下,并把控制阀一侧的管口堵住。打开开关,使真空表指针达 35kPa,然后再将开关关闭,此时真空泵压力下降到 27kPa 的时间应小于 1min,否则,说明膜片密封不严。

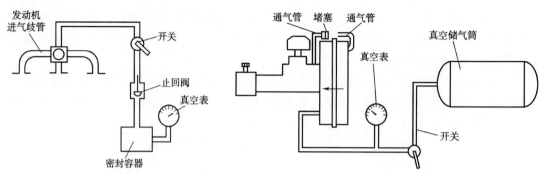

图12-28 止回阀气密性试验　　　图12-29 加力气室膜片的气密性试验

2.真空助力式制动装置的结构与工作原理

图12-30所示为制动主缸与真空助力器的结构图。

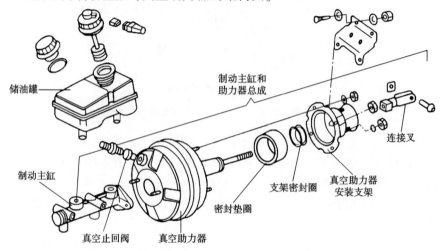

图12-30 制动主缸与真空助力器

1）制动主缸的结构

制动主缸的作用是将由制动踏板输入的机械推力转换成液压力。

图12-31所示为单活塞主缸。制动主缸多为铸铁或铝合金制成，有的与储油罐铸为一体，为整体式主缸；也有的将两者分开，再用油管连接，为分开式主缸。分开式主缸的储液罐多用塑料模压制成，有的内装防溅浮子或液面过低报警灯开关。主缸的工作表面精度高而光洁，缸筒上有旁通孔和补偿孔，筒内装有铝活塞，储液罐通过直径较大的补偿孔与补油室相通。橡胶皮碗外圆表面多制有一环形槽，并有若干轴向槽与其相通，以便在工作时能使油液单向补偿。复位弹簧处于橡胶皮碗与回油阀座之间，它有一定的预紧力，将活塞推靠在后挡板上，并使回油阀关闭。回油阀为环形有骨架的橡胶圈，其中心孔被带弹簧的出油阀所封闭，统称"复合式止回阀"。活塞的后端装有密封圈，并用挡板和卡环轴向限位。工作长度可调的推杆伸入活塞背面凹部，并保持一定的间隙。

图12-32、图12-33所示为双活塞主缸，直筒式缸体内装有两个活塞，第二活塞位于缸筒的中间部分，将主缸内腔分为两个工作腔。第一工作腔与右前盘、左后鼓轮缸回路相通。第二工作腔与左前盘、右后鼓轮缸回路相通。装备有ABS的制动系统，取消了旁通孔与补偿孔，而由中心止回阀代替。

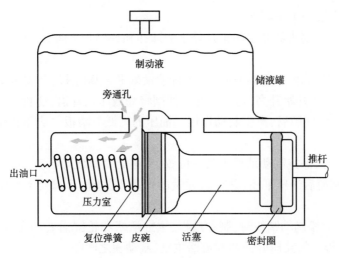

图 12-31　单活塞制动主缸

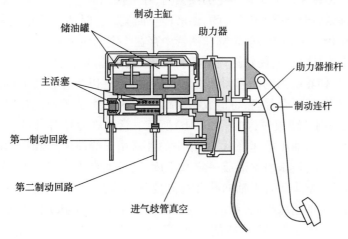

图 12-32　双活塞主缸

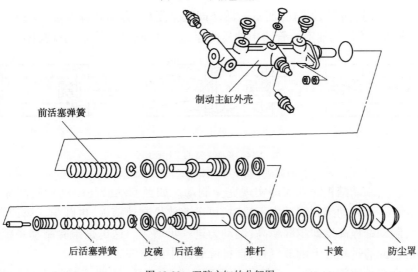

图 12-33　双腔主缸的分解图

2)单腔制动主缸的工作原理

(1)不制动时,活塞头部和皮碗正好处于旁通孔和补偿孔之间,旁通孔、补偿孔和储油室相通。

(2)开始制动时,如图12-34a)所示。推杆使活塞和皮碗左移,至皮碗遮盖住旁通孔后,压力室即被封闭,液压开始升高,随即推开出油阀将油液压入管道,使轮缸的液压升高,克服了制动蹄与制动鼓的间隙后,产生制动作用。油压的高低与踏板力成正比例增加,最高时可达 8MPa。

(3)维持制动时,保持制动踏板于某一位置,主缸活塞即维持不动,压力室及轮缸内油压不再增高。出油阀前后油压平衡,并在其弹簧的作用下关闭,双阀处于关闭状态,维持一定的制动强度。

(4)若缓慢地放松制动踏板时,制动踏板、主缸活塞和轮缸活塞均在各自的复位弹簧作用下复位,高压油液自管路压开回油阀流回主缸,制动随之解除。

由于活塞复位弹簧在装配时有一定的预紧力,在油液回流过程中,轮缸和油管内油压降低到不能克服此预紧力时,回油阀即关闭,油液停止回流。这时油管及轮缸内的油压比主缸压力室内油压高 0.05~0.1MPa,使轮缸和油管中存在一定的残余压力。

残余压力的作用是:第一,使轮缸内的活塞皮碗处于张紧状态,以提高其密封性能(防止漏油或渗气);第二,使轮缸内的活塞紧靠在制动蹄的端部,以免存在滞后的间隙。但是,如复位弹簧预紧力过大,残压会过高,将造成制动蹄复位不彻底,影响制动作用的彻底解除。

(5)若迅速放松制动踏板时,如图12-34b)所示。活塞在复位弹簧的作用下迅速右移,压力室内容积迅速扩大,油压迅速降低,管路中的油液由于管路阻力和回油阀阻力的影响,来不及充分流回压力室,使压力室形成一定真空度,而补油室为大气压力,在压力差的作用下,补油室油液即经活塞头部若干轴向孔并推翻皮碗边缘流入压力室,以备第二脚制动,使出油量增多,制动踏板即越踩越高,制动作用加强。如果第一脚制动就实现了完全制动,快松制动踏板后,由于"后油前补"功能的存在,管路中流回的超量油液便经旁通孔流回储液罐。

(6)解除制动时,如图12-34c)所示。活塞即完全复位,旁通孔即开放,管路中多排出的超量油液经旁通孔流回储油室。管路中油压降至残压规定值时,回油阀即关闭。

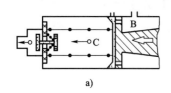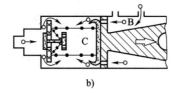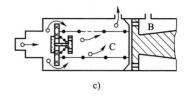

图12-34 单腔主缸的工作原理
a)制动开始;b)快速放松;c)完全复位

正常情况下,制动踏板踩到底即实现完全制动。如因制动鼓与制动蹄的间隙过大或空气渗入等原因,一脚制动感到制动力不足时,可迅速放松制动踏板,再踩第二脚或第三脚,使出油量增多,制动踏板高度即越踩越高,制动力进一步增大。这也是检验制动系统好坏的手段之一,并可借此通过轮缸上的放气螺钉,排除管路中的空气。

可见,复合式止回阀的存在,不仅能使管路中保持残压;还能连续加大排油量;还有换油、排气方便的功能。再者,旁通孔和活塞皮碗的相对位置至关重要,相距过远油压建立过晚;相距过近易遮盖旁通孔。如液压系统漏油,以及因温度变化,引起轮缸、管路、主缸中油液欠缺或膨胀时,都可以通过旁通孔和补偿孔来调节。

3)双腔制动主缸的工作原理

如图12-35所示。当踩下制动踏板时,推杆推动活塞左移,在进油孔关闭,各制动轮缸产生油压,对汽车施行制动。

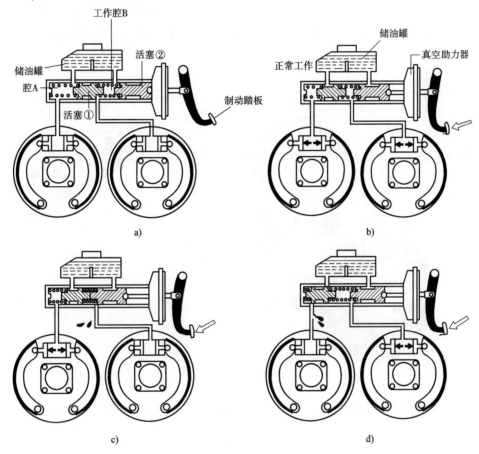

图12-35 双腔制动主缸工作原理
a)行驶时;b)制动时;c)一个管路漏油;d)另一制动管路漏油

当其中一个管路泄漏时,如图12-35c)所示。工作腔B内不能产生油压,活塞①在机械推力的作用下仍能使腔A产生油压。

当另一管路泄漏时,如图12-35d)所示。在腔A内不能产生油压,活塞②推着活塞①使其顶到制动主缸缸体上,此时在工作腔B产生油压。

由此可见,双回路液力制动系统中任一回路失效时,主缸仍能工作,只是所需制动踏板行程加大,制动距离增加,制动效能降低。

4)单膜片真空助力器的构造

桑塔纳2000型轿车制动助力装置,采用了9in真空助力器和串联双腔活塞式制动主缸。利用发动机工作时产生的真空度和大气的压力差实现助力作用。真空助力器真空室通过真空管与发动机进气歧管连接。不制动时，真空助力器膜片两侧腔室均为真空；踩下制动踏板，膜片后腔室变成大气，推动膜片前移，协助驾驶人制动。在发动机进气歧管和助力器的连接管道上设置真空平衡罐，用以平衡因发动机转速变化而引起的真空度波动。当发动机停止工作时，真空助力器仍能正常工作3次，保证制动可靠。图12-36所示为桑塔纳2000GSi轿车单膜片式真空助力器结构。真空助力器和制动主缸用4个螺钉固定在车身前围上，左右外壳和膜片压合在一起，组成不通大气彼此相通的左气室和右气室。真空制动阀总成的阀体与座端凸缘用气封和垫片压合在气室膜片上，气室膜片复位弹簧将真空控制阀总成连同气室膜片压向右边。阀体右边圆柱体可在密封套内左右移动，并能保证右气室与外界大气隔绝。

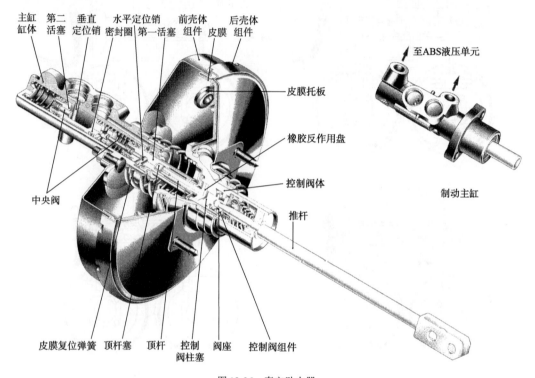

图12-36 真空助力器

5) 单膜片真空助力器的工作原理

（1）在未踩下制动踏板时，控制阀处于非工作状态，如图12-37所示，控制阀推杆弹簧将压杆推向右端，又将橡胶膜片推向阀体的内孔台阶上。橡胶膜片像一个可伸缩的皮囊，其右膜片作为弹簧座，左膜片则作为开闭外界空气进入气室的阀门。在控制阀推杆弹簧的作用下，左膜片紧压球铰链的端面上，使阀体内腔与外界隔绝，并同时使通往左气室的通道与通往右气室的通道相通，使左、右气室的压力差为零。在发动机工作时，真空止回阀被吸开，两气室的真空度绝对值与发动机进气歧管相同。

（2）真空助力器工作过程，如图12-38所示。

①刚踩下制动踏板时，踏板力使推杆克服弹簧的弹力左移，通过球头推动铰链杆左移。橡胶膜片与阀体接触，封闭左右气室通道。当推杆继续左移，橡胶膜片脱离铰链杆的端面，打开通道B，如图12-37所示，外界空气经空气滤清器进入右气室。于是在左右气室间产生

一个压力差,使气室膜片带动真空控制阀总成以及推杆和后活塞一起向左移动。左移力等于踏板力和气压差力之和。推力增大程度由真空度而定,最大可增大3倍。

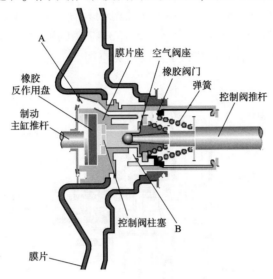

图 12-37 真空助力器非工作状态时

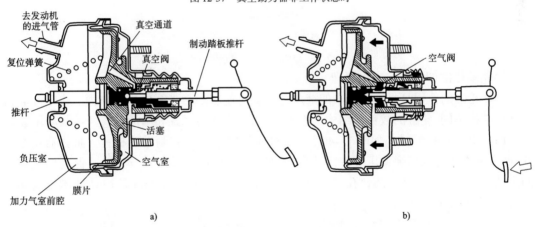

图 12-38 真空助力器的工作原理
a) 行驶时;b) 制动时

②当制动踏板踩住不动时,空气继续进入右气室,压力增大,使阀体也逐渐左移,又使膜片与铰链杆端接触,与外界空气隔绝,右气室压力不再增加,此时踏板力与气压和液压力相等,顶杆不再左移。这样,真空助力器处于平衡状态。

③松开制动踏板时,控制阀弹簧推动推杆右移,橡胶膜片与阀体的阀口脱离,两通道A与B又相通而使左右气室压力差消失,气室膜片及真空控制阀总成在复位弹簧作用下右移,又回到起始位置,制动解除。

6) 双膜片真空助力器的构造及工作原理

如图12-39所示,广州本田雅阁轿车采用串联双膜片式真空助力器。串联式助力器是将两膜片重叠起来加强制动力。真空助力器安装在制动踏板与制动主缸之间,利用发动机的负压,依靠吸引膜片的力来推动制动主缸的活塞,以此来减轻制动踏板的踏力。其工作原理与前述单膜片的工作原理相似,不同之处是空气阀与真空阀必须同时控制两膜片上的真空度与大气压,松开制动踏板时,两侧都具有一定的真空度,制动时,真空阀与空气阀工作,在两个膜片的后腔(踏板侧)进气,两个膜片的主缸则具有一定的真空度,两边的气压差产生制动助推力。这种串联双膜片真空助力器可具有 3~7 倍的助力比,从而实现了用较小尺寸的膜片产生较大的助推力,有效地节约了发动机舱空间。

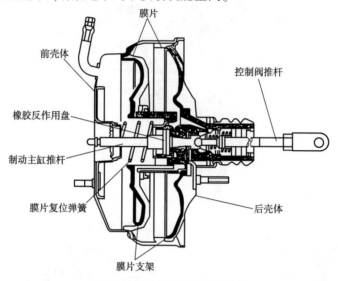

图 12-39　串联式双膜片真空助力器

7) 制动轮缸的结构与工作原理

制动轮缸的作用是将主缸传来的液压力转变为使制动蹄张开的机械推力。由于车轮制动器的结构不同,轮缸的数目和结构也不同,通常分为双活塞式和单活塞式两类制动轮缸。

(1) 双活塞制动轮缸,如图 12-40 所示,缸体用螺栓固定在制动底板上。缸内有两个活塞,两个密封皮碗利用弹簧压靠在两活塞上,使皮碗和活塞始终一块运动,并保持两皮碗间的进油孔畅通。活塞外端凸台孔内压有顶块,与两制动蹄的上端抵紧。缸体两端均有防护罩,以防尘土及泥水侵入。

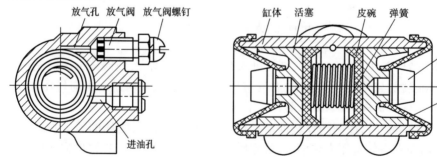

图 12-40　双活塞轮缸

(2) 单活塞式制动轮缸,如图 12-41 所示,用于单向助势平衡式车轮制动器或单向自动增力式车轮制动器中。每一制动器中装有两个单活塞式制动轮缸,每一轮缸推动一个制动蹄。为缩小轴向尺寸,液压腔密封件不采用抵靠在活塞端面的皮碗,而采用装在活塞导向面槽内的皮圈,进油间隙借活塞端面的凸台保持。

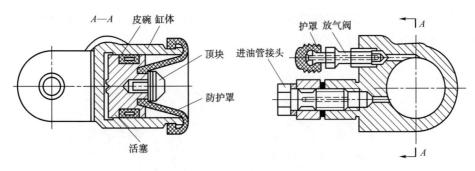

图 12-41 单活塞轮缸

课题二 液压制动系统的拆装

一、作业前的准备

科鲁兹 2013 款轿车的制动系统、举升机、组合扳手、螺丝刀、鲤鱼钳、尖嘴钳、扭力扳手、专用工具 VW637/2、台钳、撬杠、冲子、钢直尺等。

二、科鲁兹 2013 款轿车后轮鼓式制动器的拆装

科鲁兹 2013 款轿车后轮鼓式制动器,如图 12-42 所示。

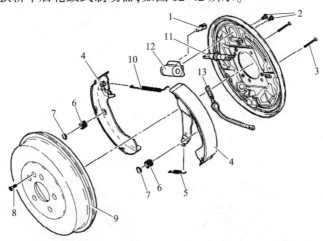

图 12-42 科鲁兹 2013 款轿车后轮鼓式制动器分解图
1-车轮制动轮缸排气阀;2-车轮制动轮缸安装螺栓;3-限位弹簧销;4-制动蹄;5-制动蹄复位弹簧;6-制动蹄限位弹簧;7-制动蹄限位弹簧帽;8-制动鼓安装螺栓;9-制动鼓;10-调节弹簧;11-调节器总成;12-车轮制动轮缸;13-驻车拉索

科鲁兹 2013 款轿车后轮制动器分解图如图 12-43 所示。

(1)检查以确保驻车制动器已完全释放。

(2)顶起车辆,拆下后轮胎和车轮总成。

(3)拆下制动鼓螺钉 1,拆下制动鼓 2,如图 12-43 所示。

(4)制动蹄的拆装。

拆下调节弹簧1,将调节器弹簧弯钩端与调节器执行器杆上的凸舌分离,然后释放制动蹄辐板孔上的弹簧,如图12-44所示。

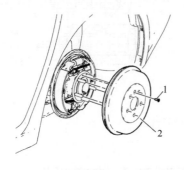
图12-43 制动鼓拆卸图
1-螺钉;2-制动鼓

图12-44 调节弹簧位置示意图
1-调节弹簧

(5)将调节器执行器杆1与调节器总成2分离。拆下调节器总成2,如图12-45所示。

(6)拆下制动蹄弹簧1,使用CH-346安装工具拧动弹簧帽2,如图12-46所示。

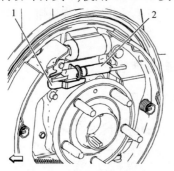
图12-45 调节器位置示意图
1-调节器执行器杆;2-调节器总成

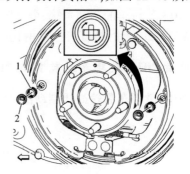
图12-46 弹簧帽位置示意图
1-制动蹄弹簧;2-弹簧帽

(7)拆下制动蹄1,将下弹簧4从前制动蹄上拆下,将驻车拉索3从驻车制动杆2上拆下,如图12-47所示。

(8)将调节器总成2安装至调节器执行器杆1。尽可能旋转调节器,如图12-48所示。

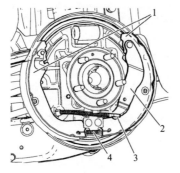
图12-47 制动蹄位置示意图
1-制动蹄;2-驻车制动杆;3-驻车拉索;4-下弹簧

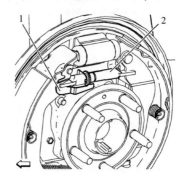
图12-48 调节器位置示意图
1-调节器执行器杆;2-调节器总成

（9）将驻车拉索3安装至驻车制动杆2上。将下弹簧4安装至前制动蹄。安装制动蹄1，如图12-49所示。

（10）安装制动蹄弹簧1，使用CH-346安装工具拧动弹簧帽2，如图12-50所示。

（11）安装调节弹簧1。确保弹簧上的搭扣与执行器杆上的凸舌充分接合，如图12-51所示。

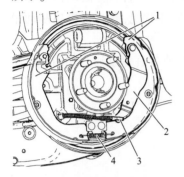
图12-49　制动蹄安装位置示意图
1-制动蹄；2-驻车制动杆；3-驻车拉索；4-下弹簧

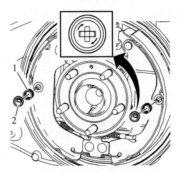
图12-50　弹簧帽位置示意图
1-制动蹄弹簧；2-弹簧帽

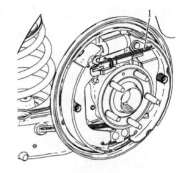
图12-51　调节弹簧位置示意图
1-调节弹簧

（12）安装制动鼓，安装轮胎和车轮总成。

三、科鲁兹2013款轿车前轮盘式制动器的拆装与检查

（1）检查制动主缸储液罐中的液位。

（2）如果制动液液位处于最满标记和最低允许液位之间的中间位置，则在开始本程序前不必排出制动液。

（3）如果制动液液位高于最满标记和最低允许液位之间的中间位置，则在开始前应将制动液排出至中间位置。

（4）举升和顶起车辆。

（5）拆下轮胎和车轮总成。

（6）抓住制动钳壳体，并试着相对于制动钳安装托架上/下和前/后方向移动制动钳安装托架3，如果观察到过于松动，则可能需要更换制动钳托架衬套和/或制动钳安装螺栓。压缩前制动钳活塞，如图12-52所示。

（7）压缩前制动钳活塞，如图12-53所示。

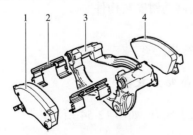
图12-52　制动钳结构示意图
1、4-盘式制动片；2-弹簧；3-托架

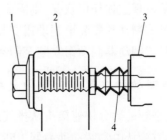
图12-53　制动钳安装托架示意图
1-螺栓；2-制动钳；3-托架；4-护套

①将大型C形夹钳安装至制动钳壳体顶部,并抵住外侧盘式制动片1背部。

②缓慢地紧固C形夹钳,直到将制动钳活塞完全压入制动钳孔内。

③将C形夹钳从制动钳上拆下。

(8)随着活塞压入制动钳孔内,抓住制动钳壳体并在制动钳安装螺栓上前后滑动。检查操作是否顺畅。如果制动钳壳体滑动力过大或制动钳壳体滑动不顺畅,检查制动钳安装螺栓和制动钳安装托架衬套是否磨损或损坏。如果发现磨损或损坏状况,有必要更换制动钳安装螺栓或制动钳安装托架衬套。

(9)从制动钳安装托架上拆下制动钳安装螺栓,并用粗钢丝支撑住制动钳。切勿将液压制动软管从制动钳上拆下。

(10)将盘式制动片1、4从制动钳安装托架3上拆下,如图12-55所示。

(11)检查盘式制动片安装构件是否存在以下状况。

①安装构件缺失。

②严重腐蚀。

③衬垫固定件弹簧2弯曲。

④制动钳安装托架3松动。

⑤盘式制动片1、4松动。

⑥制动钳安装托架3表面和螺纹污染物过多。

(12)如果发现上述任何状况,则需更换盘式制动片的安装构件。

(13)确保盘式制动片在制动钳安装托架上牢固固定到位,而且在安装构件上滑动顺畅,没有卡滞现象。

(14)检查制动钳安装构件是否存在以下状况,如图12-53所示。

①卡滞。

②卡死。

③制动钳安装托架3松动。

④制动钳安装螺栓1弯曲或损坏。

⑤护套4开裂或破损。

⑥护套缺失。

⑦制动钳安装托架3弯曲或损坏。

⑧制动钳2开裂或损坏。

(15)如果发现上述任何状况,则需要更换制动钳安装构件。

(16)将盘式制动片安装至制动钳安装托架。

(17)将盘式制动器制动钳安装至制动钳安装托架。

四、电动制动助力器真空管的更换(带助力器泵)

(1)将真空管的部分快速接头从排气进口上断开,如图12-54所示。

(2)将真空管从电动制动助力器上断开。

(3)将真空管从电动制动助力器泵上断开。

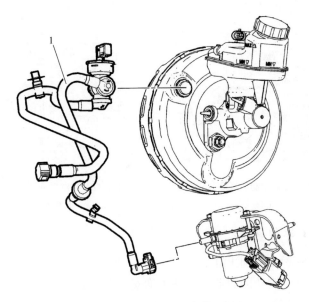

图 12-54 电动制动助力器部件示意图
1-真空管

五、液压制动主缸的拆卸

(1) 拆下散热器缓冲罐夹子 2, 如图 12-55 所示。
(2) 拆下散热器缓冲罐 1 并放置在一边, 不排水, 如图 12-55 所示。
(3) 断开制动液液位指示灯开关电气连接器且与制动液储液罐分离。
(4) 断开主缸副制动管接头 1。盖上制动管接头并堵住主缸出口, 以防止制动液流失和污染, 如图 12-56 所示。

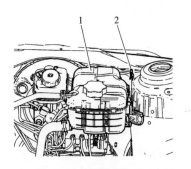 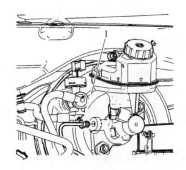

图 12-55 散热器缓冲罐位置示意图　　图 12-56 主缸副制动管接头位置示意图
1-散热器缓冲罐;2-夹子　　　　　　　　　1-接头

(5) 断开主缸主制动管接头 1。盖上制动管接头并堵住主缸出口, 以防止制动液流失和污染, 如图 12-57 所示。
(6) 拆下并报废主缸螺母 1, 如图 12-58 所示。
(7) 拆下带制动液储液罐的主缸。
(8) 检查主缸至真空制动助力器的密封件是否损坏, 必要时进行更换。
(9) 必要时拆下主缸储液罐。

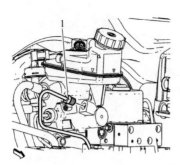

图 12-57 主缸主制动管接头示意图
1-接头

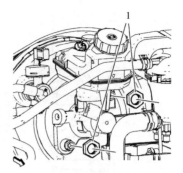

图 12-58 主缸螺母位置示意图
1-螺母

六、液压制动主缸的安装

(1)将制动液储液罐安装到主缸上。

(2)确保主缸至真空制动助力器密封件正确安装在主缸桶上。

(3)执行主缸台钳排气。

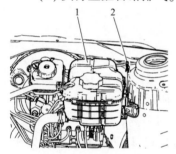

图 12-59 散热器缓冲罐位置示意图
1-散热器缓冲罐;2-夹子

(4)安装主缸。

(5)安装新的主缸螺母并紧固至50N·m。

(6)将制动液液面指示开关线束安装至制动液储液罐并连接电气连接器。

(7)连接主缸主制动管接头并紧固至18N·m。

(8)连接主缸次级制动管接头并紧固至18N·m。

(9)重新定位并安装散热器缓冲罐1,如图12-59所示。

(10)安装散热器缓冲罐夹子2,如图12-59所示。

(11)对液压制动系统排气。

七、主缸台钳排气

(1)制动主缸的安装凸缘卡在测试台台钳上,露出主活塞的后端。

(2)拆下主缸储液罐盖和膜片。

(3)将合适的接头安装至主缸孔口,要与所要求的扩口座类型相匹配并且提供软管接头。

(4)将透明软管安装至主缸孔口上的接头,然而再将软管排布到主缸储液罐1中,如图12-60所示。

(5)将制动液添加至制动主缸储液罐到至少半满位置。

(6)确保通向主缸储液罐的透明软管端部完全浸入制动液中。

(7)用光滑、圆头工具多次按压和松开主活塞,直到它的行程达到最大,大约25mm的深度。观察孔口油液的流出情况。当空气从主活塞和辅助活塞排出时,按压主活塞所需的力将增加,而行程量减小。

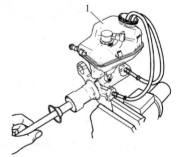

图 12-60 排气操作示意图
1-主缸储液罐

(8) 继续按压并松开主活塞,直到油液顺畅地从孔口流出,且没有气泡。

(9) 将透明软管从主缸储液罐1上拆下,如图12-60所示。

(10) 安装主缸储液罐盖和膜片。

(11) 将接头和透明软管从主缸孔口上拆下。用清洁的抹布包住主缸,防止制动液溢出。

(12) 将主缸从台钳上拆下。

八、制动管路的拆卸

(1) 举升和顶起车辆。

(2) 拆下传动系统和前副车架。

(3) 将制动管接头2从制动压力调节阀1上拆下,如图12-61所示。

(4) 将制动管接头1从制动管分离点2上拆下,如图12-62所示。

(5) 盖上或塞住制动管分离点2的开口,以防止制动液流失和污染,如图12-62所示。

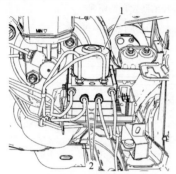
图12-61 制动压力调节阀位置示意图
1-调节阀;2-接头

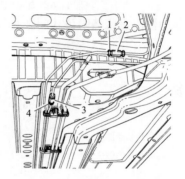
图12-62 制动管接头位置示意图
1、4-接头;2、3-分离点

(6) 将制动管接头4从制动管分离点3上拆下,如图12-62所示。

(7) 盖上或塞住制动管分离点3的开口,以防止制动液流失和污染,如图12-62所示。

(8) 拆下卡夹(数量:8个)。

(9) 拆下制动管。

九、制动管路的安装

(1) 安装新的制动软管。

(2) 安装卡夹(数量:8个)。

(3) 拆下制动管分离点2开口上的盖子或塞子。

(4) 将新的制动管接头2安装至制动管分离点2并紧固至18N·m。

(5) 拆下制动管分离点3开口上的盖子或塞子。

(6) 将新的制动管接头4安装至制动管分离点3并紧固至18N·m。

(7) 拆下制动压力调节阀1开口上的盖子或塞子。

(8) 将制动管接头2安装至制动压力调节阀1,并紧固至18N·m。

(9) 安装传动系统和前副车架。

(10) 降下车辆。

十、学习与拓展

（1）查有关资料，鼓式制动器还有几种制动间隙自调的措施。

①轮缸内设摩擦环的间隙自调措施，如图12-63所示。

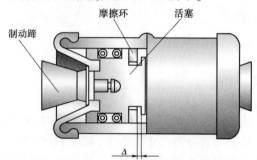

图12-63 轮缸内设摩擦环的间隙自调原理

②鼓式制动器内设摩擦限位式间隙自调措施，如图12-64所示。

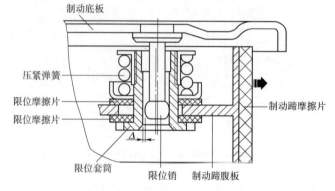

图12-64 摩擦限位式间隙自调装置

③鼓式制动器内设棘轮式间隙自调措施，如图12-65、图12-66所示。

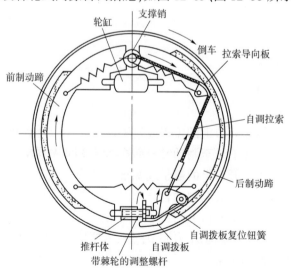

图12-65 棘轮式间隙自调机构原理图

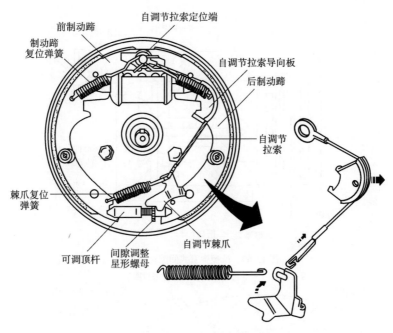

图 12-66 棘轮式间隙自调机构实物图

④鼓式制动器内设自调拨板式间隙自调装置,如图 12-67 所示。

⑤自调齿板式间隙自调装置,如图 12-68 所示。

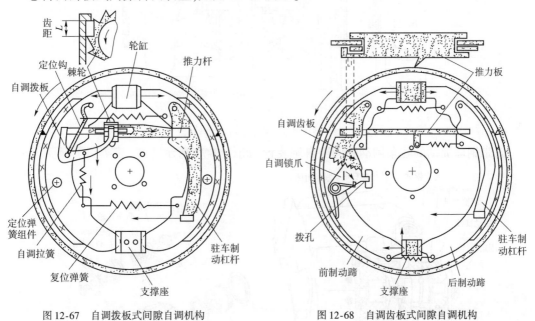

图 12-67 自调拨板式间隙自调机构　　图 12-68 自调齿板式间隙自调机构

（2）当后轮制动器为盘式时,后轮也兼作驻车制动,查找另外几种类型的间隙自动调整方法的有关资料。

①摩擦弹簧式间隙自调装置,如图 12-69 所示。

②自调螺杆式间隙自调装置和驻车制动机构,如图 12-70 所示。

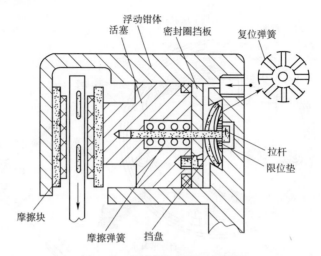

图 12-69　摩擦弹簧式间隙自调装置

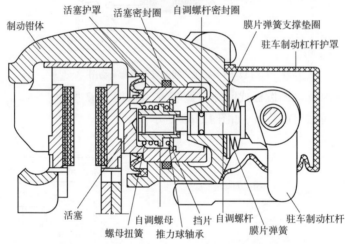

图 12-70　盘式制动器中的驻车制动和间隙自调节装置

③带钢球促动的驻车制动和间隙自调装置，如图 12-71 所示。

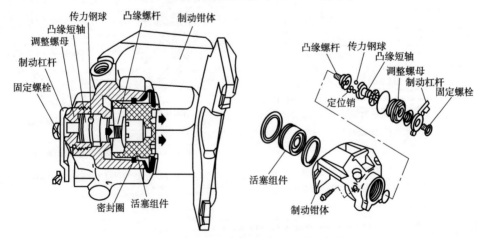

图 12-71　带钢球促动的驻车制动和间隙自调装置

④带偏心轴及推杆的驻车制动和间隙自调装置,如图 12-72 所示。

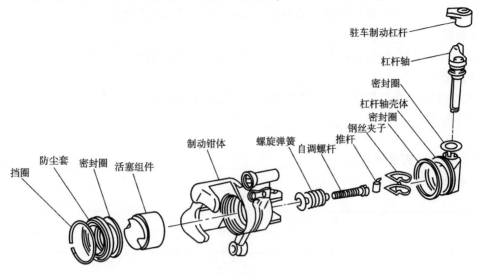

图 12-72　带偏心轴及推杆的驻车制动和间隙自调装置

⑤带双轮缸的盘式制动器,如图 12-73 所示。

图 12-73　双轮缸盘式制动器

十一、评价与反馈

1. 自我评价与反馈

(1)你对本项目的学习是否满意?

评价情况:＿＿＿＿＿＿＿＿＿＿＿＿＿＿＿＿＿＿＿＿＿＿＿＿＿＿＿＿＿＿＿＿＿

(2)你能独立完成科鲁兹轿车制动系统的拆卸与装配吗?

评价情况:＿＿＿＿＿＿＿＿＿＿＿＿＿＿＿＿＿＿＿＿＿＿＿＿＿＿＿＿＿＿＿＿＿

(3)你是否知道科鲁兹轿车液压制动系统的基本组成吗?

评价情况:＿＿＿＿＿＿＿＿＿＿＿＿＿＿＿＿＿＿＿＿＿＿＿＿＿＿＿＿＿＿＿＿＿

(4)你会正确使用液压制动系统拆装过程中涉及的工具吗?

评价情况:＿＿＿＿＿＿＿＿＿＿＿＿＿＿＿＿＿＿＿＿＿＿＿＿＿＿＿＿＿＿＿＿＿

签名:＿＿＿＿＿＿　　　＿＿＿年＿＿月＿＿日

2. 小组评价与反馈

(1) 你们小组在接到任务之后是否讨论过液压制动系统的拆装计划？

评价情况：_____

(2) 你们小组在拆装液压制动系统的过程中是否有明确的分工？相互配合得好吗？

评价情况：_____

(3) 你们小组在拆装液压制动系统的过程中操作是否规范？

评价情况：_____

参与评价的同学签名：_____　　_____年___月___日

3. 教师评价及答复

_____
_____
_____

教师签名：_____　　_____年___月___日

项目十三 防抱死制动系统的结构与拆装

完成本项目学习后,你应能:
1. 叙述防抱死制动系统的功用、结构和工作原理;
2. 正确地使用工具和设备;
3. 会轮速传感器的正确拆装;
4. 在拆装时,应保证零件和工作区域的清洁。

8 课时。

 防抱死制动系统的作用和结构

一、防抱死制动系统的功用

防抱死制动系统简称 ABS。其功用是保证汽车在任何路面上进行紧急制动时,自动控制和调节车轮制动力,防止车轮完全抱死,从而得到最佳制动效果。

为使汽车获得较大的纵向力和侧向附着力,现代汽车广泛地装备了防抱死制动系统。它具有缩短制动距离、制动时不影响转向能力、增加制动操作的稳定性、避免轮胎在制动时的偏磨耗等优点。

二、防抱死制动系统的基本组成及工作过程

ABS 由基本制动系统和制动力调节系统两部分组成。前者是制动主缸、制动轮缸和制动管路等构成的普通制动系统,用来实现汽车的常规制动,而后者通常由车轮轮速传感器、制动压力调节器、电子控制单元(ECU)和 ABS 警示装置等组成,如图 13-1 所示。

在不同的 ABS 中,制动压力调节器的结构形式和工作原理往往不同,ECU 的内部结构和控制逻辑也可能不尽相同。图 13-2 所示是一种较为典型的电子控制防抱死制动系统。

每个车轮上各安装一个轮速传感器,将关于各车轮轮速的信号输入 ECU。ECU 根据各个车轮轮速传感器输入的信号对各个车轮的运动状态进行检测和判定,并形成响应的控制指令。制动压力调节器主要由调压电磁阀总成、电动泵总成和储液器等组成一个独立的整体,通过制动管路与制动主缸和各制动轮缸相连,制动压力调节器受 ECU 的控制对各制动轮缸的制动压力进行调节。

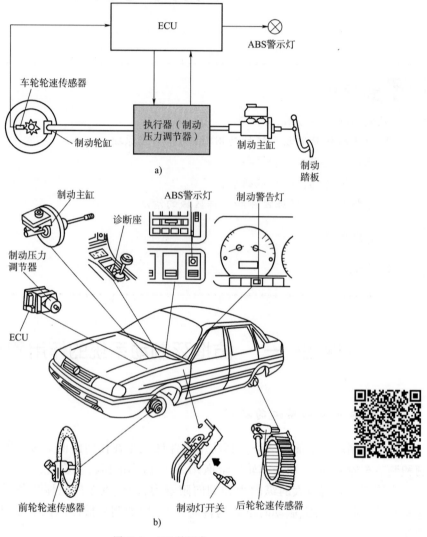

图 13-1 ABS 的组成
a) 原理图；b) 实物图

ABS 工作过程可以分为常规制动、制动压力保持、制动压力减小和制动压力增大等阶段。在常规制动阶段,ABS 并不介入制动压力控制,调压电磁阀总成中的各进液电磁阀均不通电而处于开启状态,各出液电磁阀均不通电而处于关闭状态,电动泵也不通电运转,制动主缸至各制动轮缸的制动管路均处于沟通状态,而各制动轮缸至储液器的制动管路均处于封闭状态,各制动轮缸的制动压力将随主缸的输出压力而变化,此时的制动过程与常规制动系统的制动过程完全相同,如图 13-3a) 所示。

在制动过程中，ECU 根据车轮轮速传感器输入的车轮转速信号判定有车轮趋于抱死时，ABS 就进入防抱死制动压力调节过程。例如 ECU 判定右前轮趋于抱死时，ECU 就使右前轮制动压力的进液电磁阀通电，使右前轮进液电磁阀转入关闭状态，制动主缸输出的制动液不再进入右前制动轮缸，此时，右前出液电磁阀仍未通电而处于关闭状态，右前制动轮缸中的制动液也不会流出，右前制动轮缸的制动压力就保持一定，而其他未趋于抱死的车轮的制动压力仍会随制动主缸输出压力的增大而增大，如图 13-3b)所示。

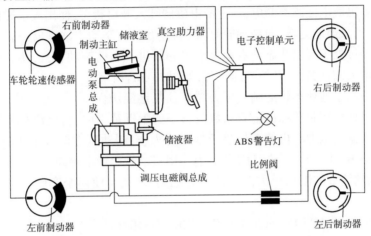

图 13-2 典型 ABS 的组成

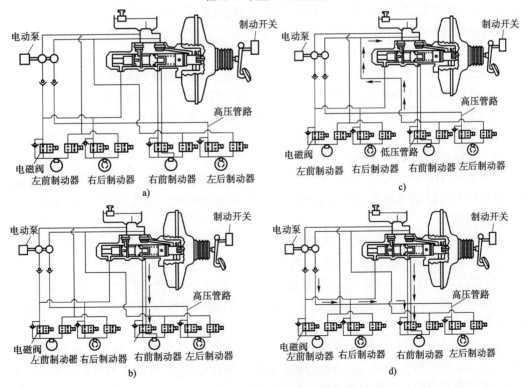

图 13-3 ABS 的工作过程

a)常规制动阶段；b)制动压力保持阶段；c)制动压力减小阶段；d)制动压力增大阶段

如果在右前制动轮缸的制动压力保持一定时，ECU 判定右前轮仍处于抱死，ECU 又使右前出液电磁阀也通电而转入开启状态，右前制动轮缸中的部分制动液就会经过处于开启状态的出液电磁阀流回储液器，使右前制动轮缸的制动压力迅速减小，右前轮的抱死趋势将开始消除，如图 13-3c) 所示。

随着右前制动轮缸制动压力的减小，右前轮就会在汽车惯性力的作用下逐渐加速，当 ECU 根据车轮轮速传感器输入的信号判定右前轮的抱死趋势已经完全消除时，ECU 就使右前进液电磁阀和出液电磁阀都断电，使进液电磁阀转入开启状态，使出液电磁阀转入关闭状态，同时也使电动泵通电运转，向制动轮缸泵送制动液，由制动主缸输出的制动液和电动泵送的制动液都经过处于开启状态的右前进液电磁阀进入右前制动轮缸，使右前制动轮缸的制动压力迅速增大，右前轮又开始减速运转，如图 13-3d) 所示。

ABS 通过使趋于抱死车轮的制动压力循环往复地经历保持—减小—增大过程，而将趋于抱死车轮的滑移率控制在峰值附着系数滑移率的附近范围内，直至汽车速度减小到很低或者制动主缸的输出压力不再使车轮趋于抱死时为止，制动压力调节循环的频率可达 3~20Hz。在该 ABS 中对应每一个制动轮缸各有一对进液和出液电磁阀，可由 ECU 分别进行控制。因此，各制动轮缸的制动压力能够被独立地调节，从而使四个车轮都不发生制动抱死现象。

德国博世公司的 ABS Bosch 5.3 系统，它由 ABS 液压单元（N55）（其中装有 ABS 控制单元 J104、进油阀、出油阀、液压泵 V39 等）、制动装置信号灯（K118）、ABS 信号灯、制动灯开关（F）、自诊断接口、前左及前右轮速传感器齿圈、前右及前左轮速传感器（G45 及 G47）、后右及后左轮速传感器（G44 及 G46）、后右及后左轮速传感器齿圈等组成，如图 13-4 所示。

系统元件在车上布置如图 13-5 所示，电动液压泵（V39）、ABS 控制单元（J104）和液压控制单元（N55）组成一体装在发动机的左边。ABS 信号灯（K47）和制动装置信号灯（K118）装在仪表板上。左后车轮轮速传感器（G46）、左前车轮轮速传感器（G47）以及右后（G44）、右前（G45）车轮轮速传感器分别装在各自的悬架上。

其工作原理如图 13-6 所示。

尽管各种 ABS 的结构形式和工作过程并不完全相同，但都是通过对趋于抱死车轮的制动压力进行自适应循环调节，来防止被控制车轮发生制动抱死。而且，各种 ABS 在以下几个方面都是相同的：

（1）ABS 只是在汽车的车轮速度超过一定以后（如 5km/h 或 8km/h），才会对制动过程中趋于抱死的车轮进行防抱死制动压力调节。

（2）在制动过程中，只有当被控制车轮趋于抱死时，ABS 才会对趋于抱死车轮的制动压力进行防抱死调节；在被控制车轮还没有趋于抱死时，制动过程与常规制动系统的制动过程完全相同。

（3）ABS 都具有自诊断功能，能够对系统的工作情况进行检测，一旦发现存在影响系统正常工作的故障时将自动地关闭 ABS，并将 ABS 警示灯点亮，向驾驶人发出警示信号，汽车的制动系统仍然可以像常规制动系统一样进行制动。

项目十三　防抱死制动系统的结构与拆装

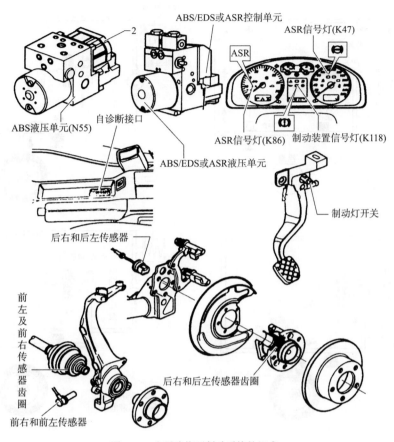

图 13-4　电子防抱死制动系统的组成

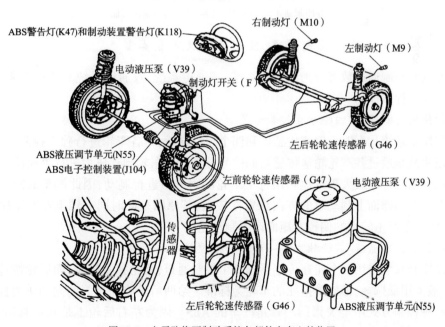

图 13-5　电子防抱死制动系统各部件在车上的位置

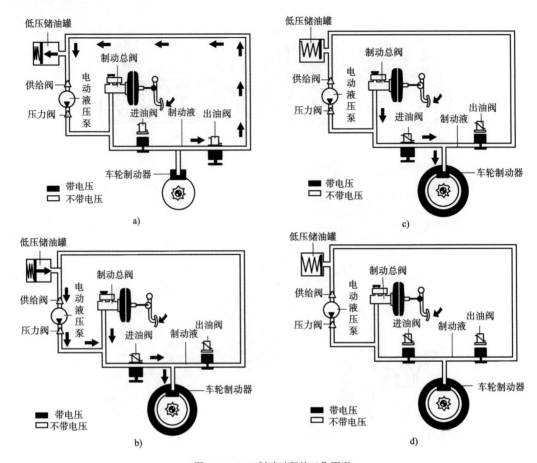

图 13-6 ABS 制动过程的工作原理
a) 开始制动；b) 油压保持；c) 油压降低；d) 油压增加

三、防抱死制动系统控制通道、控制方式及布置类型

ABS 按照控制通道数可分为四通道系统、三通道系统、双通道系统和单通道系统,而其布置形式是多种多样的。

1. 四传感器四通道/四轮独立控制方式

此种控制系统具有四个轮速传感器和四个控制通道,对各车轮进行独立控制,如图 13-7 所示。该系统是通过各车轮轮速传感器的信号分别对各车轮制动压力进行单独控制。

该控制系统可以最大限度地利用每个车轮的附着力进行制动,因此汽车的制动效能最好。但在不对称路面上制动时的方向稳定性较差,其原因是此时同一轴上左右车轮的制动力不同,使汽车产生较大的偏转力矩而产生制动跑偏。

2. 四传感器四通道/前轮独立——后轮选择控制方式

此种控制系统采用四个轮速传感器和四个控制通道,前轮独立控制,而后轮按选择方式控制,一般采用低选择,即以易抱死的车轮为标准。给两后轮施加相等的制动压力控制车轮转动。此种控制方式用于 X 形制动管路汽车的 ABS。因为左右后轮不是同一制动管路,因此需要采用四个通道,如图 13-8 所示。这种控制方式操纵性、稳定性较好,制动效能稍差。

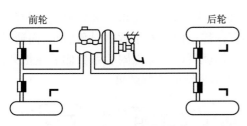

图13-7　四传感器四通道/四轮独立控制系统

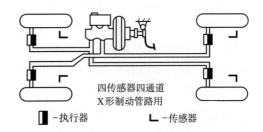

图13-8　四传感器四通道/前轮独立—后轮选择控制方式

3. 四传感器三通道/前轮独立——后轮低速选择控制方式

该系统用于制动管路前后布置形式的后轮驱动汽车。由于采用四个轮速传感器，检测左、右驱动轮的轮速，实现低选择控制方式，其性能与控制方式2相同，操纵性、稳定性较好，制动效能差，如图13-9所示。

4. 三传感器三通道/前轮独立——后轮低选择控制方式

如图13-10所示。该系统用于制动管路前后布置后轮驱动的汽车，前轮各有一个轮速传感器，独立控制。而后轮轮速则由装于差速器上的一个测速传感器检测，按低选择的控制方式用一条制动管路对后轮进行制动控制，其性能与方式3相近。

图13-9　四传感器三通道/前轮独立——后轮低选择控制系统

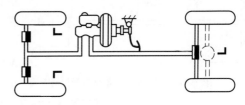

图13-10　三传感器三通道/前轮独立——后轮低选择控制系统

5. 四传感器二通道/前轮独立控制方式

此种方式多用于X形制动管路汽车的简易控制系统前轮独立控制，制动液通过比例阀（PV阀）按一定比例减压后传至对角后轮，如图13-11所示。此种控制方式的汽车在不对称的路面上制动时，如图13-12所示。高附着系数路面一侧前轮产生高制动压力，通过管路传至低附着系数路面一侧的后轮，该侧后轮则抱死。而低附着系数路面一侧前轮制动压力较低，经管路传至高附着系数路面一侧的后轮，高附着系数侧后轮则不抱死。这样能提高汽车制动时的方向稳定性。但与三通道、四通道的控制系统相比，其后轮制动力稍有降低，制动效能稍有下降，但后轮侧滑较小。

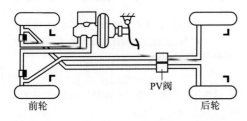

图13-11　四传感器二通道/前轮独立控制系统

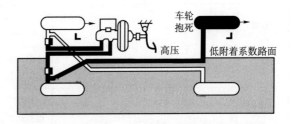

图13-12　四传感器二通道/前轮独立控制系统的制动情况

6. 四传感器二通道/前轮独立——后轮低选择控制方式

该系统如图 13-13 所示。在通往后轮的两通道上增设一个低选择阀（SLV 阀）。当汽车在不对称路面制动时，高附着系数侧前轮的高压不直接传至低附着系数侧对角后轮，而通过低选择阀只升至与低附着系数侧前轮相同的压力，这样就可以避免低附着系数侧后轮抱死，如图 13-14 所示。这种控制方式更接近三通道或四通道系统的控制效果。

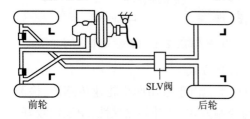

图 13-13 四传感器二通道/前轮独立——后轮低选择控制系统

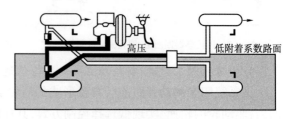

图 13-14 四传感器二通道/前轮独立——后轮低选择控制系统制动情况

7. 一传感器一通道近似低选择控制方式

这种控制方式用于制动管路前后布置的汽车，对后轮进行控制如图 13-15 所示。一个传感器装于后桥差速器上，只对后轮采用近似低选择的控制方式。由于前轮无控制，故易抱死，转向操纵性差，制动距离较长。

在各种轿车制动系统上采用不同类型的 ABS 可以产生不同的使用效果。综合性能比较可以参见表 13-1。

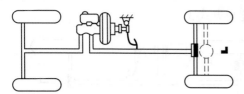

图 13-15 一传感器一通道/后轮近似低选择控制方式

不同类型 ABS 所产生的不同的使用效果　　　　　　　　表 13-1

系统名称	传感器数	通道数	适用制动回路类型	控制方法	特　点
4S4M	4	4	HH	四轮独立控制	四轮均可充分利用地面附着力，但在对分路面或左、右轮载荷差别较大时制动，汽车方向稳定性不好，较少采用
			X	前轮独立控制、后轮低选控制	制动效能稍差，但汽车方向稳定性较好
4S3M	4	3	X 或 HH	前轮独立控制、后轮低选择控制	占总附着力 80% 的两前轮独立控制，两后轮按低选择同时控制，是大多数汽车采用的形式之一
3S3M	3	3	HH	前轮独立、后轮近似选择控制	
4S2M	4	2	X	前轮独立控制、后轮低选择控制	在各种复杂路面上难以使方向稳定性、制动距离和转向操纵能力得到兼顾，较少采用
2S2M	2	2	X	前轮独立、后轮对角前轮控制	
1S1M	1	1	HH	前轮无控制、后轮近似选择控制	后轴车轮按低选择原则控制，可改善汽车的方向稳定性

四、轮速传感器

轮速传感器的功用是检测车轮的旋转速度,并将速度信号输入电子控制单元。目前用于 ABS 的传感器主要有电磁式和霍尔式两种。

在有些 ABS 中,为了获得汽车的纵向或横向的速度,在汽车的车身上装有减速度传感器。

1. 电磁式轮速传感器

电磁式轮速传感器由传感头和齿圈两部分组成,图 13-16 所示为轮速传感器在车轮上的安装位置,其齿圈一般安装在轮毂或轴座上,对于后轮驱动且后轮采用同轴控制的汽车,齿圈也可安装在差速器或传动轴上。齿圈随车轮或传动轴转动。传感头通过固定在车身上的支架安装在齿圈附近,传感头与齿圈间的间隙均为 1mm,多数车轮转速传感器的间隙是不可调的。

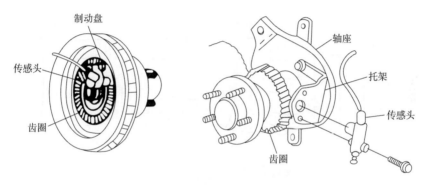

图 13-16 轮速传感器在车轮上的安装位置

传感头由永磁体、极轴、感应线圈等组成。根据极轴的结构形式不同,轮速传感器又可分为凿式极轴轮速传感器、柱式极轴轮速传感器等形式,极轴同永磁体相连接,永磁体通过极轴延伸到齿圈并与齿圈构成磁路,感应线圈套在极轴的外面,齿圈旋转时,齿顶和齿隙交替对向极轴。当齿顶对向极轴时,磁路的间隙最小,因此磁阻也最小,通过感应线圈的磁通量最大;当齿隙对向极轴时,磁路的磁隙最大,磁阻也最大,通过感应线圈的磁通量最小。所以在齿圈旋转过程中,齿顶齿隙交替对向极轴,就使通过感应线圈内部的磁通量交替变化从而产生感应电动势,此信号通过感应线圈末端的电缆输入 ABS 电子控制单元。当齿圈的转速发生变化时,感应电动势的频率也随之变化,如图 13-17 所示。感应电动势(电压)信号变化的频率便能精确地反映出车轮速度的变化。

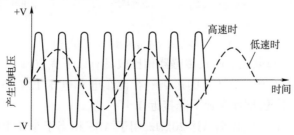

图 13-17 轮速传感器产生的电压信号

电磁式轮速传感器结构简单、成本低,但存在下述缺点:

(1)其输出信号的幅值是随转速变化而变化的,在规定转速范围内,其输出信号的幅值一般在1~15V范围内变化,若车速过慢,其输出信号低于1V时,ECU就无法检测。

(2)响应频率不高,当转速过高时,传感器的频率响应跟不上,容易产生错误信号。

(3)抗电磁波干扰能力差,尤其是其输出信号幅值较小时。在汽车这个电磁波干扰源很多的特定条件下,抗干扰能力尤为重要。

目前,国内外防抱死制动系统的控制速度范围一般为15~160km/h,今后要求控制速度范围扩大到8~260km/h以至更大,显然电磁感应式轮速传感器很难适应。因此,霍尔式轮速传感器在ABS中应用越来越广泛。

2. 霍尔式轮速传感器

霍尔式轮速传感器也由传感头和齿圈组成,传感头由永磁体、霍尔元件和电子电路等组成,如图13-18所示。

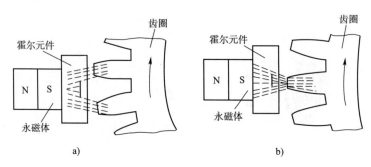

图13-18　霍尔式轮速传感器示意图

1)霍尔电压的产生

永磁体的磁力线穿过霍尔元件通向齿轮,当齿轮处于图13-18a)位置时,穿过霍尔元件的磁力线分散于两齿之中,磁场相对较弱。当齿轮位于图13-18b)位置时,穿过霍尔元件的磁力线集中于一个齿上,磁场相对较强。穿过霍尔元件的磁力线密度所发生的这种变化会引起霍尔电压的变化,输出一个毫伏级的准正弦波电压。此电压经波形转换电路转换成标准的脉冲电压。

2)波形转换电路

由霍尔元件输出的毫伏级准正弦波电压,将由如图13-19所示的电子电路转换成标准的脉冲电压信号输入ECU。图13-20所示为电子线路各级波形。

图13-19　霍尔式轮速传感器电子线路框图

霍尔式轮速传感器与电磁感应式传感器相比较具有以下优点:

(1)输出信号电压幅值不受转速的影响。在汽车电源电压12V条件下,其输出信号电压保持在11.5~12V不变,即使车速下降接近0也不变。

(2)频率响应高。其响应频率高达20kHz,用于ABS相当于车速1000km/h时所检测的信号频率。

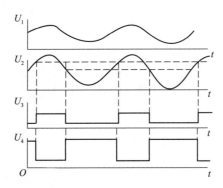

图 13-20　电子线路的各级波形

(3) 抗电磁波干扰能力强。由于其输出信号电压不随转速的变化而变化,且幅值高,故具有很强的抗电磁波干扰的能力。

五、电子控制单元(ECU)

1. ECU 的结构及工作原理

ECU 的功用是接受轮速传感器及其他传感器输入的信号,进行测量、比较、分析、放大和判别处理,通过精确计算,得出制动时的滑动率、车轮的加速度和减速度,以判别车轮是否有抱死趋势,再由输出级发出控制指令,控制制动压力调节器去执行压力调节任务。此外电子控制单元还对系统进行状态检测和检查,以免系统故障造成错误的控制后果。

电子控制单元的内部电路结构原理如图 13-21 所示,它一般由以下几个基本电路构成:

(1) 输入级电路。输入级电路的功用是将轮速传感器输入的正弦交流信号转换成脉冲方波信号,经整形放大后输入运算电路。输入级电路主要由低通滤波器和用以抑制干扰并放大转速信号的输入放大器组成。输入级电路的通道数视 ABS 所设置的传感器数目而定,通常以三通道和四通常道为多见。

(2) 运算电路(微型计算机)。运算电路的功用主要是进行车轮线速度、初始速度、滑动率、加速度和减速度等的运算,以及调节器电磁阀控制参数的运算和监控运算,并将计算出电磁阀控制参数,输送给输出级。

电子控制单元中一般都设有两套运算电路,一套用于系统控制,另一套起监测作用。它们以相同的程序执行运算,一旦监测用 ECU 发现其计算结果与控制用 ECU 所计算结果不相符,则 ECU 立即让制动系统退出 ABS 控制,只维持常规制动。这种冗余计算的方法可保证系统更加安全。

(3) 输出级(电磁阀控制)电路。输出级电路的功用是接受运算电路输入的电磁阀控制参数信号,控制大功率晶体管向电磁阀提供控制电流。

(4) 安全保护电路。安全保护电路的功用首先是将汽车电源(蓄电池、发电机)提供的 12V 或 14V 的电压变为电子控制单元内部所需的 5V 标准稳定电压,对电源电路的电压是否稳定在规定的范围进行监控,同时还对轮速传感器输入放大电路、运算电路和输出级电路的故障信号进行监视。当出现故障信号时安全保护电路将关闭继动阀门,停止 ABS 的工作,转入常规制动状态,同时点亮仪表板上的 ABS 警告灯,提示驾驶人 ABS 出现故障,并将故障信息以故障码的形式储存在存储器中,供故障诊断时调取。

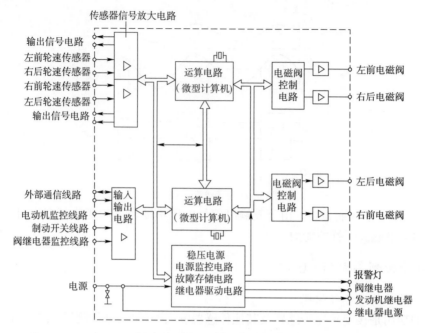

图 13-21　ABS 电控单元内部结构

ABS 控制装置由控制防抱死制动系统工作的主功能区和控制泵电动机及自诊断的副功能区组成，如图 13-22 所示。

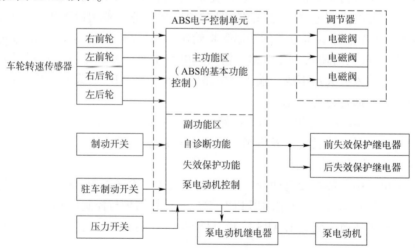

图 13-22　ABS 电子控制单元控制原理示意图

出于安全的考虑，主功能区分成两个系统，只有在这两个系统的输出彼此一致时，ABS 电子控制单元才能触发电磁阀。

(1) ABS 电子控制单元的主功能区负责处理来自轮速传感器的信号，并通过触发调节器内的电磁阀来控制 ABS 的工作。ABS 对两前轮分别控制，而共同控制后轮。

(2) 副功能区通过来自制动开关、驻车制动开关及压力开关的输入信号来监控系统的失效保护功能。当它监测到系统内部有异常情况时，将会中止 ABS 的工作。此外，副功能区还有自诊断功能和泵电动机控制功能。

①泵电动机控制功能：ABS 电子控制单元通过压力开关的 ON/OFF 信号来监测蓄压器内的油压。当蓄压器内的压力下降时，ABS 电子控制单元就会接通泵电动机，使泵电动机运转，直到蓄压器内的压力达到规定值为止。如果泵电动机持续运转了一段时间（规定的时间）后，蓄压器内的压力仍不能达到规定值，则 ABS 电子控制单元就将中止泵电动机的工作，并点亮 ABS 指示灯。

②自诊断功能：ABS 控制单元的副功能区所提供的自诊断功能是利用两个中央处理器（CPU）相互传输数据来监控主功能区的工作情况。当 ABS 电子控制单元监测到有异常情况时，就会点亮 ABS 指示灯，并中止 ABS 工作，但普通制动系统仍正常工作，同时 ABS 电子控制单元存储器内存入故障码。

③失效保护功能：当监测到 ABS 出现异常时，两个失效保护继电器断开，从而断开了所有电磁阀的搭铁电路以阻止 ABS 工作，这种情况下，制动系统相当于一个普通制动进行工作，如图 13-23 所示。

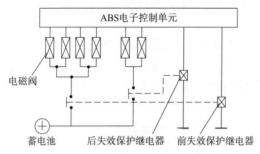

图 13-23　失效保护功能原理示意图

④失效保护继电器：失效保护继电器端子侧的触点是常开的。当继电器线圈通电后，触点闭合，于是将搭铁电路连接到电磁阀上。

ABS 指示灯用来指示系统是否正常工作。当点火开关首次置于 ON 时，ABS 指示灯点亮对指示灯工作情况进行检查。如系统正常，在起动发动机后，指示灯应熄灭，否则表明系统已有故障。

2. ABS 控制装置的检测

由 ABS 指示灯按规定读取 ABS 故障码后，根据需要可对 ABS 控制装置各连接端子进行检测，以判断系统线路和各个工作元件的工作情况。ABS 控制装置各连接端子分别布置在 22 芯与 12 芯的两个插头上。

（1）ABS 控制装置 22 芯插头的布置。ABS 控制装置 22 芯插头各个连接端子的布置如图 13-24 所示。

ABS控制装置22芯插头

1 GND3			4 PARK		6 FLW (-)	7 FLW	8 FRW (-)	9 FRW	10 STOP	11 IG2
12 GND4		14 SCS		16 MCK	17 RLW (+)	18 RLW (-)	19 RRW (+)	20 RRW (-)	21 TSR	22 DLC

图 13-24　ABS 控制装置 22 芯插头各个连接端子的布置

（2）ABS控制装置12芯插头的布置。ABS控制装置12芯插头各个连接端子的布置如图13-25所示。

1 WALP	2 GND1	3 RR-OUT	4 FL-OUT	5 RL-OUT	6 FR-OUT
7 GND2	8 RR-IN	9 RL-IN	10 RL-IN	11 FR-IN	12 PMR

图13-25　ABS控制装置12芯插头各个连接端子的布置

六、制动压力调节器

制动压力调节器的功用是接收ECU的指令,通过电磁阀的动作来实现车轮制动器制动压力的自动调节。

制动压力调节器通常由电动泵、储能器、主控制阀、电磁控制阀和一些开关等组成。它装在制动主缸与制动轮缸之间,如果它与制动主缸装在一起,称之为整体式制动压力调节器,否则为分离式制动压力调节器。整体式制动压力调整器结构紧凑、管路少、安全可靠,如图13-26所示。

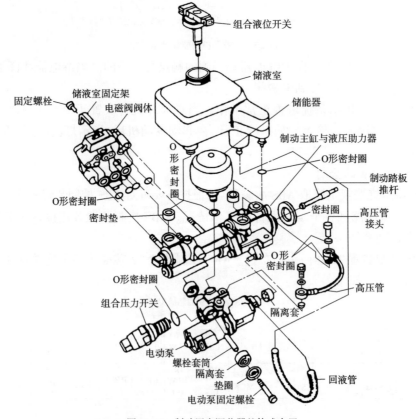

图13-26　制动压力调节器整体式布置

1. 制动压力调节器的结构

(1)电动泵。电动泵是一个高压泵,它可在短时间内将制动液加压到 14～18MPa(在储能器中),并给整个液压系统提供高压制动液。电动泵能在汽车起动后 1min 内完成上述工作。图 13-27 所示为一种由直流电动机和径向柱塞泵组合在一起的电动泵。电动机由压力控制开关控制,当柱塞泵出油口的压力低于设定的控制压力时,压力控制开关闭合,于是电动机驱动柱塞泵运转,将制动液泵入储能器中;当柱塞泵出油口的压力超过设定的控制压力时,压力控制开关即会断开,停止向电动机供电,电动机和柱塞泵便停止运转,柱塞泵出油口的压力便保持在一定的控制范围内。

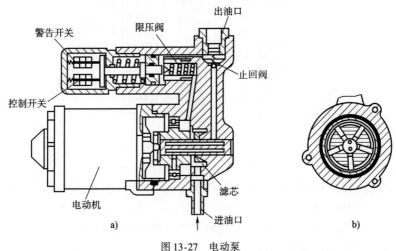

图 13-27 电动泵

(2)储能器。储能器的结构形式多种多样,图 13-28 所示为活塞—弹簧式储能器示意图,该储能器位于电磁阀和回油泵之间,由制动轮缸来的制动液进入储能器,进而压缩弹簧使储能器容积变大,以暂时储存制动液。

图 13-29 所示的是一种气囊式储能器,在它的内部充有氮气,可储存高压和向制动系统提供高压。在容器中有气囊将容器分隔为两腔,气囊后部充有氮气,上腔与回油泵和电磁阀回油口相连。从制动轮缸流入的压力油进入气囊上腔,压力油作用在气囊上使气体压缩,上腔容积增大以暂时储存制动液和能量。

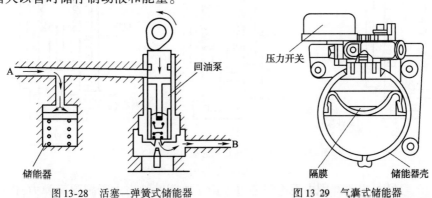

图 13-28 活塞—弹簧式储能器　　图 13-29 气囊式储能器

(3)电磁控制阀。电磁控制阀是制动压力调节器的重要部件,由它完成对 ABS 各个车轮制动力的控制。常用的电磁阀有三位三通阀和二位二通阀等多种形式。ABS 中都有一个或两个电磁阀体,其中有若干对电磁控制阀,分别控制前、后轮的制动。

图 13-30 所示为三位三通电磁阀的内部结构。它主要有阀体、进油阀、卸荷阀、检查阀、支架、承接盘、主弹簧、副弹簧、无磁支撑环、电磁线圈及油管接头等组成。

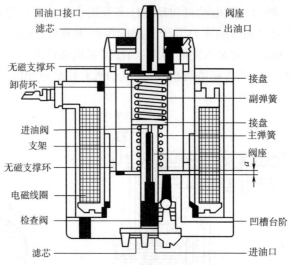

图 13-30 三位三通电磁阀内部结构

移动支架被无磁支撑环导向。主弹簧和副弹簧相对布置,但主弹簧弹力大于副弹簧。为了关闭进油阀和打开卸荷阀,移动支架有约 0.25mm 的移动行程。

无磁支撑环被压进阀体中,这样可迫使磁通在线圈中穿行时必须通过支架,并经工作气隙 a 穿出,以保证磁路有稳定的电磁特性。

检查阀与进油阀并行设置。其作用是当解除制动时,该阀打开,增加一个附加的、更大的由制动轮缸到制动主缸的回油通道。这样能使制动轮缸的压力迅速下降,即使在主弹簧断裂或支架被卡死的情况下也能使车轮制动器松开解除制动。

电磁阀工作过程如下,如图 13-31 所示。

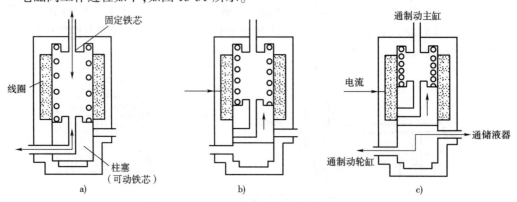

图 13-31 三位三通电磁阀的基本结构与工作原理
a) 电流为 0; b) 电流小; c) 电流大

①升压。此时,电磁线圈中无电流通过。由于主弹簧弹力大于副弹簧弹力,进油阀被打开,卸荷阀关闭,制动主缸与制动轮缸油路接通,所以制动轮缸压力既能在没有 ABS 参与的常规制动条件下增加,也能在 ABS 工作的条件下增加。

②保压。当 ECU 向电磁线圈输入 1/2 最大电流时(保持电流),电磁力使支架向下移动一定的距离将进油阀关闭。由于此时电磁力不足以克服两个弹簧的弹力,支架便保持在中间位置,卸荷阀仍处于关闭状态。此时,三孔间相互密封,制动轮缸保持一定的压力。

③降压。当 ECU 向电磁线圈输入最大工作电流时,电磁力足以克服主副两弹簧的弹力使支架继续下移将卸荷阀打开,此时制动轮缸通过卸荷阀与回油管相通,制动轮缸中压力油流入回油管路,压力降低。

二位二通电磁阀的结构如图 13-32 所示,当电磁阀的电磁线圈中无电流通过时,在复位弹簧的作用下,铁芯被推至限位杆与缓冲垫圈相抵触的位置。此时,与铁芯连在一起的顶杆没有将球阀顶靠在阀座上,电磁阀的进油口 A 和出油口 B 相通,电磁阀处于开启状态。当电磁线圈中有一定的电流通过时,铁芯在电磁吸力的作用下,克服弹簧力的作用,带动顶杆一起右移,顶杆将球阀顶靠在阀座上,电磁阀进油口与出油口之间的通道封闭,电磁阀处于关闭状态。限压阀的作用在于限制电磁阀的最高压力,以免压力过高导致电磁阀损坏。由于该电磁阀在电磁线圈中没有电流通过时处与开启状态,故称为二位二通常开电磁阀。

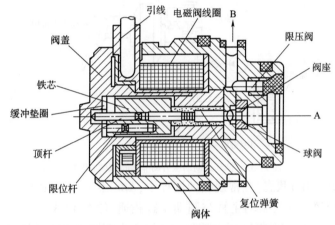

图 13-32 常开式二位二通电磁阀

电磁线圈中没有电流通过时处于关闭状态的二位二通电磁阀称为二位二通常闭电磁阀,其结构和工作原理与常开电磁阀基本相同。

(4)压力控制、压力警告和液位指示开关。通常,在电动泵旁边有一个开关装置,装置中就有压力控制和压力警告功能的触点开关,而液位开关在储液室上方。

压力控制开关(PCS)由一组触点组成,它独立于 ABS 电子控制单元工作。压力开关一般位于储能器下面,监视着储能器下腔的压力。当压力下降到一定的数值(一般为 14MPa)时,压力开关闭合,使电动泵继电器通电,电动泵运转。如果压力控制开关发生故障,尽管这时储能器仍能提供较大的压力,但最终会导致 ABS 液压系统中的压力下降。

压力报警开关(PWS)的功能是,当压力下降到一定值(14MPa 以下)时,先点亮红色制动系统故障指示灯,紧接着点亮琥珀色或黄色 ABS 故障指示灯,同时让 ABS 电子控制单元停止防抱死制动工作。

液位指示开关(FLI)一般位于制动液储液室的盖上,它有两个触点。当制动液液面下降到一定程度时,上面的触点闭合,下面的触点打开。上面触点的闭合点亮红色制动系统故障指示灯,它提醒驾驶人要对车辆的制动液进行检查。下面触点的打开切断了通向 ABS 电子控制单元的电路,发出使电子控制单元停止防抱死制动控制信号,同时点亮琥珀色 ABS 故障指示灯。红色故障灯比琥珀色故障灯亮。

2. 制动压力调节器的调压方式

制动压力调节器串接在制动主缸与制动轮缸之间,通过电磁阀直接或间接地控制制动轮缸的制动压力。电磁阀直接控制制动轮缸制动压力的压力调节器称作循环式调压方式,间接控制制动轮缸制动压力的压力调节器称作可变容积式调压方式。

1) 循环式调压方式

循环式制动压力调节器是在制动主缸与制动轮缸之间串联一个电磁阀,直接控制制动轮缸的制动压力。这种压力调节系统的特点是制动压力油路和 ABS 控制压力油路相通,如图 13-33 所示。图中储能器的功用是在"减压"过程中将从制动轮缸流经电磁阀的制动液暂时储存起来。回油泵又称再循环泵,其作用是将"减压"过程中从制动轮缸流进储能器的制动液泵回制动主缸。基本工作原理如下。

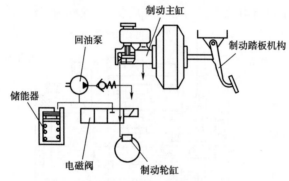

图 13-33 循环式制动压力调节器的基本工作原理

(1) 常规制动(升压)状态:在常规制动过程中,ABS 不工作,电磁线圈中无电流通过,电磁阀处于"升压"位置。此时制动主缸与制动轮缸相通,如图 13-34 所示。由制动主缸来的制动液接进入制动轮缸,制动轮缸压力随制动主缸压力而增减,此时回油泵也不需工作。

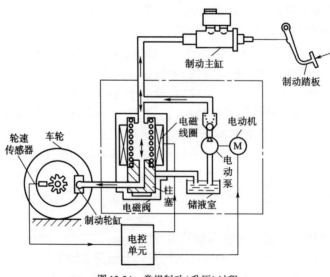

图 13-34 常规制动(升压)过程

(2)保压状态:当轮速传感器发出抱死危险信号时,电控单元向电磁线圈输入一个较小的保持电流(约为最大电流的1/2)电磁阀处于"保压"位置,如图13-35所示。此时,制动主缸、制动轮缸和回油孔相互隔开密封,制动轮缸中的制动压力保持一定。

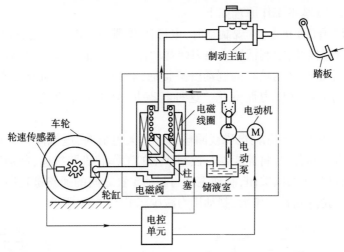

图13-35 保压过程

(3)减压状态:如果在电控单元"保压"命令发出后,车轮仍有抱死的倾向,电控单元即向电磁线圈输入一个最大电流。使电磁阀处于"减压"位置,此时电磁阀将制动轮缸与回油道或储能器接通,制动轮缸中制动液经电磁阀流入储能器,制动轮缸压力下降。与此同时,驱动电机起动,带动液压泵工作,把流回液压油加压后输送到制动主缸,为下一个制动周期做好准备,如图13-36所示。

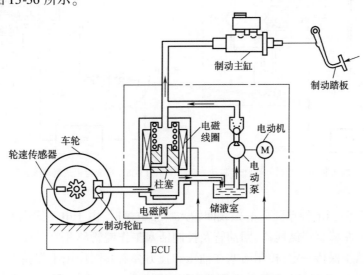

图13-36 减压过程

(4)增压状态:当压力下降后车轮转速太快时,电控单元便切断通往电磁阀的电流,制动主缸和制动轮缸再次相通,制动主缸中的高压制动液再次进入制动轮缸,使制动力增加。

2)可变容积式调压方式

可变容积式制动压力调节器是在汽车原有制动系统管路上增加一套液压控制装置,用它控制制动管路中容积的增减,从而控制制动压力的变化。这种压力调节系统的特点是制动压力油路和ABS控制压力油路是相互隔开的。

图13-37所示是可变容积式制动压力调节的基本结构,主要由电磁阀控制活塞、液压泵、储能器等组成。其基本工作原理如下:

(1)常规制动(升压)状态:常规制动时,电磁阀线圈中无电流通过,电磁阀将控制活塞的工作腔与回油管路接通,控制活塞在强力弹簧的作用下被推至最左端,活塞顶端推杆将止回阀打开,使制动主缸与制动轮缸的制动管路接通,制动主缸的制动液直接进入制动轮缸,制动轮缸压力随制动主缸压力而变化。这种状态是ABS工作之前或工作之后的常规制动工况。

(2)减压状态:当电控单元向电磁线圈输入一个大电流时,电磁阀内的柱塞在电磁力作用下克服弹簧弹力移到右边,将储能器与控制活塞的工作腔管路接通,制动液进入控制活塞工作腔推动活塞右移,止回阀关闭,制动主缸与制动轮缸之间的通路被切断。同时由于控制活塞的右移使制动轮缸侧容积增大,制动压力减少,如图13-38所示。

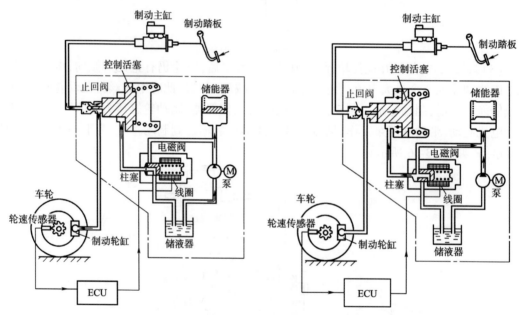

图13-37 可变容积式制动压力调节器常规制动(升压)状态

图13-38 可变容积式制动压力调节器常规制动(减压)状态

(3)保压状态:当电控单元向电磁线圈输入一小电流时,由于电磁线圈的电磁力减小,柱塞在弹力作用下左移至将储能器、回油管及控制活塞工作腔管路相互关闭的位置。此时,控制活塞左侧的油压保持一定,控制活塞在油压和强力弹簧共同作用下保持在一定的位置,而此时单向阀仍处于关闭状态,制动轮缸侧的容积也不发生变化,制动压力保持一定,如图13-39所示。

(4)增压状态:需要增压时,电控单元切断电磁线圈中的电流,柱塞回到左端的初始位置,如控制活塞工作腔与回油管路接通,控制活塞左侧控制油压解除,控制活塞左移至最左端时,单向阀被打开,制动轮缸压力将随制动主缸的压力增大而增大。

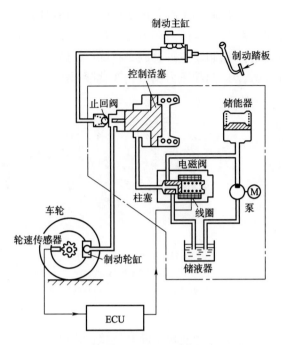

图 13-39　可变容积式制动压力调节器常规制动(保压)状态

该系统具有以下特征：

①ABS 作用时制动踏板无抖动感。

②活塞往复运动可由滚动丝杆或高压储能器推动。

③采用高压储能器作为推动活塞的动力时，储能器中的液体和制动轮缸的工作液是隔离的，前者仅仅作为改变制动轮缸容积的控制动力。

④采用滚动丝杆时，由电动机驱动活塞，每一通道各设置一个电动机。

课题二　防抱死制动系统的拆装

一、作业前的准备

别克威朗轿车一台和常用工具、故障诊断仪、举升机、维修手册等。

二、电子制动和牵引力控制模块拆卸

(1) 蓄电池负极电缆的断开连接。

(2) 仪表板上加长板开口盖的移除。

(3) 散热器缓冲罐托架卡夹 2 移除(图 13-40)。

注意：不可断开发动机冷却液软管。

(4) 散热器缓冲罐 1 移开(图 13-40)。

注意：盖住制动管接头并堵住主缸出口，以防止制动液损失和污染。

(5)制动压力调节阀主管1、制动主缸总成2移除(图13-41)。

(6)制动压力调节阀主管1、制动压力调节阀3移除(图13-41)。

(7)制动压力调节阀副管1、制动主缸总成2移除(图13-42)。

(8)制动压力调节阀副管1、制动压力调节阀3移除(图13-42)。

 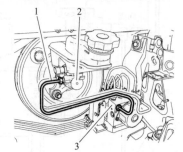 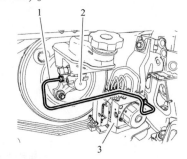

图13-40 电子制动和牵引力控制模块拆卸(一)
1-散热器缓冲罐;2-卡夹

图13-41 电子制动和牵引力控制模块拆卸(二)
1-调节阀主管;2-制动主缸总成;
3-压力调节阀

图13-42 电子制动和牵引力控制模块拆卸(三)
1-调节阀副管;2-制动主缸总成;
3-压力调节阀

(9)电气连接器2、电子制动控制模块1断开连接(图13-43)。

注意:盖住制动管接头,以防止制动液损失和污染。

(10)制动管四个接头2松开(图13-44)。

(11)螺栓1移除(图13-44)。

(12)制动压力调节阀托架移除。

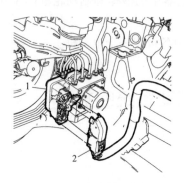 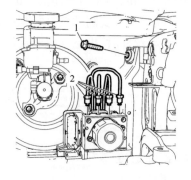

图13-43 电子制动和牵引力控制模块拆卸(四)
1-电子制动控制模块;2-电气连接器

图13-44 电子制动和牵引力控制模块拆卸(五)
1-螺栓;2-接头

三、电子制动和牵引力控制模块安装

(1)制动压力调节阀托架安装。

(2)螺栓1安装并紧固至20N·m(图13-45)。

注意:确保制动管正确连接至制动压力调节阀。如果制动管错误切换,则将出现车轮锁止并可导致人身伤害。仅有两种方式可检测此情况,即使用故障诊断仪或进行防抱死制动。

(3)制动管四个接头2紧固,紧固力20N·m(图13-45)。

(4)电气连接器2、电子制动控制模块1连接(图13-46)。

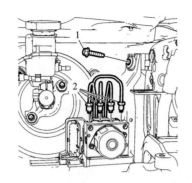
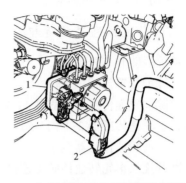

图13-45 电子制动和牵引力控制模块安装(一)
1-螺栓;2-接头

图13-46 电子制动和牵引力控制模块安装(二)
1-电子制动控制模块;2-电气连接器

(5)制动压力调节阀副管1、制动主缸总成2安装,但不紧固(图13-47)。

注意:确保制动管正确连接至制动压力调节阀。如果制动管错误切换,则将出现车轮锁止并可导致人身伤害。仅有两种方式可检测此情况,即使用故障诊断仪或进行防抱死制动。

(6)制动压力调节阀副管1、制动压力调节阀3安装,但不紧固(图13-47)。

(7)制动压力调节阀副管紧固至20N·m。

(8)制动压力调节阀主管1、制动主缸总成2安装,但不紧固(图13-48)。

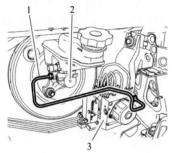
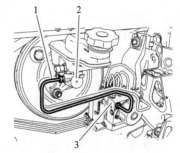

图13-47 电子制动和牵引力控制模块安装(三)
1-调节阀主管;2-制动主缸总成;3-压力调节阀

图13-48 电子制动和牵引力控制模块安装(四)
1-调节阀主管;2-制动主缸总成;3-压力调节阀

注意:确保制动管正确连接至制动压力调节阀。如果制动管错误切换,则将出现车轮锁止并可导致人身伤害。仅有两种方式可检测此情况,即使用故障诊断仪或进行防抱死制动。

(9)制动压力调节阀主管1、制动压力调节阀3安装,但不紧固(图13-48)。

(10)制动压力调节阀主管紧固至20N·m。

(11)散热器缓冲罐1安装(图13-49)。

(12)散热器缓冲罐托架卡夹2安装(图13-49)。

(13)仪表板上加长板开口盖的更换安装。

(14)蓄电池负极电缆连接。

(15)电子制动控制模块的编程和设置。

(16)液压制动系统排气。

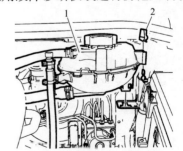

图13-49 电子制动和牵引力控制模块安装(五)
1-散热器缓冲罐;2-卡夹

(17)制动压力调节阀压力传感器的校准。

(18)转向盘转角传感器对中。

四、前轮转速传感器的拆卸

(1)移除轮胎和车轮。

(2)移除前轮罩衬板。

(3)移除前轮速传感器紧固件1(图13-50)。

(4)拆下轮速传感器2(图13-50)。

(5)松开前轮速传感器线束1~3(图13-51)。

(6)断开连接车轮转速传感器连接器1(图13-52)。

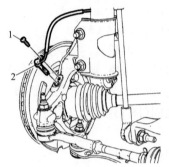 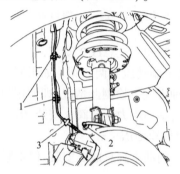 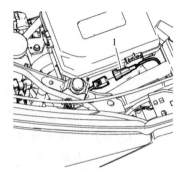

图13-50 前轮转速传感器的拆卸(一)　　图13-51 前轮转速传感器的拆卸(二)　　图13-52 前轮转速传感器的拆卸(三)
1-紧固件;2-传感器　　　　　　　　　　1~3-传感器线束　　　　　　　　　　　1-连接器

五、前轮转速传感器的安装

(1)连接车轮转速传感器连接器1(图13-53)。

(2)安装线束1~3(图13-54)。

(3)安装轮速传感器2(图13-55)。

(4)前轮速传感器紧固件1安装并紧固至6N·m(图13-55)。

(5)安装前轮罩衬板。

(6)安装轮胎和车轮。

 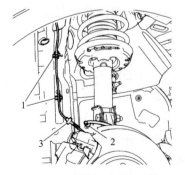 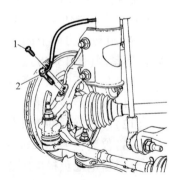

图13-53 前轮转速传感器的安装(一)　　图13-54 前轮转速传感器的安装(二)　　图13-55 前轮转速传感器的安装(三)
1-连接器　　　　　　　　　　　　　　1~3-线束　　　　　　　　　　　　　　1-紧固件;2-传感器

六、后轮转速传感器的拆卸

(1) 移除轮胎和车轮。
(2) 移除螺栓1(图13-56)。
(3) 移除后轮转速传感器2(图13-56)。
(4) 松开后轮转速传感器线束1(图13-57)。
(5) 车轮转速传感器连接器断开连接(图13-58)。

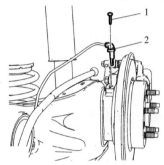 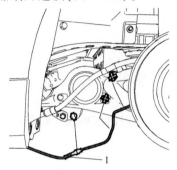 

图13-56 后轮转速传感器的拆卸(一)　　图13-57 后轮转速传感器的拆卸(二)　　图13-58 后轮转速传感器的拆卸(三)
　　　　1-螺栓;2-传感器　　　　　　　　　　　　1-传感器线束　　　　　　　　　　　　　1-传感器线束

七、后轮转速传感器的安装

(1) 车轮转速传感器连接器连接。
(2) 安装后轮转速传感器线束1(图13-59)。
(3) 安装后轮转速传感器线束1(图13-60)。
(4) 安装后轮转速传感器2(图13-61)。
(5) 紧固螺栓1至6N·m(图13-61)。
(6) 安装轮胎和车轮。

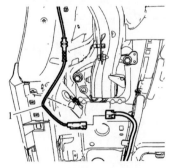 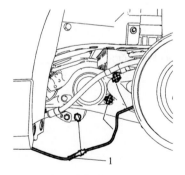 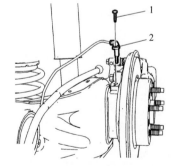

图13-59 后轮转速传感器的安装(一)　　图13-60 后轮转速传感器的安装(二)　　图13-61 后轮转速传感器的安装(三)
　　　　1-传感器线束　　　　　　　　　　　　　1-传感器线束　　　　　　　　　　　　1-螺栓;2-传感器

八、学习拓展

在电子制动控制模块的更换时,为什么有时要对中转向盘转角传感器?

九、评价与反馈

1. 自我评价与反馈

(1) 你对本项目的学习是否满意？

评价情况：_____

(2) 你能独立完成车轮轮速传感器、电子制动和牵引力控制模块的拆卸与装配吗？

评价情况：_____

(3) 你是否知道 ABS 的基本组成？

评价情况：_____

签名：_____ _____年____月____日

2. 小组评价与反馈

(1) 你们小组在接到任务之后是否讨论过拆装车轮轮速传感器、电子制动和牵引力控制模块的拆装计划？

评价情况：_____

(2) 你们小组在拆装车轮轮速传感器、电子制动和牵引力控制模块的过程中是否有明确的分工？相互配合得好吗？

评价情况：_____

(3) 你们小组在车轮轮速传感器、电子制动和牵引力控制模块的过程中操作是否规范？

评价情况：_____

参与评价的同学签名：_____ _____年____月____日

3. 教师评价及答复

_____

_____

教师签名：_____ _____年____月____日

参 考 文 献

[1] 杨长忠. 汽车底盘构造与维修[M]. 北京:机械工业出版社,2018.
[2] 王有坤,孙少明,逄淑一. 汽车底盘构造与维修[M]. 南京:东南大学出版社,2017.
[3] 陈新亚. 玩转四驱:图解四驱汽车构造与越野驾驶[M]. 北京:机械工业出版社,2015.
[4] 于海东. 透视图解汽车构造、原理与拆装[M]. 北京:化学工业出版社,2017.